Cómo gestionar la cadena de suministro

Fundamentos, práctica y aplicaciones en la vida real

Cómo gestionar la cadena de suministro

Fundamentos, práctica y aplicaciones en la vida real

Ed Weenk

Colección: Gestiona
Director: David Soler

Título original:
Mastering the supply chain. Principles, practice and real-life applications
2019, Kogan Page Limited
London, New York, New Delhi
www.koganpage.com/

Cómo gestionar la cadena de suministro.
Fundamentos, práctica y aplicaciones en la vida real
1.ª edición, 2022

© 2019, 2022, Ed Weenk
© de esta edición, incluido el diseño de la cubierta, ICG Marge, SL

Edita: Marge Books
Brutau, 160 - 08203 Sabadell (Barcelona)
Tel. 931 429 486 – marge@margebooks.com
www.margebooks.com

Edición: Núria Gibert
Compaginación: Mercedes Lara
Impresión: Safekat, SL (Madrid)

ISBN edición impresa: 978-84-19109-20-0
ISBN edición digital: 978-84-19109-21-7
Depósito Legal: B 19736-2022

El papel empleado en este libro no ha sido blanqueado con cloro elemental (CI_2).

Índice

Segunda Parte
Gestionar los fundamentos

TERCERA PARTE
Más allá de los principios fundamentales

Recursos Web

Accede gratuitamente al juego *The Fresh Connection* en español y haz prácticas sobre la cadena de suministro en la vida real.

También encontrarás una selección de los esquemas más complejos de este libro para su mejor visualización.

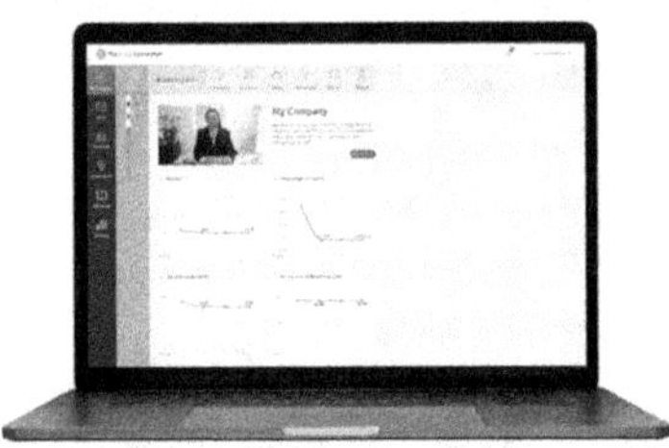

Disponible en la web de Marge Books y a través del código QR.

www.margebooks.com

El autor y los colaboradores

Ed Weenk

Ed Weenk fundó QuSL a principios de 2004 en Barcelona, donde vivía en ese momento. Radicado actualmente en Maastricht (Países Bajos), Ed posee una amplia experiencia, que se remonta a mediados de la década de 1990, en la gestión estratégica y operativa de proyectos de logística y distribución internacional.

Cuenta con un máster en Administración de Empresas por la Universidad Erasmus-Escuela de Administración de Rotterdam y un doctorado profesional en Ingeniería (PDEng) centrado en la gestión de la cadena de suministro por la Universidad Tecnológica de Eindhoven. También trabaja como profesor asociado sénior en diferentes escuelas de negocios, como EADA Barcelona (España), Maastricht School of Management (Países Bajos), Antwerp Management School (Bélgica) y Centrum Graduate School of Business (Lima, Perú), donde imparte cursos relacionados con las operaciones y la cadena de suministro, la gestión de proyectos y el intraemprendimiento.

Se considera además un firme partidario de los principios del aprendizaje basado en la experiencia, cuyas metodologías incluyen el método del caso, tal como postula la Harvard Business School, así como el trabajo en equipo y los juegos de simulación. No en vano, es además representante y formador autorizado de los juegos de simulación de negocios que desarrollan Inchainge (Países Bajos) y el grupo Palatine (Nueva York).

Ed ha escrito anteriormente un libro de gestión titulado *El pase perfecto: lo que el directivo puede aprender del entrenador de fútbol,* publicado en inglés, español y neerlandés, sobre la importancia de la visión de conjunto, la necesidad de disponer de una buena compenetración tanto dentro como fuera de la empresa y el esfuerzo incesante por mantener la coherencia a todos los niveles. Asimismo es autor de *Economía circular. Un enfoque práctico para transformar los modelos empresariales,* publicado en inglés, neerlandés y español (Marge Books, 2022), merecedor del Premio Logisnet 2022, una obra que parte de una necesidad real e inmediata: abandonar el modelo económico lineal; con ejemplos y ejercicios prácticos ayuda a comprender la economía circular en profundidad, prestando atención a sus implicaciones macro y microeconómicas, tanto para la ciudadanía y las administraciones como respecto al impacto que los modelos circulares tienen para las empresas.

Los colaboradores

Chuck Nemer (coord.)

Chuck Nemer es un formador y consultor con 40 años de experiencia en gestión de la cadena de suministro, el modelo de gestión Lean, el liderazgo y la certificación APICS. También es profesor de gestión de operaciones en una universidad de Saint Paul, Minnesota (EEUU). Su actividad se centra tanto a escala nacional, a través de su sociedad especializada en certificación APICS, como en la formación de formadores y el desarrollo de programas de formación. Chuck colabora con muchas escuelas de negocios, para las que organiza sesiones sobre juegos de simulación empresarial como *The Fresh Connection.* Licenciado en Contabilidad por la Universidad de Minnesota, cuenta además con un máster en Liderazgo por el Augsburg College de Minneapolis, la certificación CPIM y CLTD de APICS, y la certificación de desarrollo de planes de estudio en línea del Sistema de Escuelas Técnicas de Wisconsin.

Corine van der Sloot

Corine van der Sloot es directora de Ventas Internacionales y formadora de *The Fresh Connection*. Actualmente trabaja para extender el uso de los mejores juegos de simulación por Alemania, Austria, Suiza, Escandinavia, Italia, el Sudeste Asiático y el este de Europa. Le apasiona compartir sus conocimientos y su experiencia con profesores y profesionales, y disfruta con los talleres que organiza para promocionar esos juegos. Corine se ha forjado una amplia experiencia en la cadena de suministro ocupando puestos en logística, fabricación, gestión de productos y ventas. Hizo carrera en grandes empresas como Philips y Dutch Telecom, además de participar en proyectos empresariales independientes. Su talento para establecer y mantener contactos le valió el privilegio de representar a Bundesvereinigung Logistik (BVL) en los Países Bajos.

Agradecimientos

Hay unas cuantas personas a las que me gustaría agradecer su contribución al resultado final de esto que ahora tienes en tus manos. En primer lugar, a Egge Haak, Hans Kremer y Michiel Steeman por invitarme a aceptar el reto de escribir este libro y por corregir y revisar críticamente el contenido a lo largo del proceso. También quiero dar las gracias al resto del equipo de Inchainge, en particular a Antoon y Jochum, por ayudarme con los montones de preguntas que tenía sobre *The Fresh Connection*.

En segundo lugar, quiero dar las gracias al equipo de Kogan Page por su apoyo en todo momento, con especial mención a Julia Swales, Rex Elston y Ro'isin Singh.

Tampoco puedo ocultar mi gratitud hacia algunos de mis amigos de la cadena de suministro que han estado dispuestos a corregir y darme sus detallados y útiles comentarios, como Gustavo Escudero y Aldo de la Cruz, en Perú, y Desirée Knoppen, en España.

Debo dar las gracias también a mis queridos colaboradores, quienes han desempeñado un gran papel en la preparación de los materiales de apoyo para los equipos docentes que acompañan al libro, como Chuck Nemer, en Estados Unidos, y Corine van der Sloot, en los Países Bajos.

Es preciso que conste mi agradecimiento especial a César Mejía, quien me contrató para mis primeros trabajos formales de enseñanza en Barcelona (España) en 2004 y que fue en gran medida responsable de ponerme en el camino de la aplicación de los principios del aprendizaje basado en la experiencia en los entornos de enseñanza y formación, un camino que sigo recorriendo hoy en día en mi viaje como profesor y formador.

Asimismo, en esta edición en español, mi agradecimiento es para el equipo editorial de Marge Books.

Por último, pero no por ello menos importante, el mayor agradecimiento posible a Marieke, Pau y Marc, por darme inspiración y energía continuas. Va por vosotros.

Prólogo

Inchainge es una empresa neerlandesa dedicada al aprendizaje basado en la experiencia y, más en concreto, a aquellas cuestiones relacionadas con la gestión de la cadena de suministro, basándonos en el uso de juegos de simulación empresarial. Creamos constantemente nuevas simulaciones y programas de formación, y mejoramos los que ya tenemos, para que personas de todo el mundo reciban el apoyo necesario a lo largo del proceso de aprendizaje. Somos una organización pequeña y compacta, y nos preocupamos por desarrollar y mantener una amplia red de equipos docentes especializados en todo el mundo.

El entorno económico volátil e incierto en el que vivimos plantea enormes desafíos a las empresas y a sus cadenas de suministro. Solo hay algo cierto: que todo cambia. Y para adaptar las cadenas de suministro con éxito es necesario comprender a fondo su dinámica y sus interdependencias. Pero no basta con entender el sistema en su conjunto: la adaptación constante requiere también habilidades de liderazgo a la hora de colaborar y trabajar en equipo.

En Inchainge creemos que esa comprensión y esas habilidades solo pueden adquirirse mediante la experiencia activa; la experiencia completa que implica gestionar una cadena de suministro, manejar todas las dimensiones de forma integral, explorar cómo está todo conectado, trabajar eficazmente en equipo. Nuestra misión es ayudar a estudiantes y profesionales, y a que las empresas alineen la estrategia, la ejecución, el trabajo entre sus departamentos y la relación con los socios comerciales de la cadena de valor.

Hemos diseñado todas nuestras simulaciones empresariales con estos objetivos. Comenzamos en 2008 con *The Fresh Connection,* un juego que ayuda a comprender conceptos relevantes y proporciona una plataforma para experimentarlos en un entorno virtual. De este modo, se pueden adquirir las habilidades necesarias para afrontar mejor las complejidades que implica coordinar diferentes elementos en un entorno lúdico y competitivo. Pero no nos quedamos ahí: también disponemos de una gran diversidad de materiales para apoyar a los equipos docentes y al alumnado al usar nuestras simulaciones y enriquecer su experiencia con contenidos significativos.

Ahí es donde también encaja este libro. Además de nuestras simulaciones y materiales de apoyo, buscamos la mejor manera de salvar la distancia entre los conceptos teóricos en los que se fundamenta la cadena de suministro y su aplicación. Y eso es precisamente lo que cualquier persona encontrará aquí. El libro comienza con una visión general de los conceptos básicos de la cadena de suministro para, después, plantear su aplicación práctica mediante *The Fresh Connection*. La tercera parte, el libro va más allá del puro contexto de la simulación y proporciona una gran cantidad de retos adicionales relacionados con la cadena de suministro sobre los que reflexionar. No me cabe duda de que esta obra resultará extremadamente útil tanto para quienes aprenden como para quienes enseñan, ya sea en el mundo empresarial o en el educativo.

En Inchainge estamos seguros de que *Cómo gestionar la cadena de suministro. Fundamentos, práctica y aplicaciones en la vida real* establecerá un nuevo estándar y llevará la experiencia integral de *The Fresh Connection* a un nivel superior.

Egge Haak
Socio de Inchainge

Cómo gestionar la cadena de suministro

Fundamentos, práctica y aplicaciones en la vida real

Prefacio.
Sencillo, pero no fácil (1)

> *Muchos estudiantes aprenden mejor cuando hacen algo de manera activa,*
> *sin limitarse únicamente a estudiar ideas abstractas: cuando se despierta su*
> *curiosidad, cuando hacen preguntas, descubren nuevas ideas y sienten por sí*
> *mismos la emoción de estas disciplinas.*
>
> Ken Robinson y Lou Aronica, 2015

A decir verdad, ya se han publicado muchos libros sobre la gestión de la cadena de suministro, y muy buenos, pero nuestro objetivo no ha sido añadir otro manual a la lista. Al contrario: queríamos crear una obra con un enfoque claro y potente en la aplicación práctica. Albert Einstein solía decir que, en lugar de centrarse en enseñar y explicar teorías y conceptos, prefería poner el énfasis en proporcionar las condiciones en las que los estudiantes pudieran practicar y aprender. Siguiendo su ejemplo, este libro quiere proporcionar una base sólida para aprender a gestionar la cadena de suministro en la práctica. La obra está escrita pensando en aquellas personas que estudian todo lo relacionado con su gestión. Puede utilizarse tanto en cursos especializados en logística como en programas de carácter más generalista, sean grados universitarios o MBA, así como en módulos de formación que se impartan en las propias empresas.

La elección de los temas tratados en el libro y la orientación eminentemente práctica de los contenidos obedece a tres propósitos:

1. Situar en el contexto práctico de la gestión de la cadena de suministro la creciente necesidad de desarrollar *habilidades para el siglo XXI*, como el pensamiento crítico, la resolución de problemas complejos y la coordinacióncon los demás.
2. Abordar activamente un tema sencillo pero no fácil: conseguir que se pueda experimentar de manera directa el enorme grado de complejidad que entraña la aplicación de unos conceptos y unos marcos relativamente sencillos a la gestión de la cadena de suministro.
3. Combinar las múltiples facetas que posee la gestión de la cadena de suministro para integrarlas en una visión coherente y holística, centrándose en particular en las dimensiones empresarial, técnica y de liderazgo, así como en la forma en que estas interactúan.

Sencillo, pero no fácil

La expresión que encabeza este capítulo es uno de los hilos conductores del libro. Muchos de los conceptos y marcos subyacentes en la gestión de la cadena de suministro son relativamente sencillos y, por tanto, «fáciles» de entender. Sin embargo, su aplicación en la práctica no es nada sencilla por diversas razones.

En primer lugar, muchos de los conceptos que se utilizan en las cadenas de suministro describen los elementos que entran en juego en ciertas situaciones. Por ejemplo, cuando se habla de subcontratación, existen marcos que ponen de relieve los factores que deben tenerse en cuenta cuando una empresa quiere decidir si subcontrata o no una actividad determinada. La aplicación de ese marco conducirá a una lista de argumentos a favor o en contra de la externalización. Algunos de esos argumentos son cuantificables, pero también hay algunas partes que son de naturaleza más cualitativa. Y esta combinación de argumentos cuantitativos y cualitativos aporta una dimensión subjetiva que afecta a la hora de actuar. En otras palabras, los elementos del marco son fáciles de entender, pero tomar una decisión concreta sobre la base de la aplicación del marco no siempre resulta tan fácil y sencillo.

En segundo lugar, aunque los conceptos, tomados por sí solos, se comprendan con cierta facilidad, el hecho de que haya tantos en juego a la vez y que establezca un número infinito de interdependencias hace que sea un área muy difícil de gestionar, especialmente desde una perspectiva holística. Por ejemplo, podemos hablar de las consideraciones principales de los inventarios o de los aspectos físicos del almacenamiento o de la evolución del transporte. Todo ello es relativamente sencillo si se toma en abstracto, pero cuando tenemos que idear una solución integral para la red de distribución de una empresa concreta, el rompecabezas se vuelve bastante más complejo porque hay que introducir todos esos aspectos en la ecuación.

Si a esto le sumamos la posibilidad, muy real, de que la información esté incompleta y debamos trabajar con suposiciones, ambigüedades, la presión del tiempo, las diferentes opiniones y un escenario en continuo movimiento, veremos cómo el panorama se torna aún más complejo.

Así, en el libro, la expresión «sencillo, pero no fácil» es un tema recurrente. Se tratan muchos de los conceptos que intervienen en la gestión de la cadena de suministro, pero siempre con el objetivo de llegar a la toma de decisiones específicas y explícitas dentro de un contexto global holístico. Efectivamente,gestionar la cadena de suministro es complejo, pero, a mi juicio, precisamente por eso es un área tan fascinante para trabajar.

La era de la aceleración, habilidades para el siglo XXI y aprendizaje basado en la experiencia

Aunque, dada su relevancia, en el apéndice puede encontrarse una descripción algo más extensa de la era de la aceleración, las competencias del siglo XXI y el aprendizaje experiencial, no está de más hacer aquí una breve introducción. Vivimos en la era de la aceleración: el mundo cambia con una rapidez cada vez mayor, lo que exige unas competencias diferentes a las que eran válidas en el pasado (Friedman, 2016). En este contexto, también se habla de la necesidad de formarse en las habilidades que se requieren en este siglo XXI (Foro Económico Mundial, 2016; Robinson y Aronica, 2015).

El aprendizaje basado en la experiencia permite desarrollar dichas habilidades. Me gustaría referirme en particular al trabajo de David Kolb, cuyo libro *Experiential learning* es un clásico sobre el tema. A Kolb se deben contribuciones tan importantes como, por ejemplo, el concepto de estilos individuales de aprendizaje o el ciclo de aprendizaje (figura 0.1).

La idea principal del ciclo de aprendizaje es la siguiente: «El conocimiento es el resultado de la combinación de la experiencia de captación y de transformación. La experiencia de captación se refiere al proceso de asimilación de la

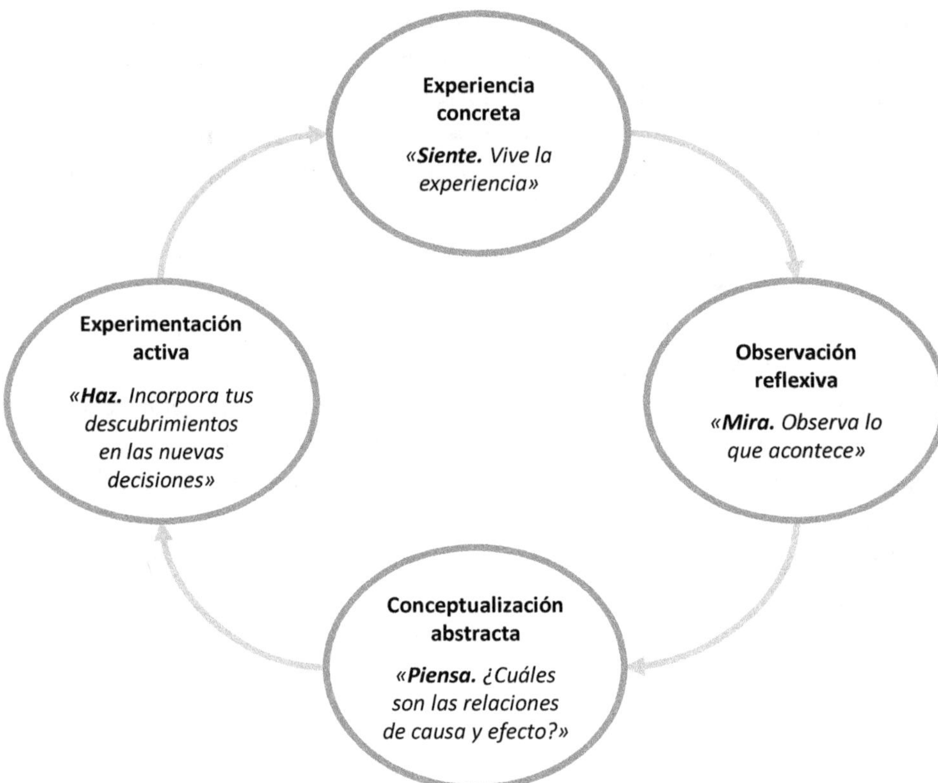

Figura 0.1. El ciclo de aprendizaje. *Fuente:* McLeod (2017), basado en Kolb (2015).

información, y la experiencia de transformación es la forma en que los individuos interpretan y actúan sobre esa información. [...] Este proceso se representa como un ciclo o espiral de aprendizaje idealizado en el que el alumnado "toca todas las bases"» (Kolb, 2015).

En el aprendizaje basado en la experiencia, la atención se centra en vivir una experiencia de primera mano para reflexionar sobre lo que ha sucedido y por qué, y formarse una visión conceptual de la situación, potencialmente reforzada por las teorías y marcos existentes. Esta combinación será entonces la base de una visión mejorada de la situación, que puede aplicarse en la siguiente experiencia, ya sea en el aula o en otro entorno de estudio, o directamente en una situación del mundo real. En el libro utilizaremos un juego de simulación empresarial llamado *The Fresh Connection* para facilitar este aprendizaje experimental.

Las múltiples dimensiones de la gestión de la cadena de suministro

La gestión de la cadena de suministro tiene muchas facetas y abarca un amplio abanico de actividades de alcance variable. Además, tiene dimensiones muy distintas y de naturaleza muy diversa.

En primer lugar, la gestión de la cadena de suministro tiene una clara *dimensión estratégica o empresarial.* Al fin y al cabo, la cadena de suministro constituye una parte integral de una empresa, que contribuye junto con las demás áreas y departamentos al éxito general de su actividad. Esto implica que la toma de decisiones dentro de la cadena de suministro debe encajar con la estrategia general que la empresa ha definido para el futuro. Aquí se habla más de los vínculos vitales y directos entre la cadena de suministro y la estrategia corporativa y el posicionamiento competitivo, o del impacto de la segmentación del mercado y las propuestas de valor en la estrategia de la cadena de suministro y las relaciones entre esta y las finanzas de la empresa, expresadas, por ejemplo, en el retorno de la inversión (ROI).

En segundo lugar, la cadena de suministro tiene una clara *dimensión técnica,* sobre todo cuando se tratan aspectos de la infraestructura de fabricación y distribución, la tecnología, los modelos de previsión y planificación o los

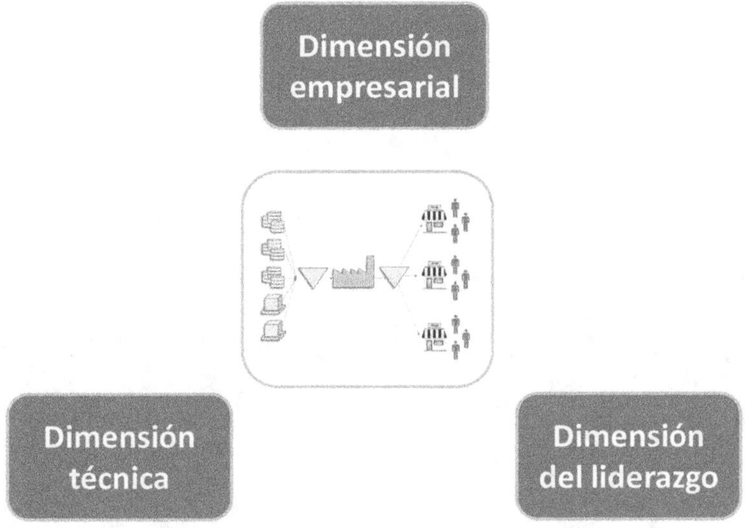

Figura 0.2. Las tres dimensiones de la cadena de suministro tal como se muestran en el libro.

sistemas informáticos de apoyo. Esta es la parte que se relaciona más con la ingeniería.

Y en tercer lugar, la gestión de la cadena de suministro tiene mucho que ver con *el liderazgo y las personas*. Debido a su naturaleza interfuncional, que abarca actividades tan variadas como las compras, las ventas y los servicios posventa, existen muchas interrelaciones con otras áreas funcionales de la empresa. En la práctica, muchas de estas áreas pueden tener objetivos diferentes que propicien la aparición de posibles conflictos que deben alinearse y gestionarse de alguna manera. Deben tenerse en cuenta, por ejemplo, los procesos de toma de decisiones, los indicadores clave de rendimiento (KPI), la dinámica de los equipos y la gestión de las partes interesadas.*

Por su importancia y por sus diferencias, estas tres dimensiones distintas de la cadena de suministro, la técnica, la empresarial y la de liderazgo, se tratarán de manera explícita y por separado aquí. Juntas forman la columna vertebral de la estructura del libro (figura 0.2).

**Nota de la editorial:* Se entiende por «partes interesadas» a todos los grupos de interés que de alguna forma se pueden ver afectados por la actividad de la empresa o cuyas decisiones puedan afectar al sistema de gestión de la calidad de la misma.

Estructura del libro

En consonancia con los propósitos enunciados en el prefacio, el objetivo de este libro es facilitar plenamente que los estudiantes y los profesionales «toquen todas las bases», utilizando los principios del aprendizaje basado en la experiencia, formándose en las habilidades que se requieren para este siglo XXI, mientras experimentan de primera mano hasta qué punto la cadena de suministro es simple pero no sencilla, trabajando con sus distintas dimensiones.

La segunda y la tercera parte muestran cómo se desarrollan los conceptos en el mundo real. Este libro proporciona un acceso gratuito al nivel inicial de un juego de simulación de la cadena de suministro (en la página 33 se dan más detalles). La simulación empresarial sirve de vehículo para captar la experiencia, así como para transformarla, al ofrecer la posibilidad de simular rondas de juego complementadas por marcos conceptuales. Además, propicia la reflexión activa por parte del estudiante y lo conduce a una nueva ronda de simulación. De este modo se crea una curva de aprendizaje cada vez más pronunciada gracias a la experiencia de primera mano. A lo largo del libro, se tocarán campos de aplicación directa que van más allá de la herramienta de simulación para ampliar aún más la perspectiva de la formación.

Para desglosar la complejidad de la cadena de suministro en bloques más manejables, el libro consta de tres partes. Cada una aborda las dimensiones de la cadena de suministro de una forma diferente.

En la primera parte («Fundamentos») se presenta una visión general de los principios más importantes: las teorías, marcos y conceptos con los que se articula la gestión de la cadena de suministro y que pueden encontrarse en la mayoría de los libros sobre el tema. Aunque el contenido en sí es bastante extenso, hemos procurado presentarlo de la manera más sencilla posible. Por eso, en lugar de entrar en muchos detalles, nos limitamos a realizar introducciones breves y directas. Siempre que sea pertinente, se hará referencia a los principales libros de texto referidos a la cadena de suministro y a las áreas más importantes con las que guarda relación, como la estrategia y el *marketing*. La mayoría de esas cuestiones van acompañadas de algunos ejercicios para poder trabajar de manera activa y familiarizarse con los conceptos principales. Los ejercicios sirven para *explorar* los temas en cuestión. Así, esta primera parte prepara el terreno para la *práctica* y la *aplicación real* de los principios que se harán a continuación.

La segunda parte («Gestionar los fundamentos») se centra en la aplicación práctica de los conceptos fundamentales ya tratados. Aquí, la simulación empresarial *The Fresh Connection* se convierte en el vehículo principal que permite la aplicación de los conceptos individuales que se introdujeron en los capítulos precedentes. La configuración básica de la simulación utilizada en esta segunda parte presenta un entorno relativamente estable en el que tomar una amplia variedad de decisiones básicas relacionadas con la cadena de suministro, con el fin de que esta funcione sin problemas y la empresa sea rentable. De este modo, la persona en formación adquiere una experiencia de primera mano al *analizar datos reales de la empresa* procedentes de distintas áreas funcionales y puede *tomar decisiones acertadas*. Las reflexiones y los ejercicios de este bloque se estructuran en dos pasos: analizar y *decidir*. Gracias a la simulación, se establece una relación clara y visible entre causa y efecto (decisiones y resultados).

La tercera parte («Imaginar más allá de los fundamentos») explica lo que ocurre si empezamos a cuestionar el *statu quo* de una cadena de suministro. Por ejemplo, ¿cuáles son las implicaciones cuando se introducen nuevos productos o canales de venta, cuando se exploran nuevas geografías o cuando se tienen en cuenta los principales riesgos de la cadena? Las reflexiones y los ejercicios de la tercera parte se enmarcan en la idea de *imaginar el impacto* de determinadas orientaciones internas de la empresa, ciertas tendencias y determinados desarrollos externos. Todos los aspectos que se tratan en este tercer bloque están relacionados con la empresa que se ha convertido en el centro del juego que se ha visto en la segunda parte. Siempre que sea posible, se utilizarán datos reales de la empresa en la simulación.

En cada una de las tres partes se abordan las tres dimensiones de la cadena de suministro (técnica, empresarial y de liderazgo). De este modo, se confiere al libro su estructura general (figura 0.3).

Prefacio: «Sencillo, pero no fácil»		
PRIMERA PARTE: *EXPLORAR* LOS FUNDAMENTOS	SEGUNDA PARTE: *GESTIONAR* LOS FUNDAMENTOS	TERCERA PARTE: *IMAGINAR MÁS ALLÁ* DE LOS FUNDAMENTOS
1. Introducción	**6. Conocimiento en acción**	**11. La cadena de suministro en un mundo VUCA**
2. Dimensión empresarial Estrategias competitivas Clientela y propuestas de valor Ventajas competitivas Cadena de suministro y finanzas Modelos de negocio y cadena de suministro Entorno externo Gestión de riesgos	**7. Dimensión empresarial** Estrategias competitivas Clientela y propuestas de valor Cadena de suministro y finanzas	**12. Dimensión empresarial** Estrategias competitivas Clientela y propuestas de valor Ventajas competitivas Modelos de negocio y cadena de suministro Entorno externo Gestión de riesgos
3. Dimensión técnica Estrategia de la cadena de suministro Infraestructura física: *Producto y push/pull* *Instalaciones y transporte* *Subcontratación y colaboración* *Diseño de la red* Planificación y control *Incertidumbre, previsión, capacidad* *Planificación y programación* *Producción y calidad* *Inventarios* *Condiciones de pago y reglas Incoterms* Información y sistemas, organización	**8. Dimensión técnica** Estrategia de la cadena de suministro Infraestructura física: *Producto y push/pull* *Instalaciones y transporte* *Subcontratación y colaboración* *Diseño de la red* Planificación y control *Incertidumbre, previsión, capacidad* *Planificación y programación* *Producción y calidad* *Inventarios* *Condiciones de pago y reglas incoterms* Información y sistemas, organización	**13. Dimensión técnica** Estrategia de la cadena de suministro Infraestructura física: *Producto y push/pull* *Instalaciones y transporte* *Subcontratación y colaboración* *Diseño de la red* Planificación y control *Incertidumbre, previsión, capacidad* Información y sistemas, organización
4. Dimensión del liderazgo Medición de resultados y objetivos Gestión de las partes interesadas Funciones y dinámicas de equipo Confianza y coordinación	**9. Dimensión del liderazgo** Medición de resultados y objetivos Gestión de las partes interesadas Funciones y dinámicas de equipo Confianza y coordinación: colaboración externa	**14. Dimensión del liderazgo** Gestión de las partes interesadas Confianza y coordinación: efecto látigo
5. Sencillo, pero no fácil (2) Compensaciones y S&OP	**10. Sencillo, pero no fácil (3)** Compensaciones y S&OP	**CONCLUSIÓN:** sencillo, pero no fácil (4) Reflexiones finales

Figura 0.3. **Estructura general del libro.**

Además, el contenido del libro está respaldado por una serie de recursos web que contienen, por ejemplo, información más detallada sobre el juego de simulación empresarial *The Fresh Connection,* así como algunas plantillas, vídeos de apoyo, etc.

Visita guiada, recursos web y juego de simulación empresarial

Visita guiada

Para facilitar un aprendizaje óptimo, todos los capítulos del libro tienen la siguiente estructura, además del contenido relativo a cada uno de ellos por separado:

- Introducción y resumen de temas al principio de cada capítulo.
- En total, más de 80 ejercicios numerados que pueden realizarse aparte o tras leer cada capítulo.

  - Primera parte: los ejercicios nos invitan a *explorar* (por ejemplo, investigando los recursos de internet).
  - Segunda parte: los ejercicios se centran en *analizar* y *decidir,* utilizando el juego de simulación empresarial *The Fresh Connection* como caso interactivo, analizando los datos que se proporcionan, desarrollando el juego y viendo las relaciones de causa y efecto que se establecen.
  - Tercera parte: los ejercicios nos llevan a *imaginar,* utilizando la empresa virtual The Fresh Connection* del juego de simulación empresarial *The Fresh Connection* como referencia y desafiando su *statu quo.*

Al final de cada capítulo se proporciona, además, un resumen que enlaza los contenidos ya vistos con los que se detallarán en el siguiente.

Nota de la editorial: En la tercera parte deberá distinguirse entre el juego *The Fresh Connection* (en itálica) de la empresa virtual The Fresh Connection.

Recursos web

Cómo gestionar la cadena de suministro cuenta también con diversos recursos web dirigidos a profesionales, estudiantes y equipos docentes (información disponible en inglés).

Algunos de los recursos para la formación son: instrucciones previas sobre el juego de simulación, materiales en clase, vídeos de introducción, plantillas que acompañan a los ejercicios del libro. Los profesionales y estudiantes disponen de otros recursos generales sobre la cadena de suministro.

Visita Recursos Web de Marge Books en http://www.margebooks.com, donde encontrarás las instrucciones y el código para acceder al juego *The Fresh Connection,* así como los esquemas más complejos del libro para una mejor visualización.

Acceso al juego de simulación empresarial The Fresh Connection

Para acceder a *The Fresh Connection* y utilizarlo de manera interactiva con el libro, tan solo debes ir a la pestaña de Recursos Web de Marge Books (www.margebooks.com) y seguir las instrucciones que se indican.

En solo cinco pasos podrás acceder al portal de Inchainge y, mediante un código gratuito, utilizar libremente el juego de simulación empresarial *The Fresh Connection,* en español.

Hay varias opciones para utilizarlo en combinación con este libro. La opción estándar para principiantes se ofrece de manera gratuita e incluye la visibilidad completa de todas las pantallas y el acceso al centro de apoyo a la información del juego, lo que te permite trabajar con todos los ejercicios del libro.

Según tus objetivos de aprendizaje y tu presupuesto, puedes explorar otras opciones de pago que ofrecen más rondas y de mayor complejidad, asistencia por correo electrónico durante el juego, la posibilidad de participar en una competición profesional, u otros elementos de retroalimentación adicional por parte de un entrenador certificado, así como la opción de hacer un examen y obtener un certificado oficial.

Fundamentos

La primera parte, que explora los fundamentos de la cadena de suministro, se centra en los conceptos y marcos básicos que intervienen en su gestión. Paso a paso, se analizan estos conceptos y marcos principales, y se detalla su importancia y las relaciones que se establecen entre ellos. Siempre que sea pertinente, se hará referencia a las principales obras de referencia de la disciplina, así como de las áreas relacionadas más importantes, como la estrategia y el *marketing*. La mayoría de los temas que se tratan van acompañados de algunos ejercicios iniciales para trabajar y familiarizarse con los conceptos más importantes.

Estos ejercicios sirven para *explorar* todas esas cuestiones. Así, esta primera sección sirve de base para las otras dos partes que integran el libro y en las que tendrás la oportunidad de practicar y llegar a gestionar e imaginarsu aplicación de una manera concreta, más allá de su formulación abstracta.

En esta primera parte, pues, se exploran las tres dimensiones de la cadena de suministro (técnica, empresarial y de liderazgo). A cada una se le dedica un capítulo.

1

Introducción

En este capítulo, iniciaremos nuestra exploración de los fundamentos de la cadena de suministro y echaremos un primer vistazo a las cuestiones siguientes:

- El papel de la cadena de suministro en el contexto de una empresa.
- Las definiciones de la cadena de suministro y los términos relacionados.
- El tamaño que debería tener nuestra cadena de suministro.
- El impacto del tamaño de una empresa.
- Los componentes de la cadena de suministro.

¿Qué es una cadena de suministro?

La importancia de la cadena de suministro: ¿área técnica o función empresarial?

¿Qué es la cadena de suministro y por qué deberíamos prestarle atención? Hay muchas formas de responder a esta pregunta. En lugar de elaborar estadísticas sobre el gasto en la cadena de suministro en una empresa o un país, quizá la mejor manera de percatarse de su importancia como área integral de la empresa consista en ver qué ocurre si no funciona correctamente.

Con frecuencia, leemos en los periódicos historias que ilustran las consecuencias de las interrupciones en la cadena de suministro. Puede que los artículos ni siquiera utilicen el término como tal, sino que hablen, por ejemplo, de empresas proveedoras, de fabricación o logística. Dado que estas interrupciones de la cadena de suministro se producen constantemente, propondremos un ejercicio más adelante. Pero primero veamos algunos ejemplos recientes a mayor escala que ocurrieron coincidiendo con la redacción de este libro, en 2017 y 2018. Me vienen a la mente, por ejemplo, los problemas que tuvo el Modelo 3 de Tesla por diversos motivos, desde las dificultades que planteó la producción con robots –la empresa tuvo que cambiar de mano de obra– hasta los continuos cambios de diseño del producto, con los consiguientes quebraderos de cabeza para las empresas fabricantes de componentes, o las difíciles relaciones con las proveedoras *(Financial Times,* 2017). Como publicó la CNN en marzo de 2018 (Isidore, 2018), «la empresa había prometido a finales del año pasado [2017] que fabricaría 5.000 Model 3 cada semana, pero solo entregó 222 en el tercer trimestre, y otros 1.542 en todo el cuarto trimestre. Ahora ha retrasado el objetivo de 5.000 a la semana hasta finales de junio [de 2018]». Mientras tanto, Tesla trabajó a fondo para solucionar los problemas y volver a la senda original. El 3 de abril de 2018, la empresa declaró en un comunicado de prensa: «Tesla sigue planteándose una cota de producción de aproximadamente 5.000 unidades por semana dentro de unos tres meses. De este modo sentará las bases para que, en el tercer trimestre, se logre la combinación ideal largamente buscada de alto volumen, buen margen bruto y fuerte flujo de caja operativo positivo. Así, Tesla no requerirá ampliar su capital o incrementar la deuda este año, aparte de la línea de crédito estándar»

Ejercicio 1.1
Los problemas de la cadena de suministro

Explora

Si bien los hechos mencionados ocurrieron mientras se escribía este libro, entre 2017 y 2018, problemas similares suelen darse con mucha frecuencia. Busca en internet cinco interrupciones recientes de la cadena de suministro, digamos entre los últimos seis y doce meses. Identifica las razones por las que se produjeron, así como las consecuencias directas e indirectas para la empresa o las empresas implicadas.

(Tesla, 2018). Independientemente de las preguntas de por qué y cómo ha podido ocurrir esto y a quién puede responsabilizarse de tal situación, el asunto probablemente no sea tan simple y sencillo. La empresa podría correr el riesgo de quemar su efectivo y experimentar una caída en el precio de las acciones si el problema persistiese. Además, la confianza de su clientela podría verse perjudicada en el proceso. Aunque Tesla puede dar la vuelta a la situación, por el momento, aún tiene que arreglar mucho en su cadena de suministro.

Y qué decir del gigante del transporte marítimo mundial Hanjin, que en su momento era uno de los cinco principales actores del sector. Se declaró en bancarrota mientras un gran número de contenedores seguía esperando a sus buques en numerosos puertos del mundo. Y muchos de sus barcos seguían en el mar llenos de contenedores, pero sin que la empresa tuviera liquidez para llevarlos a tierra *(Guardian,* 2016). O los problemas de suministro que tuvieron los fabricantes de fibra de papel en Brasil, además de una temporada con un número de incendios forestales superior a la media en Canadá, lo que provocó una escasez de papel higiénico en Taiwán, con la consiguiente escasez del producto en los supermercados de todo el país. Los precios de las acciones de las empresas fabricantes cayeron bruscamente como consecuencia de ello (Horton, 2018).

O tomemos el ejemplo de Kentucky Fried Chicken (KFC) que decidió cerrar «cientos de restaurantes» en el Reino Unido debido a la escasez de pollo. El motivo: KFC cambió de socio logístico y, junto con la nueva empresa, no acabaron de enderezar la operación antes de la fecha de entrada en funcionamiento. En consecuencia, KFC y su nuevo socio logístico fueron noticia en todo el planeta, los restaurantes no abrieron y, por tanto, no vendieron, los clientes quedaron decepcionados y el personal de los restaurantes tuvo que irse a casa (BBC, 2018).

Aunque hay muchos factores más allá de la cuestión de quién pudo ser el responsable de que las cosas no funcionaran tan bien en estos ejemplos, el mensaje principal por el momento es que la cadena de suministro parece lo suficientemente importante como para que las empresas se preocupen de gestionarla bien. Hay demasiado en juego.

Definiciones de cadena de suministro

Tras esta breve introducción sobre la importancia de la cadena de suministro y lo que puede ocurrir si se rompe, intentaremos definir con más claridad qué es realmente. Existen muchas definiciones. Basta con ir a internet y teclear «definición de cadena de suministro» o algo similar para comprobarlo. Probablemente, muchas de esas definiciones tendrán algo en común, pero también es muy probable que difieran en algún aspecto. En primer lugar, como muestran los ejemplos del apartado anterior, es interesante destacar la validez de la metáfora «cadena». En muchos idiomas existen expresiones que vendrían a significar algo como «una cadena es tan fuerte como el eslabón más débil». La idea, aplicada al contexto de una cadena de suministro, hace hincapié en las interdependencias que se dan entre los distintos agentes implicados. Si una proveedora falla y, en consecuencia, no puede producirse ni efectuarse una entrega, la empresa afectada no puede escudarse en su proveedora a la hora de hacer frente a las quejas de la clientela. Al fin y al cabo, el trato es con la empresa y no con la proveedora.

Una definición muy utilizada de la cadena de suministro proviene del Supply Chain Council, una asociación industrial que hace unos años se fusionó con la American Production and Inventory Control Society (APICS), una organización homóloga. Ambas están detrás del desarrollo del modelo de referencia de la cadena de suministro, conocido como modelo SCOR (siglas de *supply chain operations reference),* que ofrece una visión «orientada al proceso» de la gestión de la cadena de suministro, en la que se distinguen varios pasos (planificar, abastecerse, fabricar, entregar y devolver) que debe seguir cualquier empresa que participe en una cadena de suministro (figura 1.1). Evidentemente, como comentaremos más adelante, la cadena de suministro puede ampliarse a las empresas proveedoras de las proveedoras y a la clientela de los clientes. Stanton (2017), en su libro acerca de la orientación práctica sobre la cadena de suministro, se refiere ampliamente al modelo SCOR. APICS también ha lanzado recientemente una aplicación para iOS y Android que aporta una visión general de todo el modelo.

Por poner algunos ejemplos más de definiciones de la cadena de suministro extraídas de los principales libros de texto sobre el tema, veamos algunas de ellas. Rushton, Croucher y Baker (2017) lo expresan así:

Logística = gestión de materiales + distribución.
Cadena de suministro = empresas proveedoras + logística + clientela.

Christopher (2016) afirma que la gestión de la cadena de suministro es «la gestión de las relaciones ascendentes y descendentes con las proveedoras y los

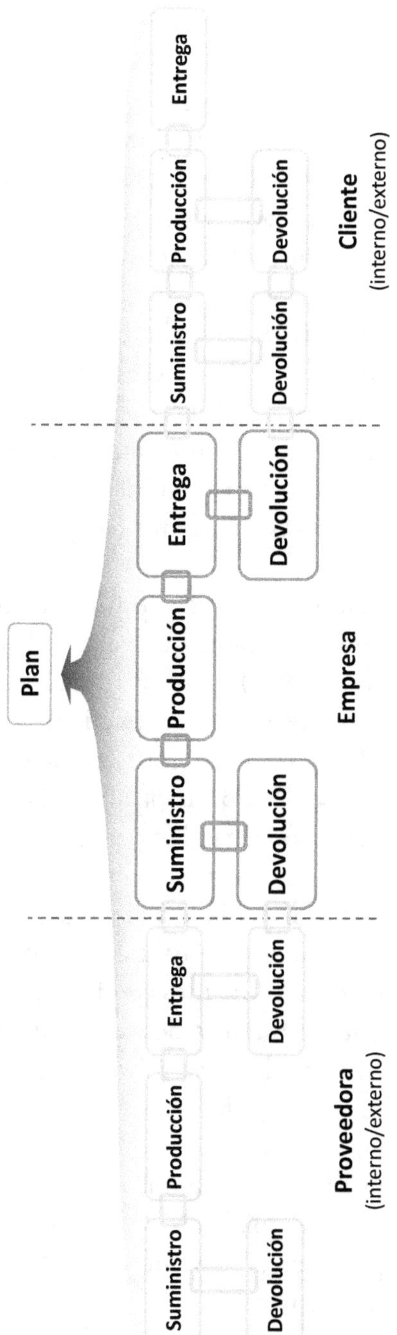

Figura 1.1. El modelo SCOR.

clientes con el fin de ofrecer un valor superior al cliente a un menor costo para la cadena de suministro en su conjunto».

Simchi-Levi *et al.* (2009) definen la gestión de la cadena de suministro como «un conjunto de enfoques utilizados para integrar eficazmente a las proveedoras, fabricantes, almacenes y tiendas, de modo que la mercancía se produzca y distribuya en las cantidades adecuadas, en los lugares adecuados y en el momento oportuno, con el fin de minimizar los costos de todo el sistema y satisfacer los requisitos de nivel de servicio».

Una definición que suelo utilizar en talleres y cursos de formación es la que proponen Chopra y Meindl (2016): «Una cadena de suministro está formada por todas las partes implicadas, directa o indirectamente, en el cumplimiento de una petición del cliente». Aunque pueda parecer demasiado general y poco concreta, esa es una de sus características interesantes: debes definir para tu propio caso cuán larga y cuán amplia quieres que sea tu cadena de suministro.

Lo que todas las definiciones tienen en común, de una manera muy explícita, es que la cadena de suministro tiene que ver con los flujos de bienes, información y dinero (costos e ingresos) y, lo que quizá sea más importante, tiene como objetivo satisfacer las necesidades de un cliente al final de nuestra cadena (lo llamamos el *extremo descendente,* en contraposición a las proveedoras, que están en el *extremo ascendente).* En otras palabras, la persona que compra –el cliente, o sea, la figura que paga al final de nuestra cadena directa– es claramente parte de nuestra cadena de suministro.

Es interesante observar que Simchi-Levi distingue y relaciona explícitamente lo que él llama la «cadena de desarrollo» y la cadena de suministro. Esta última se halla contemplada en la definición antes citada, centrándose en el suministro, la fabricación y la distribución estables de los bienes existentes. La cadena de desarrollo, en cambio, se ocupa del desarrollo de nuevos productos y del diseño de los procesos para suministrar, fabricar y distribuir esos nuevos productos (Simchi-Levi *et al.,* 2009).

Como puede verse, cada vez se presta más atención a las cadenas circulares, una cuestión directamente relacionada con la responsabilidad social corporativa y la sostenibilidad. Los procesos de retorno definidos en el modelo SCOR ya permiten que se incluya esa dimensión.

Debe tenerse en cuenta la diferencia entre cliente y persona consumidora. Todas las empresas de la cadena tienen clientes, pero el término *consumidores* se refiere normalmente a las personas usuarias finales de un producto, situadas al final de toda la cadena. Minoristas como Tesco o Carrefour pueden ser clientes del productor de agua mineral Evian, pero las consumidoras son las personas que están en las tiendas comprando el agua. Esta distinción entre clientes y consumidores volverá a aparecer más adelante, cuando tratemos el concepto de valor para el cliente en el capítulo 2, así como cuando trabajemos sobre los modelos empresariales en la tercera parte.

Importancia de las definiciones

Se han traído a colación estas definiciones para dar una idea de lo que dicen los libros de texto estándar sobre el tema. Según mi experiencia con profesionales de la cadena de suministro de todo el mundo, disponer de la definición correcta no es algo de lo que preocuparse demasiado en la práctica. No suelen surgir malentendidos al hablar de la cadena de suministro desde un punto de vista holístico. Ni siquiera cuando se cruzan los límites de otros departamentos. En la mayoría de los casos, no surge ningún problema grave.

Sin embargo, todo puede cambiar, y mucho, al trabajar con las definiciones de las áreas que forman parte de la cadena de suministro. La terminología resulta más confusa, dependiendo de los antecedentes, el contexto de la empresa o incluso los marcos de referencia nacionales. La palabra *logística* es un buen ejemplo. Para algunos, se trata prácticamente de un sinónimo de *cadena de suministro,* sobre todo cuando se adopta una visión holística que lleva de principio a fin. Para otros, la logística es más bien una actividad operativa relacionada sobre todo con el almacenamiento y la distribución. Puede entenderse la posible confusión que se produce cuando dos personas mantienen una discusión. Cada una trabaja a partir de una comprensión diferente del término. Del mismo modo, existe una diferencia entre las compras y el aprovisionamiento. Si se busca en internet, se encontrará una gran cantidad de explicaciones distintas, en algunos casos completamente opuestas.

Así que, aunque en la práctica no hay tanta confusión sobre el término cadena de suministro en sí, en estos últimos ejemplos en los que existe menos claridad, obviamente las definiciones son importantes. No se trata de determinar quién tiene razón o quién está equivocado, sino de aclararlas. Solo de ese modo la conversación podrá avanzar y ser más productiva.

¿Qué aspecto tiene una cadena de suministro?

La longitud y la anchura de la cadena de suministro

Volvamos por un momento a la cuestión de cuán larga y amplia debe ser una cadena de suministro. ¿Tiene sentido que incluya a las proveedoras de las empresas proveedoras clave? ¿O a los clientes de los clientes? Obviamente, no basta con responder a estas preguntas con un «sí». Cuanto se diga tendrá implicaciones en lo que se hace y en la manera cómo se hace. No obstante, si se considera que tiene sentido incluirlos, habrá que hacerlo y buscar la mejor manera de gestionar esas relaciones. Si no fuese así, lo mejor será limitarse a tratar con las empresas proveedoras o la clientela directas.

Una opción similar sería válida para algunos de los departamentos internos de la empresa. Por ejemplo, ¿podría considerarse que el departamento de investigación y desarrollo (I+D) está «directa o indirectamente implicado» en el cumplimiento de una petición del cliente? Podría decirse que, en la mayoría de los casos —no en el día a día de la empresa, sino en el ámbito de la I+D— se desarrollan tecnologías y productos, y se toman decisiones que, tarde o temprano, podrían repercutir en las actividades de la cadena de suministro. Lo mismo podría decirse en mayor o menor medida para los departamentos de informática, asuntos jurídicos, recursos humanos, etc. El reto consiste en identificar el impacto potencial que tienen en la cadena de suministro y la mejor manera

---

EJERCICIO 1.2
La longitud y la amplitud de la cadena de suministro

Explora

¿En qué casos puede tener sentido ir más allá de las propias empresas proveedoras directas «ascendentes» y de la clientela «descendente» de una empresa e incluir a los respectivos proveedores o clientes en la visión y las políticas de la cadena de suministro de la empresa?

¿Qué razones habría para hacerlo? Otra forma de formular esta pregunta sería pensar en los riesgos que correría la empresa si no fuera más allá de las proveedoras y la clientela de primer nivel.

de gestionarlo, sin crear estructuras organizativas grandes e ineficientes ni un número infinito de reuniones.

El impacto del tamaño y la potencia en la cadena de suministro

Como indica el término *cadena de suministro,* no se trata de empresas individuales, sino del conjunto del que forman parte. Obviamente, las relaciones entre empresas no van a ser grandes y maravillosas solo porque formen parte de la misma cadena de suministro. Debe tenerse en cuenta que el tamaño de las empresas implicadas en cualquier relación bilateral o multilateral influirá de algún modo en el proceso. De manera excepcional, podría darse el caso de que una empresa pequeña ofrece algo tan especial y tan único que incluso las compañías más grandes tendrán que adaptarse. Sin embargo, el tamaño es un factor importante que no puede soslayarse.

En primer lugar, las empresas grandes poseen más poder de negociación que las pequeñas. Mueven mayores volúmenes y, por tanto, pueden imponer sus normas a las empresas de menor tamaño. Estas, además, a la hora de negociar las condiciones de un contrato, parten de una posición de inferioridad y les costará mucho convencerlas para que se les unan en proyectos de mejora.

Sin embargo, las empresas pequeñas pueden aprovechar el poder de compra o las condiciones que se dan en una empresa grande. Por ejemplo, si esta, debido a su gran volumen, posee ciertos contratos favorables con sus proveedoras de transporte o cuenta con unas condiciones de financiación atractivas por parte de sus bancos, podría permitir que las empresas más pequeñas se uniesen a esos acuerdos. En otras palabras, las condiciones de la gran empresa se ponen a disposición de la más pequeña.

Empresas como Toyota, Ikea o la cadena de supermercados española Mercadona utilizan sus relaciones con proveedoras clave para aprovechar las mejores prácticas de estas. Si ven que una iniciativa conjunta con una empresa proveedora clave ha dado buenos resultados, pueden proponer algo similar a otro o incluso pedir a dos proveedoras que unan sus fuerzas para un proyecto concreto. La diferencia de tamaño no es necesariamente negativa para la empresa más pequeña. A veces es difícil predecir cómo funcionarán las cosas entre compañías de distinto tamaño, pero el impacto de este es algo que no puede ignorarse.

Los componentes de la cadena de suministro: las piezas del puzle

Antes de entrar en los detalles de lo que cubre la cadena de suministro, es preciso observar cómo esta se integra en la empresa. Tradicionalmente, se ha tendido a pensar que cualquier solución de la cadena de suministro responde a la estrategia de la empresa. De ese modo, no es raro que se desarrollen estrategias parciales para las diferentes áreas funcionales, incluidas las áreas implicadas en toda la cadena de suministro. Habría que definir, pues, los objetivos logísticos o de la cadena de suministro y, a continuación, determinar la configuración correcta de la cadena de suministro. Cabe observar que tiende a imponerse una noción más fuerte: la estrategia de la cadena de suministro no es solo una consecuencia de las decisiones estratégicas, sino una relación mucho más recíproca, con una dependencia bidireccional, en la que las estrategias comerciales cambian debido a las capacidades de la cadena de suministro dentro de la empresa. Trataremos este tema con mayor detalle en el capítulo 2.

Así pues, ¿cuáles son exactamente los elementos que deben tenerse en cuenta al hablar de las cadenas de suministro? Para empezar, me gustaría referirme a lo que Visser y Van Goor (2011) denominaron *concepto de logística integral* (figura 1.2). Acuñaron el término en la década de 1990, pero se sigue utilizando ampliamente y, como puede verse, abarca prácticamente todo lo que hoy se considera una cadena de suministro.

Su concepto original también parte de la estrategia de la empresa, los mercados o segmentos y las propuestas de valor, para desembocar después en el diseño de la cadena de suministro integral. Para ser coherentes con la noción de que la estrategia y la cadena de suministro no son pasos tan secuenciales, sino que están mucho más entrelazados, la flecha entre las dos casillas va ahora en dos direcciones. Los elementos constitutivos de la cadena de suministro, tal y como se representa en el modelo, son entonces los siguientes:

- *La infraestructura física:* por ejemplo, las decisiones sobre las fábricas, los almacenes, los puertos y otros centros de transporte, las tecnologías de fabricación o de logística aplicadas, la realización de operaciones internas o externas, la búsqueda de una cadena de suministro basada en el empuje o en el tirón (más adelante se hablará de ello), etc. Obviamente, hay otro elemento clave: los materiales que se mueven a través de dicha infraestructura, a los que solemos referirnos como *flujo de mercancías* o *flujo de materiales.* Las empresas suelen referirse a sus productos con las siglas SKU (de *stock keeping unit,* literalmente «unidad de mantenimiento de *stock»,* pero más conocido como «número de referencia único»). Estos pueden aplicarse tanto a los componentes como a los productos acabados.

- *Los mecanismos de planificación y control:* referidos a la previsión, la planificación y secuenciación de la producción, la gestión de inventarios o la planificación del transporte, entre otros. Abarcarían los procesos relevantes de la empresa, así como su coordinación.
- *Información y sistemas:* con el fin de proporcionar la información pertinente para la planificación y ejecución de los procesos mencionados.
- *Organización:* es preciso establecer quién hace qué y en qué procesos (determinar funciones y responsabilidades).

Como se muestra en la figura 1.2, los cuatro elementos constitutivos de la parte inferior aparecen en secuencia de manera que uno, comenzando por la elección de la red, lleve al siguiente. Algunas flechas se prolongan hacia atrás,

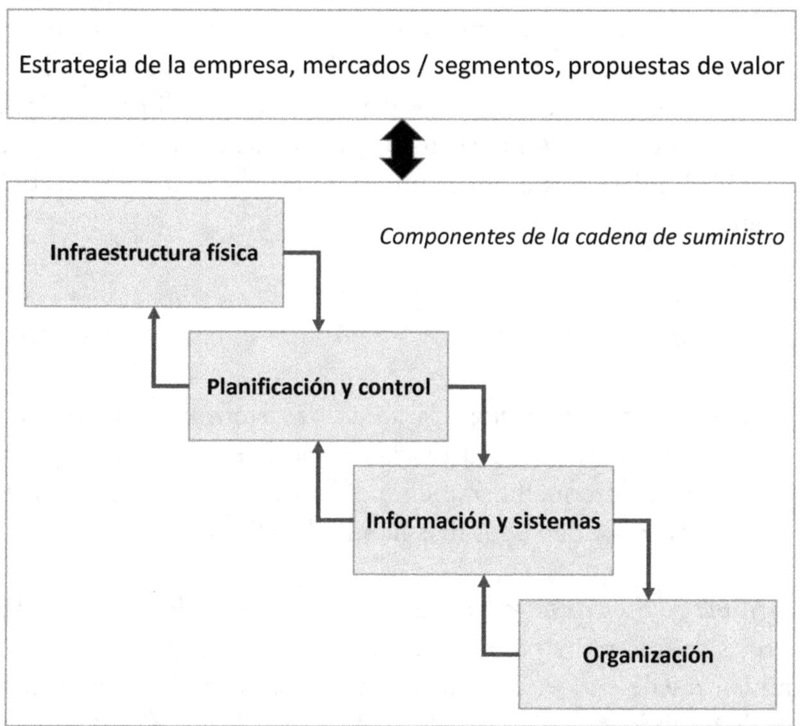

Figura 1.2. La logística integral. *Fuente:* Visser y Van Goor (2011; adaptación).

lo que pone de manifiesto la naturaleza iterativa del diseño de una solución integral coherente para la cadena de suministro.

Cuando se aborde la dimensión técnica de la cadena de suministro en el capítulo 3, seguiremos la estructura y la secuencia del concepto de logística integral. El enfoque del concepto integral es bastante coherente con los elementos constitutivos de la cadena de suministro que pueden encontrarse en otros manuales.

Otra distinción de la toma de decisiones en la cadena de suministro está relacionada con el horizonte temporal de las decisiones y su impacto. Por lo general, en este contexto se distinguen tres niveles de decisiones:

- *Operativo:* decisiones a corto plazo (por ejemplo, para los tres meses siguientes).
- *Táctico:* decisiones a medio plazo (por ejemplo, de tres a 18 meses vista).
- *Estratégico:* decisiones a largo plazo (por ejemplo, más allá de 18 meses).

La definición exacta de lo que se considera *corto, medio y largo plazo* puede variar según la empresa o el sector. En la industria de la alta tecnología, en constante innovación, dos años pueden parecer una eternidad, mientras que en la industria aeronáutica, por ejemplo, los cambios no suelen ser tan rápidos. Para conocer la velocidad de desarrollo en las diferentes industrias, conviene consultar *Clockspeed,* el libro, ya un clásico, que publicó Charles Fine en 1998. Volveremos a la distinción entre los plazos de decisión más adelante, en el capítulo 3.

¿Cómo es mi cadena de suministro? Mapa de la cadena de suministro

A la hora de establecer una visión clara de una determinada cadena de suministro (existente o prevista) se recurre a la creación de *mapas.* Existen diferentes tipos, todos con un enfoque ligeramente diferente, como puede verse en estos ejemplos, que corresponden a los más habituales (figura 1.3):

- *Diagrama de flujo de la red:* muestra las conexiones lógicas entre las instalaciones de una red y permite ver su grado de complejidad. El diagrama también puede enriquecerse añadiéndole datos cualitativos y cuantitativos, destacando, por ejemplo, los volúmenes, los niveles de servicio y de inventario y el número de envíos.

- *Diagrama GIS:* las siglas corresponden a *geographical information system* (sistema de información geográfica). Ciertos tipos de datos, como la demanda, la frecuencia de los envíos, el tamaño de estos, el número de clientes, etc., se visualizan en un mapa basado, por ejemplo, en las zonas de códigos postales.
- *Diagrama de flujos de procesos:* muestra las conexiones lógicas de los procesos empresariales y el flujo de decisiones. Podrían incluir una dimensión relacionada con las responsabilidades y representar, por ejemplo, el flujo de decisiones mediante varias columnas que correspondiesen a los diferentes departamentos de la empresa.
- *Diagrama de flujos geográficos:* similar al diagrama de flujo de la red, en lugar de centrarse en un flujo lógico que va de izquierda a derecha, este destaca la dimensión geográfica en un mapa.

En la segunda parte se verán tres de estos cuatro tipos de mapa.

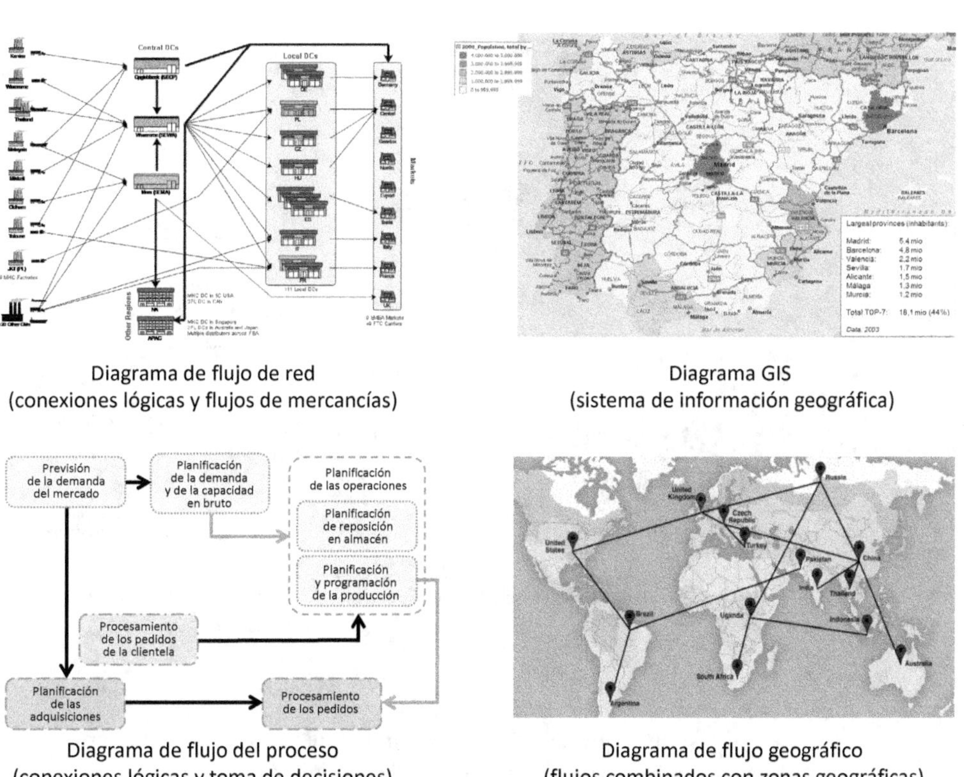

Diagrama de flujo de red
(conexiones lógicas y flujos de mercancías)

Diagrama GIS
(sistema de información geográfica)

Diagrama de flujo del proceso
(conexiones lógicas y toma de decisiones)

Diagrama de flujo geográfico
(flujos combinados con zonas geográficas)

Figura 1.3. Algunos de los mapas más utilizados.

Resumen

En este capítulo introductorio hemos abordado algunas de las principales definiciones básicas de la cadena de suministro, así como de sus componentes. Ahora, como parte de nuestra exploración de los fundamentos de la gestión de la cadena de suministro, examinaremos con detenimiento la dimensión empresarial (capítulo 2), la dimensión técnica (capítulo 3) y la dimensión de liderazgo de la cadena de suministro (capítulo 4). La figura 1.4 ofrece una visión general de los temas tratados en cada una de las dimensiones.

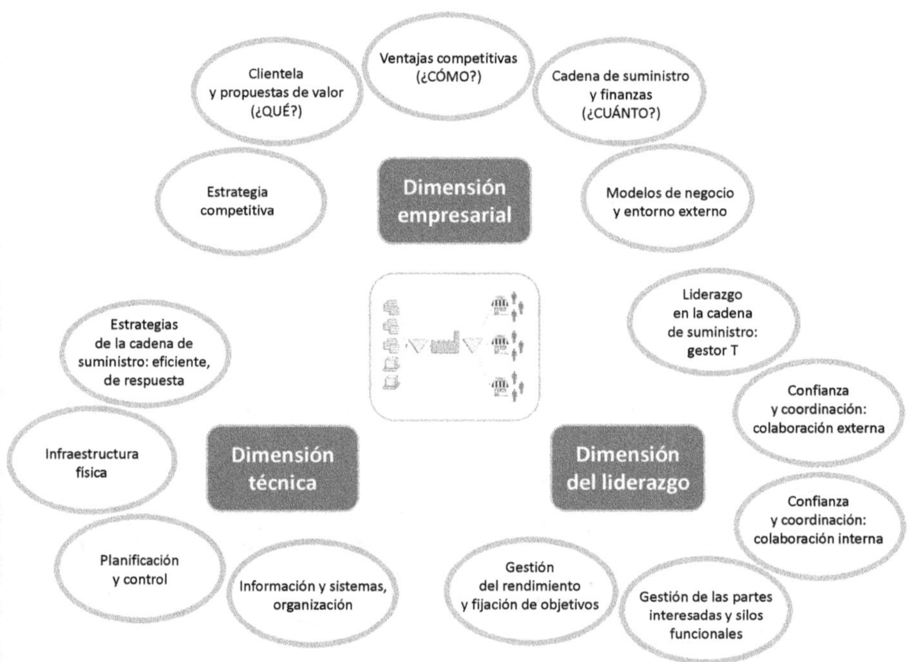

Figura 1.4. Cuestiones que se tratan en cada una de las tres dimensiones de la gestión de la cadena de suministro.

2

Dimensión empresarial de la cadena de suministro

La cadena de suministro constituye una parte integral de la actividad empresarial. Abarca diferentes áreas funcionales, principalmente operativas, y coexiste con las demás áreas de la empresa. En este capítulo, profundizaremos en esa relación entre la cadena de suministro la actividad de una empresa.

Abordaremos los conceptos siguientes:

- La estrategia competitiva o corporativa.
- El valor para el cliente: las propuestas de valor *(¿qué?)*.
- Lo que debe hacerse para ofrecer ese valor: ventajas competitivas *(¿cómo?)*.
- Las diferentes estrategias de la cadena de suministro.
- La relación entre la cadena de suministro y las finanzas de la empresa *(¿cuánto?)*.
- Una visión integral de los modelos de negocio: *canvas* (¿qué, cómo y cuánto?)
- El impacto potencial del entorno externo de la empresa en su cadena de suministro.
- El riesgo y la resistencia de la cadena de suministro.

Debe tenerse en cuenta que, en los capítulos 2 y 3, se presenta un conjunto de ejercicios con los que explorar los diferentes aspectos de la dimensión empresarial y la dimensión técnica de la gestión de la cadena de suministro. Selecciona algunas empresas que se ajusten a tus intereses específicos y sus correspondientes sectores para realizar los ejercicios (a ser posible, procura que se trate de empresas centradas en productos físicos). Conviene que tengas sus fichas a mano mientras lees este capítulo y el siguiente.

Perspectiva del sector: estrategia competitiva

Sobre los sectores y los mercados

A la hora de definir la estrategia, hay que distinguir claramente entre sector (o industria) y mercado. En términos sencillos, el «sector» se refiere al entorno en el que opera una empresa y en el que deberá competir con otras que se dirigen a los mismos segmentos de clientela, o a alguno similar, con productos y servicios idénticos o parecidos. Dicho de otro modo: esas empresas compiten por hacerse con el dinero que gastan los clientes.

El «mercado» sería el conjunto de personas o empresas al que se dirige una empresa, es decir, aquellas que, en principio, adquirirían sus productos o servicios. En la siguiente sección de este capítulo se habla más al respecto.

Empezando por el sector, habrá que preguntarse cuánta presión hay y quién es la competencia. Ya se verá más adelante cómo vencerla. Porter (1985) propuso su marco de las cinco fuerzas. El método, muy célebre y utilizado, proporciona una visión clara del panorama competitivo e identifica la rivalidad entre las competidoras directas, la amenaza de los nuevos participantes, la amenaza de los sustitutos del producto o servicio, y las presiones derivadas de las proveedoras y la clientela.

Estrategia competitiva

Una vez que la situación del sector está clara, la empresa debe decidir cuál es el mejor modo de competir. Porter reconoce tres estrategias básicas:

- Una *estrategia de liderazgo en costos,* dirigida a conseguir precios más bajos que los propuestos por la competencia.
- Una *estrategia de diferenciación* dirigida, por ejemplo, a ofrecer productos o servicios mejores o más rápidos.
- Una *estrategia de concentración,* que propugna dedicarse a un segmento específico y relativamente pequeño al que la competencia ignora o, al menos, no le presta demasiado interés.

Treacy y Wiersema (1995) propusieron otro marco para definir las estrategias competitivas que goza de gran aceptación. Al igual que el anterior, también distinguen tres estrategias básicas, aunque ligeramente distintas que las de Porter:

- La *excelencia operativa,* centrada en el bajo costo y un buen servicio, pero basada en una cartera de productos y servicios más bien reducida.
- La *intimidad con el cliente,* centrada en niveles extremos de servicio a la clientela, grandes carteras de productos y servicios, y provisión de soluciones totales.
- El *liderazgo en productos,* centrado en productos de última generación de máxima calidad basados en el desarrollo y la mejora continuos.

Aunque sus definiciones son ligeramente diferentes, una similitud interesante entre Treacy, Wiersema y Porter es que todos abogan por tomar decisiones estratégicas claras. Porter lo llamó evitar quedarse «atrapado en el medio». Si no se hace una elección clara, se está tratando de ser todo para todos, con el resultado de no ser realmente bueno en nada.

Cualquiera de estas estrategias que elija una empresa determinará también, en última instancia, las medidas que deben adoptarse en la cadena de suministro. Volveremos a esta cuestión al concluir este breve repaso a la estrategia industrial y competitiva. Ahora vamos a fijarnos en a quienes vendemos nuestros productos y servicios: la clientela.

EJERCICIO 2.1
Industrias, actores y estrategias

Explora

Elige uno o varios sectores de tu interés. Investiga sobre los agentes que operan en ese mercado. A partir de la información que encuentres, intenta definir las estrategias básicas que persiguen los distintos agentes del sector. Utiliza los marcos de Treacy y Wiersema, y de Porter para ver en qué se diferencian y en qué medida funcionan. Confecciona una tabla para cada marco en la que indicarás las diferentes estrategias y las empresas que se adecuan mejor a una u otra.

¿Qué conclusiones extraes de esas tablas? ¿Hasta qué punto están claras las estrategias? ¿Has encontrado alguna empresa que se haya quedado «atascada en el medio»?

El *qué* de la actividad de la empresa: clientela y propuestas de valor

El concepto de valor: ¿por qué tendrían que comprarme algo?

Una empresa genera ingresos gracias a las ventas que realiza a su clientela. Ese es el punto de partida de cualquier negocio. Al comentar las diversas definiciones de la cadena de suministro, ha quedado claro hasta qué punto la clientela ocupa una posición importante. No es raro que, en esos casos, suela utilizarse también la palabra *valor*. Una empresa debe dar a sus clientes algo que valoren y por lo que estén dispuestos a pagar. Sería el *qué* de la empresa. ¿Qué es eso tan valioso para nuestra clientela?

En la bibliografía académica sobre *marketing* hay una gran cantidad de referencias y marcos sobre el concepto de valor, por ejemplo en la famosa obra de Philip Kotler (Kotler y Lane, 2015). Una expresión generalmente aceptada es que el valor es una función de los beneficios percibidos por un cliente, en relación con el precio pagado por el producto o servicio. En cierto modo, esto hace referencia a la expresión «relación precio-calidad» a la que todos estamos acostumbrados en nuestra vida cotidiana.

¿De dónde provienen estos beneficios percibidos, o cuáles son los elementos de la «propuesta de valor»? En la literatura sobre mercadotecnia existen multitud de marcos y conceptos que abordan la definición de las propuestas de valor, desde los «niveles de producto» de Kotler (Kotler y Lane, 2015) hasta el *canvas* de la propuesta de valor (Osterwalder *et al.*, 2014) y los cinco atributos de valor y su grado relativo de excelencia en el mercado propuestos por Crawford y Mathews (2003). Estos últimos pasan a hablar de lo que llaman las estrategias 5-4-3-3-3: ser el mejor del mercado en un atributo de valor, estar por encima de la media en otro y estar a la par en los tres restantes, es decir, no intentar ser el mejor en todo. DeSmet (2018) combina el marco de Crawford y Mathews de forma muy original con las estrategias básicas de Treacy y Wiersema introducidas al principio de este capítulo. Por último, Sharp (2010) también aborda ampliamente el tema del valor, principalmente desde el ángulo de las marcas y el *branding,* en combinación con una segmentación inteligente y políticas de *marketing* específicamente adaptadas.

Todos los marcos son enfoques detallados con diferentes definiciones y dimensiones de valor. Estaría fuera del alcance de este libro entrar en el detalle de cada uno de ellos. Para nuestro propósito simplificamos un poco y recurrimos al marco de Christopher y de Rushton *et al.*, tal y como se publica en sus respectivos libros sobre la gestión de la cadena de suministro. Al considerar el mundo de las mercancías, que es el más relevante para la cadena de suministro, como ejemplo, y siguiendo a Christopher (2016) así como a Rushton *et al.* (2017), el marco comienza con el producto básico en el centro de su valor. Algunos hablarían de los beneficios básicos o centrales del producto. Nos vienen a la mente aspectos como la calidad, la funcionalidad, las características y la durabilidad del producto: un paraguas debe protegerte de la lluvia, un medicamento debe curar una enfermedad y el agua mineral debe aliviar tu sed.

Pero en algunos mercados, especialmente en los maduros, donde los productos de las distintas empresas son muy similares entre sí, esas ventajas básicas pueden no ser suficientes para diferenciar los productos en la mente de los clientes, a menos que se siga con éxito una estrategia de liderazgo en costos o de excelencia operativa. Para otras empresas, la diferenciación podría tener lugar en lo que Christopher y Rushton llaman el «entorno del servicio» o el «entorno del producto» (figura 2.1). En esta capa adicional, entran en juego aspectos que van más allá del producto puramente físico, por ejemplo, la velocidad de entrega, la fiabilidad de esta, la flexibilidad para cambiar un pedido antes de la entrega, el servicio posventa, la elección de la variedad de embalaje o la posibilidad de añadir un etiquetado personalizado.

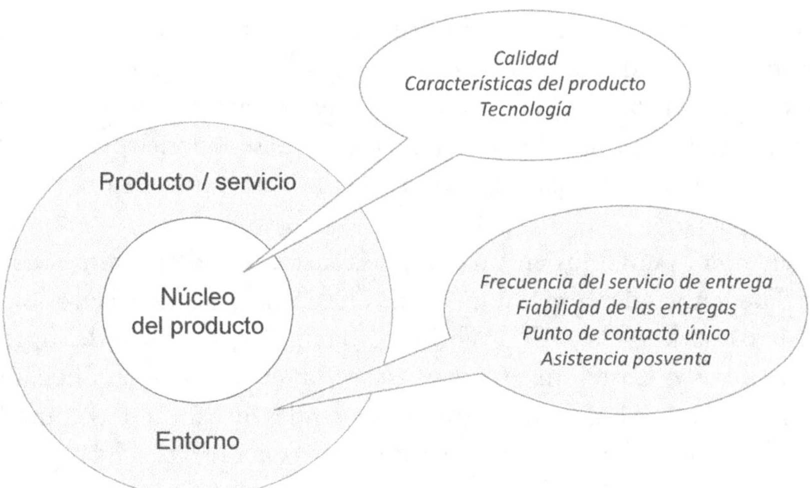

Figura 2.1. **Valor, producto principal, servicio envolvente.**
Fuente: Christopher (2016) y Rushton *et al.* (2017).

Como veremos más adelante, una definición adecuada y precisa de la propuesta de valor ofrecida a nuestra clientela es uno de los puntos de partida clave para determinar cómo debe ser nuestra cadena de suministro.

¿Ofrecer un solo producto a todo el mundo o realizar una segmentación inteligente de la clientela?

Se ha de tener en cuenta que la mayoría de las empresas no tienen un solo segmento de clientes; normalmente tratan con varios segmentos. En la literatura sobre *marketing* se pueden encontrar muchas referencias a la segmentación de clientela, pero la idea básica que subyace es que las personas no son todas idénticas y que la «talla única» puede ser muy eficiente, pero hace que casi nadie reciba exactamente lo que quiere. Lo contrario sería dar a cada persona exactamente lo que pide, pero la desventaja de este enfoque sería que la eficiencia y, por tanto, los precios y los márgenes estarían en juego.

Ahí es donde entran en escena el arte y la ciencia de la segmentación inteligente de la clientela: cómo determinar tantos segmentos útiles como sea necesario y, al mismo tiempo, mantener el número más bajo posible, optimizando así entre la personalización y la eficiencia. Los conceptos, los métodos y las herramientas exactos de la segmentación de la clientela quedan fuera del objetivo de este libro, pero por el momento basta con entender que la mayoría de las empresas trabajan para múltiples segmentos y que cada uno de esos segmentos puede requerir propuestas de valor diferentes (aunque haya más o menos solapamiento, no serán cien por cien idénticas). Y a su vez, esas diferentes propuestas de valor pueden requerir diferentes soluciones para la cadena de suministro, cada una de ellas jugando con la misma tensión entre personalización y eficiencia.

Por ejemplo, pensemos en una empresa fabricante de portátiles como HP o Acer. Pueden vender a grandes cadenas de minoristas de electrodomésticos como Mediamarkt o Curry/PC World, pero también a cadenas de supermercados como Tesco o Carrefour. Además, sus productos se venden directamente a tiendas más pequeñas, así como a través de grandes distribuidoras como Ingram Micro. Al mismo tiempo, sus productos pueden encontrarse en las plataformas de minoristas de comercio electrónico como Amazon, así como en las propias tiendas web de la empresa. Cada una de ellas, comercialmente hablando, es un segmento diferente, a veces incluso segmentado con más detalle según el tamaño o el ámbito geográfico (internacional, nacional, regional). Y como se puede comprender, cada uno de esos segmentos, aunque potencialmente esté interesado en comprar los mismos productos, puede tener requisitos de servicio muy distintos en cuanto a la frecuencia, fiabilidad y rapidez de las entregas, el reenvasado, el reetiquetado, las conexiones del sistema electrónico, entre otros de una larga lista.

No hay nadie igual

Ya se ha insinuado brevemente antes, pero en cualquier situación empresarial puede haber una diferencia entre las características que son importantes para el cliente que paga directamente a una empresa y las que son importantes para la persona consumidora (final). Si pensamos en una tienda de conveniencia en el centro de la ciudad o del pueblo, su clientela en la mayoría de los casos sería la misma que los consumidores finales, por lo que no es necesario diferenciar entre cliente y consumidor.

Pero en el caso de una empresa farmacéutica, por ejemplo, el consumidor final es el paciente y, obviamente, le interesa lo que un medicamento hará dentro de su cuerpo, es decir, el beneficio principal del producto proporcionado por el llamado *ingrediente o ingredientes activos* que contiene. Sin embargo, la farmacia, que compra el medicamento a la empresa farmacéutica, probablemente no esté interesada en el beneficio principal porque al final no utilizará el medicamento. Para ella, el beneficio principal del producto es importante sobre todo porque sabe que representa un volumen de ventas potencial de pacientes,

---

EJERCICIO 2.2
Segmentos de mercado

Explora

Busca información detallada sobre los diferentes segmentos de mercado que caracterizan al sector que hayas elegido anteriormente y determina los agentes que intervienen.

A continuación, busca información sobre las propuestas de valor que puede realizar una empresa concreta a cada uno de esos segmentos.

por ejemplo, que buscan un medicamento para combatir los dolores de cabeza. Además, es muy probable que la farmacia esté muy interesada en los aspectos relacionados con la entrega, como el plazo de entrega, la flexibilidad, los tipos de envase, la disponibilidad del producto, etc.

Así que, aunque es tentador centrarse únicamente en los motivos por los que una persona puede querer comprar un determinado producto a una empresa, es fundamental no olvidar los aspectos que aportan valor a quienes pagan directamente, la clientela, especialmente cuando estos aspectos no son los mismos. Desde el punto de vista de la cadena de suministro, debemos hacer explícita esta distinción e incluir ambos puntos de vista, ya que pueden tener diferentes implicaciones para los distintos bloques de la cadena de suministro. En la literatura sobre tipos de industria, modelos empresariales y *marketing,* se suele distinguir entre empresa a consumidor (B2C) y empresa a empresa (B2B). Sin embargo, incluso una empresa B2B que venda a otras empresas tendrá, en última instancia, un consumidor al final de la cadena, por lo que podría ser tentador mezclar los conceptos de cliente y consumidor.

Nuestros puntos de vista sobre el sector, la competencia y las propuestas de valor ofrecidas a los diferentes segmentos de clientela nos dan un punto de partida para definir cómo debe ser la cadena de suministro.

El *cómo* de la actividad de la empresa: ventajas competitivas

La cadena de valor

En cuanto alguien expresa su interés por lo que la empresa promete y se decide a comprar, esta deberá entregar algo que colme esas expectativas o incluso las supere. Todo eso que se necesita para cumplir con éxito la promesa es el *cómo* de la empresa.

Si una empresa compite prometiendo plazos de entrega más cortos que los de sus competidoras, tiene que encontrar la manera de ser más rápida que estas. Si promete una mayor fiabilidad en las entregas (también llamada nivel de servicio), no tiene más remedio que ser más fiable que las demás. Si ofrece precios más bajos, tendrá que volverse más barata. A gran escala, es tan sencillo como eso.

Ahora comienza el verdadero rompecabezas de la cadena de suministro, y se requieren serias dosis de creatividad. Porque, ¿cómo una empresa puede ser más rápida? ¿O más fiable? ¿O más barata? ¿Y, sobre todo, ser capaz de realizar el trabajo de forma consistente día tras día? Una vez más, acudimos a Porter para que nos dé una referencia, ya que él también abordó el *cómo* de la historia cuando describió su famosa *cadena de valor* (Porter, 1980). Aunque el concepto es más amplio que la cadena de suministro, hay muchos elementos que se solapan. Por un lado, Porter distingue las actividades primarias, como la mercadotecnia y las ventas, la producción y la logística, todas ellas directamente implicadas en la creación y entrega del producto o servicio en cuestión. Por otro lado, están las actividades de apoyo, como los recursos humanos, la investigación y el desarrollo, etc.

Según Porter, una empresa puede marcar la diferencia competitiva logrando la excelencia en cualquiera de las áreas o de su combinación, lo que lleva a conseguir ventajas competitivas. Obviamente, en qué áreas debe sobresalir vendrá definido por las decisiones que se tomen con respecto a la estrategia corporativa. Por ejemplo, ocupar el liderazgo mundial en investigación fundamental orientada a los descubrimientos de nuevos materiales y al desarrollo de nuevos productos es sobre todo relevante para las estrategias de liderazgo de producto y no tanto cuando se pretende ser líder en costos.

Como señalé en mi anterior libro, *El pase perfecto,* Porter habla en primer lugar del objetivo de realizar actividades estratégicamente importantes más baratas o mejores que la competencia. En otras palabras, Porter dice que hay que entender que para mejorar la competitividad de una empresa se puede marcar la diferencia en una o varias de las actividades estratégicamente importantes. La competitividad está relacionada con las capacidades operativas de la empresa. También es algo que percibe su clientela y, en última instancia, está en el centro de los beneficios de una empresa. La implicación de esto es que cada una de las actividades de la cadena de valor puede utilizarse para crear una ventaja competitiva y que se requiere una visión de conjunto para poner todo en perspectiva.

En segundo lugar, Porter subraya el hecho de que las actividades son interdependientes y no están aisladas. En consecuencia, quien logre una buena alineación de estas actividades creará una optimización o una mejor coordinación entre las áreas. Esto podría manifestarse en un conjunto de procesos empresariales inteligentes y de alta calidad en las diferentes áreas, lo que llevaría a un rendimiento más barato o mejor. Al mismo tiempo, dada la interdependencia de todas las áreas, habría que asegurarse de que las acciones o iniciativas de un área fueran coherentes con las acciones e iniciativas de otras (Weenk, 2013a). Volveremos a los dos aspectos mencionados de Porter más adelante, cuando hablemos de la visión integrada de los modelos de negocio.

Las ventajas competitivas, el secreto para mejorar el rendimiento

La idea clave de las ventajas competitivas es identificar en qué áreas la empresa es o debería ser mejor, más rápida o más barata que las competidoras, así como saber por qué. ¿Se debe a unos procesos más desarrollados? ¿Por una tecnología o unas patentes más avanzadas, por un personal mejor cualificado o más motivado en una o varias de las actividades primarias y de apoyo? Esta combinación de factores distintivos se denomina *ventaja competitiva* de una empresa; describe por qué la empresa es capaz de competir con éxito con las demás empresas de su sector, con suerte de forma sostenible, a largo plazo. Cuantos más elementos formen parte de su ventaja competitiva, más difícil será para las competidoras copiar y ponerse al día, y más probable será que las ventajas puedan mantenerse en el futuro.

Cualquiera de los elementos mencionados anteriormente al tratar los bloques de la cadena de suministro, como parte del concepto de logística integral (infraestructura física, estructura de control, información y sistemas, organización), estaría potencialmente en la lista como parte de la ventaja competitiva de una empresa. Por ejemplo, Amazon puede lograr su servicio de entrega en el mismo día porque ha invertido en tener muchas instalaciones de almacenamiento local y en aplicar tecnologías avanzadas de robótica en la mayoría de ellas. Amazon es capaz de proporcionar información fiable sobre la disponibilidad de los productos o el estado de las entregas gracias a las grandes inversiones

---

EJERCICIO 2.3
Ventajas competitivas

Explora

Vuelve al sector que elegiste en el ejercicio anterior y a los actores que identificaste. Busca información más detallada –por ejemplo, en sus informes anuales–, sobre los elementos de su ventaja competitiva. ¿En qué son mejores, más rápidos, más baratos que la competencia?

¿Por qué son mejores, más rápidos, más baratos, cuál es su secreto?

¿Qué grado de sostenibilidad crees que tienen las distintas ventajas competitivas? ¿En qué medida sería fácil o difícil para la competencia o incluso para los nuevos participantes en el sector copiarlas?

en el desarrollo de sistemas informáticos avanzados, además de contar con los procesos y contratos necesarios para gestionar una cartera de empresas proveedoras enormemente amplia. Todos estos ingredientes de su cadena de suministro en conjunto, y probablemente más, explican cómo Amazon ha creado una ventaja competitiva global, difícil de copiar por otros, al menos a corto y medio plazo.

La cadena de suministro y las finanzas de la empresa: el *cuánto*

Está claro que, para sobrevivir, todas las empresas necesitan obtener beneficios y, por tanto, gastar menos de lo que ganan, al menos a largo plazo. Al mismo tiempo, tiene que haber un equilibrio saludable entre los beneficios generados y las inversiones realizadas para conseguirlos. A esta parte de las finanzas la llamaría el *cuánto* de la empresa. A continuación examinaremos el impacto del área de la cadena de suministro en los beneficios y las pérdidas y en las inversiones. Los principales libros de texto sobre la cadena de suministro escriben sobre esta y las finanzas, Christopher (2016) y Rushton *et al.* (2017) incluso dedican un capítulo entero en sus respectivos libros. En parte, nos referiremos a su trabajo aquí. Lo mismo ocurre con DeSmet (2018), mencionado anteriormente, con una obra enteramente dedicada a los vínculos entre la estrategia de la cadena de suministro y las métricas financieras.

Recibir y gastar: la cuenta de resultados

El primer estado financiero importante del informe anual de una empresa es la cuenta de resultados. Muestra si una empresa ha obtenido beneficios o pérdidas y muestra los detalles de cómo se han acumulado, empezando por los ingresos y restando todos los gastos (figura 2.2).

Como puede verse en el resumen anterior, hay muchos vínculos directos entre la cadena de suministro y la cuenta de resultados. En primer lugar, se puede argumentar que un rendimiento superior de la cadena de suministro en términos de servicio de entrega, velocidad o flexibilidad conducirá a unos ingresos sostenibles, o podría muy bien conducir a ventas adicionales si el rendimiento es mejor que el de la competencia. Además, es evidente que existen vínculos entre la cadena de suministro y el dinero gastado, expresado en los costos de

Ingresos
-/-   **Costos de los productos vendidos**

Beneficio bruto

-/-   **Gastos de explotación**
            Gastos de venta
            Gastos de I+D
            Gastos de administración general
+/-   Otros ingresos/gastos de explotación

Beneficios antes de intereses e impuestos (EBIT)

-/-   Intereses e impuestos

Beneficio neto

Figura 2.2. **Partidas de la cuenta de resultados.**

los bienes vendidos (por ejemplo, la compra de materias primas, el transporte de entrada, la energía y los costos laborales de fabricación y almacenamiento). Además, están los costos de distribución, que normalmente se encuentran como parte de los gastos de venta.

En definitiva, la cuenta de resultados nos da una visión clara de lo que se llama la línea superior (ingresos) y la línea inferior (beneficios). De esta afir-

---

EJERCICIO 2.4
Ingresos y resultados

Explora

Desde el punto de vista estratégico, ¿en qué casos una empresa puede centrarse en el crecimiento de los ingresos y en qué casos en la mejora de los resultados?

¿Qué acciones concretas encajarían bien con un enfoque de crecimiento de los ingresos? ¿Y con un enfoque de mejora de los resultados?

¿En qué se diferencian o se parecen estas dos estrategias?

Ahora que podemos ver cómo han sido los ingresos y los gastos, veamos las inversiones que se han hecho para conseguirlo.

mación también se puede deducir que una estrategia de mercado orientada al crecimiento de la línea superior no es necesariamente la misma que la orientada a la mejora de la línea inferior.

Debe y haber: el balance

El segundo estado financiero importante del informe anual de una empresa es el balance, también llamado «posición financiera». Muestra el activo, el pasivo y el patrimonio neto de la empresa; es decir, los recursos que posee la empresa, así como el dinero que aún debe a otros (figura 2.3).

Aunque la posición financiera incluye más elementos relacionados con la cadena de suministro, los principales relacionados con ella son las instantáneas de las existencias, las cuentas comerciales a cobrar (A/R) y el inmovilizado material (PPE) en el activo, y las cuentas comerciales a pagar (A/P) en el pasivo. También se podría añadir el efectivo en relación con la cadena de suministro al pensar en la relación entre las entregas realizadas, la fiabilidad

Activos corrientes	**Pasivo corriente**
Efectivo y equivalentes de efectivo	Cuentas por pagar
Cuentas por cobrar	Facturas por pagar
Inventario	Gastos devengados
Otros	Ingresos diferidos
Activos corrientes totales	*Pasivos corrientes totales*
Propiedad, planta y equipo (PPE)	**Pasivos no corrientes**
Solar	Provisiones a largo plazo
Edificios y mejoras	Deuda a largo plazo
Equipamiento	
Menos la depreciación acumulada	
	Capital
Otros activos	Capital social
Activos intangibles	Capital y otras reservas
Menos la amortización acumulada	Beneficios retenidos
Activos no corrientes totales	*Pasivo no corriente y fondos propios totales*
Activos totales	**Total del pasivo y de los fondos propios**

Figura 2.3. Partidas del balance (posición financiera).

de las mismas e incluso la exactitud de las facturas. Las cuentas por cobrar y las cuentas por pagar tienen vínculos directos con aspectos como las condiciones de pago, el tamaño de los pedidos, etc. Las existencias son relativamente fáciles de entender y, junto con las cuentas por cobrar y las cuentas por pagar, constituyen el capital circulante de una empresa (véase el siguiente subapartado). El capital circulante tiene una relación directa con la infraestructura de la cadena de suministro, las tecnologías de producción y logística y los equipos aplicados.

Un tema candente: el capital circulante y la financiación de la cadena de suministro (SCF)

En los últimos años se observa una creciente atención al tema del capital circulante. Incluso ha dado lugar al surgimiento de un campo de especialización casi totalmente nuevo: las finanzas de la cadena de suministro. La primera conferencia de la comunidad internacional de finanzas de la cadena de suministro se organizó en fecha tan reciente como 2013. Estaría fuera del alcance de este libro entrar en demasiados detalles al respecto, así que por el momento nos limitamos a aclarar por qué ha aumentado la atención en torno a esta cuestión.

El capital circulante neto (CCN) de una empresa se define de la siguiente manera:

CCN = existencias + deudores comerciales − acreedores comerciales

Cuando se expresa en días y no en cantidades de dinero, se habla del ciclo de caja (CC) o ciclo de conversión de efectivo en efectivo:

CC = días de existencias + días de cuentas por cobrar − días de cuentas por pagar

Los días de cuentas por cobrar también se conocen como «días de ventas pendientes» (DSO), y los días de cuentas por pagar «días de compras pendientes» (DPO).

Como puede deducirse de la fórmula, la forma en que se diseña y opera una cadena de suministro, el uso de las existencias, tener plazos de entrega más cortos o más largos, lograr una mayor fiabilidad en las entregas, acordar plazos de pago con mayor o menor flexibilidad o utilizar diferentes reglas Incoterms, etc., genera más o menos capital circulante.

Por ejemplo, si tengo un gran volumen de existencias de productos acabados en mi empresa, el dinero de estas existencias ya se ha gastado, porque primero compré los componentes y luego gasté dinero en producir los productos acabados, pero todavía no he obtenido ningún rendimiento, porque los productos siguen en mi almacén listos para ser vendidos (por eso también llamamos a las existencias «capital inmovilizado», es decir, dinero invertidodel que ya no puedo disponer porque ya se ha utilizado). Además, el dinero invertido tiene que haber salido de algún sitio, por ejemplo de un préstamo o línea de crédito de una entidad bancaria, por el que esta me cobrará un tipo de interés, además de comisiones por realizar el trámite.

Por eso las áreas de finanzas se están implicando progresivamente en la cadena de suministro, ya que las decisiones que se tomen en ella tendrán un impacto directo en las acciones que tengan que considerar para financiar esas actividades.

Por ejemplo, pensemos en una importante cadena de supermercados. Cuando la clientela se abastece allí, normalmente paga en el acto, por lo que el supermercado tiene un número de días de cuentas por cobrar muy bajo o incluso nulo. Esos mismos supermercados líderes suelen poner mucho empeño en optimizar su cartera de productos de manera que maximicen las ventas por metro de estantería, lo que también lleva a centrarse en productos de alta rotación, lo que a su vez facilita tener un menor número global de días de inventario. Por último, suelen pagar sus compras con plazos bastante diferidos, por ejemplo 90 o 120 días, lo que lleva a tener un número razonablemente alto de días de cuentas por pagar. De este modo, su capital circulante o ciclo de conversión de efectivo en efectivo es lo más bajo posible (o, a veces, para algunos minoristas, incluso negativo): inventarios relativamente bajos + un número relativamente bajo de cuentas por cobrar – un número relativamente alto de cuentas por pagar = una cantidad relativamente baja de capital circulante neto, lo que reduce la necesidad de gastar dinero en financiación.

La figura 2.4 muestra una interpretación reciente de la financiación de la cadena de suministro (De Boer *et al.*, 2015). Actualmente, gran parte de la atención se centra en el nivel operativo relacionado con el capital circulante, pero los niveles táctico y estratégico también están recibiendo cada vez más atención.

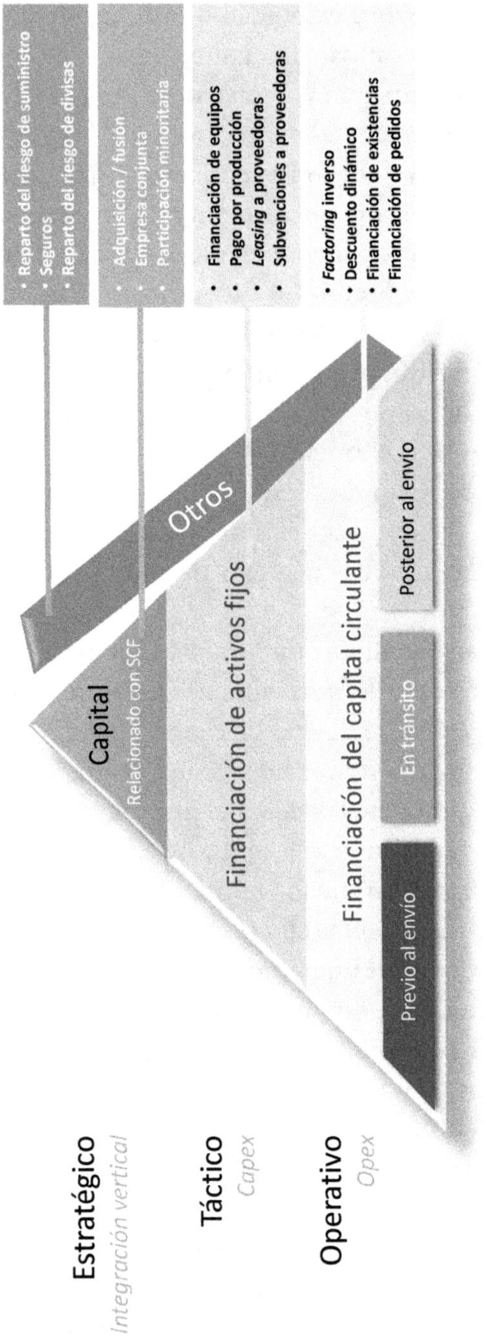

Figura 2.4. **Instrumentos de financiación de la cadena de suministro.**
Fuente: De Boer *et al.* (2015).

Visión financiera integrada: ROI

Uniendo la cuenta de resultados y el balance, llegamos a un indicador global muy utilizado en las empresas, pero también específicamente en el ámbito de la cadena de suministro: el retorno de la inversión (ROI). De hecho, existen diferentes definiciones de ROI, pero a efectos de este libro utilizamos una que refleja una clara relación entre las decisiones de la cadena de suministro y los impactos financieros. La figura 2.5 contiene elementos tanto del estado de pérdidas y ganancias (ganar y gastar) como del balance (poseer y deber) del informe anual de una empresa. Además, indica cómo la cadena de suministro puede tener un impacto en los diferentes elementos.

Un cálculo muestra que el aumento de los ingresos por ventas menos los costos da el beneficio; la disminución del capital circulante más la disminución

---

EJERCICIO 2.5
Informes anuales y KPI financieros

Explora

Busca en internet algunos informes anuales recientes de varias empresas. Puede ser interesante examinar diferentes empresas de un mismo sector, así como diferentes sectores. Analiza las cuentas de resultados y los balances y comprueba si las cifras y las ratios son similares o diferentes entre empresas y sectores.

Por ejemplo, compara los siguientes elementos:

- El costo de las mercancías vendidas como porcentaje de los ingresos totales.
- El número de días de inventario y el inventario como porcentaje de los ingresos.
- El ciclo de conversión de efectivo en dinero.
- La ratio PPE (ingresos/PPE).
- El ROI o el ROCE.

Encuentra explicaciones razonables para las similitudes y diferencias entre estas ratios en diferentes empresas. Este ejercicio te permitirá comprender mejor la estructura de las distintas empresas.

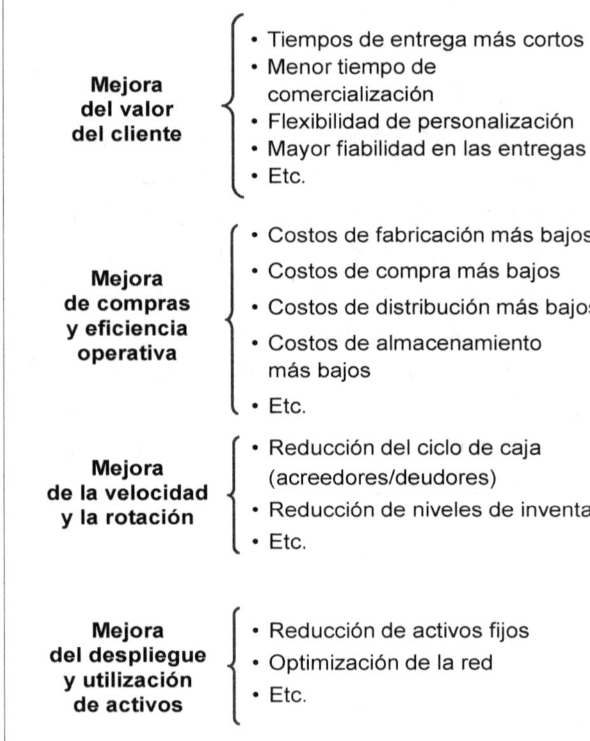

Figura 2.5. Cadena de suministro y retorno de la inversión (ROI). *Fuente:* Rushton *et al.* (2017) y Christopher (2016).

de los activos fijos da el capital empleado; el beneficio dividido por el capital empleado da el retorno de la inversión (ROI).

Otra característica interesante del ROI como indicador es que es aplicable en todos los sectores industriales y en todas las estrategias. DeSmet (2018) destaca este punto. Utiliza el rendimiento del capital empleado (ROCE) como indicador, que de hecho es comparable al ROI, y argumenta que las diferentes estrategias corporativas podrían tener un enfoque operativo muy diferente, pero que esto no debería afectar al ROI o al ROCE en última instancia. En otras

---

EJERCICIO 2.6

Impacto financiero de la cadena de suministro

Explora

¿Qué te dicen los indicadores que has analizado en el ejercicio anterior sobre el impacto financiero que puede tener la cadena de suministro en una empresa?

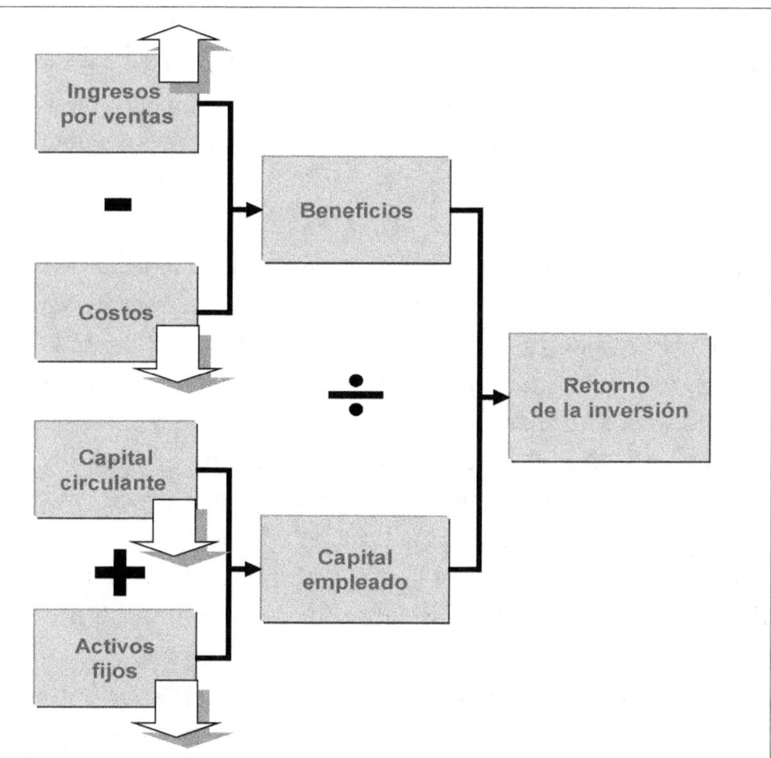

palabras, hay diferentes maneras de tener éxito, si las opciones estratégicas se aplican de forma coherente.

Dada su relevancia para la empresa y la cadena de suministro, así como la relativa simplicidad del concepto de ROI, en el juego de simulación empresarial *The Fresh Connection* se utilizará como indicador clave de rendimiento (KPI) central en la segunda y la tercera partes.

La cadena de suministro como parte de una empresa sostenible

De dentro a fuera: el qué y el cómo como parte del modelo de actividad empresarial

Intentemos reunir el *qué* y el *cómo,* así como el *cuánto,* en una visión integral, para que las conexiones e interdependencias subyacentes entre estos diferentes aspectos queden lo más claras posible. En un libro anterior lo expresé mediante una serie de reflexiones (Weenk, 2013a):

¿En qué consiste la promesa a la clientela *(qué)*? ¿Cuáles son las virtudes que permiten cumplir la promesa de forma consistente, día tras día *(cómo)*? ¿Por qué las respuestas a las preguntas anteriores forman una combinación ganadora o, en otras palabras, por qué eres diferente o mejor que la competencia y tu negocio es rentable *(cuánto)*?

Desde que se escribieron las reflexiones anteriores, me he centrado en los modelos empresariales, utilizando un marco denominado *canvas del modelo de negocio,* desarrollado por Osterwalder y Pigneur (2010), para los que «un modelo de negocio describe el valor que una organización ofrece a varios clientes y retrata las capacidades y los socios necesarios para crear, comercializar y entregar este valor y el capital relacional con el objetivo de generar flujos de ingresos rentables y sostenibles». En la práctica, el concepto de modelo de negocio y el *canvas* correspondiente constituyen una excelente base de trabajo.

Osterwalder y Pigneur proponen un *canvas* compuesto por nueve áreas diferentes, que en conjunto conforman el modelo de negocio. La figura 2.6 nos lo muestra.

Se refieren a una parte del *canvas* como el «escenario delantero o platea» (esto sería el *qué,* en el lado derecho), y otra parte como la «trasera, entre bambalinas o bastidores» (el *cómo,* en el lado izquierdo) (figura 2.7).

Ten en cuenta que el *canvas* del modelo de negocio es muy coherente con el concepto de logística integral introducido en el prefacio (figura 0.2), cuyos diferentes elementos se tratan en detalle en los capítulos 2 y 3. La parte referida a la estrategia, los mercados y las propuestas de valor puede relacionarse con el *qué* del *canvas,* mientras que la infraestructura física, los procesos, la información y los sistemas, y la organización pueden situarse en el lado del *cómo.*

En mi opinión, el *canvas* del modelo de negocio tiene varias dimensiones atractivas, lo que también lo convierte en una buena herramienta desde el punto de vista de la cadena de suministro:

- Muestra las conexiones entre el *qué* y el *cómo* en una imagen integral y sencilla.
- El desarrollo conjunto del *canvas* por parte de diferentes departamentos de una empresa les obliga a discutir y crear una versión «acordada» del modelo empresarial.
- El lienzo permite comprobar si todos los elementos del *qué* están realmente respaldados por elementos del *cómo,* poniendo así a prueba la solidez y

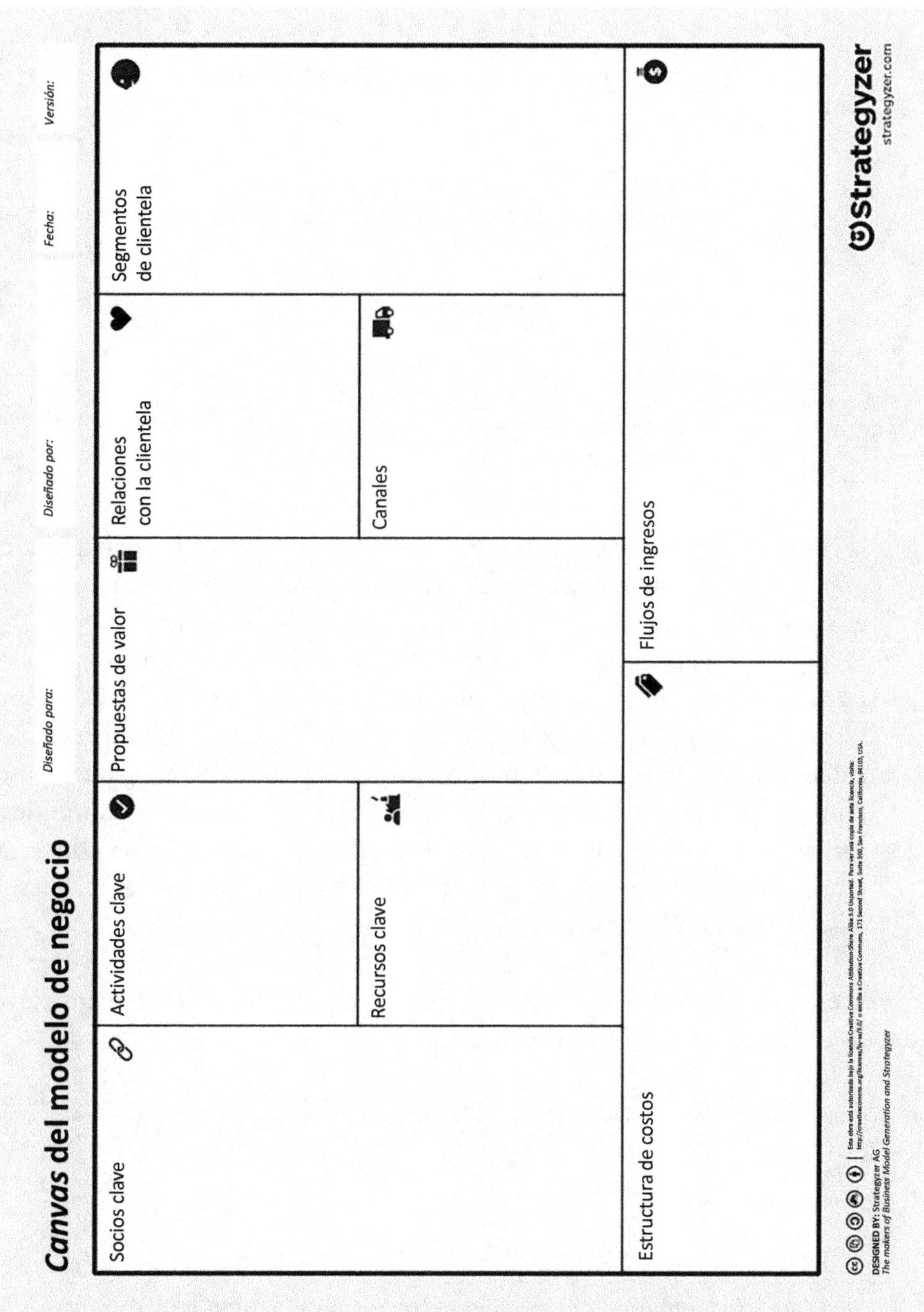

Figura 2.6. **Modelo de negocio canvas.** *Fuente:* Osterwalder y Pigneur (2010), www.strategyzer.com (licencia Creative Commons).

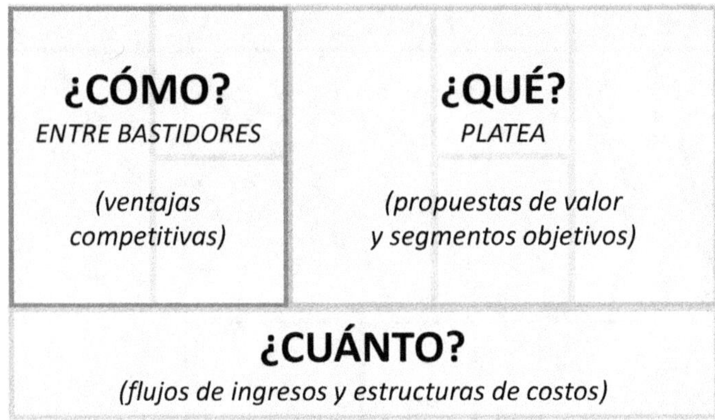

Figura 2.7. El qué, el cómo y el cuánto de los modelos de negocio.
Fuente: Osterwalder y Pigneur (2010).

la coherencia del modelo empresarial. Al mismo tiempo, los debates también pueden plantear preguntas relevantes sobre elementos del modelo que quizá no estén tan claros («conoce lo que no conoces»).

- Permite a las personas activas en el área de la cadena de suministro posicionarse en el esquema más amplio de las cosas, es decir, mostrar claramente su papel y propósito dentro del contexto (estratégico) de la empresa.
- Además, como herramienta, proporciona una base excelente para debates eficaces, ya que sus casillas vacías, que deben rellenarse con contenido, actúan casi como una lista de control. Según mi experiencia, las conversaciones van mucho más al grano y dejan más tiempo para buscar respuestas a las preguntas planteadas.

Volveremos a hablar del *canvas* del modelo de negocio en la tercera parte, cuando tratemos de *The Fresh Connection.*

EJERCICIO 2.7
Modelos empresariales

Explora

Plasma la visión completa del modelo de negocio de alguna de las empresas que has elegido en los ejercicios anteriores.

De fuera a dentro: el entorno

Además de considerar un mercado concreto y el sector en el que opera, toda empresa forma parte de la sociedad, en la que ocurren muchas cosas que pueden tener un impacto a corto o largo plazo en cualquiera de sus actividades, y la cadena de suministro no es una excepción. Uno de los marcos más utilizados para examinar el entorno externo es el análisis PESTEL. Los resultados de este análisis conducen a la identificación de las oportunidades y amenazas a las que puede enfrentarse una empresa en el futuro. Como tantas cosas en los estudios empresariales, PESTEL es un acrónimo, cuyos elementos se explican a continuación, junto con algunos ejemplos genéricos relevantes para la cadena de suministro. Dado que más adelante trataremos este tema más extensamente, solo hacemos ahora una breve introducción:

- *P (político):* prohibiciones comerciales, tensión en las relaciones entre países, aplicación de cuotas de importación y exportación, etc.
- *E (económico):* altibajos de la economía, crecimiento o declive económico de países o regiones, industrias cíclicas que reaccionan con fuerza a las subidas o bajadas de la economía, etc.
- *S (sociales y societarias)*: tendencia al aumento del individualismo, las tendencias generacionales como el cambio de preferencias de la generación X o de los milenials frente a sus mayores, pero también la creciente conciencia medioambiental o la sensibilidad hacia los derechos humanos en los países en desarrollo, etc.
- *T (tecnológico):* la tendencia más amplia de la industria 4.0, la aparición de nuevas tecnologías, la desaparición de barreras entre áreas tecnológicas que solían estar separadas, etc.
- *E (ecológico):* calentamiento global, cambio climático, problemas crecientes relativos a la escasez y el suministro de materias primas, la presencia de plásticos en los océanos, el reciclaje, etc.
- *L (legal):* normas legales más estrictas, por ejemplo, en relación con los residuos, la contaminación, la responsabilidad total del ciclo de vida, los requisitos para el registro de productos, etc.

Para cada uno de estos factores, a nivel estratégico las empresas tienen la tarea de identificar las tendencias y desarrollos relevantes y decidir qué van a hacer al respecto. Como hemos dicho, en muchos casos esto acabará afectando a la cadena de suministro de un modo u otro, no solo por cuanto se refiere a productos, servicios y mercados, sino también en relación con lo que una empresa puede y quizá no puede hacer ya en su cadena de suministro. Esta cuestión quedará más clara en los dos próximos apartados, dedicados a la triple cuenta de resultados, por una parte, y al riesgo y a la resiliencia, por otra.

La triple cuenta de resultados: ¿hasta qué punto puede responsabilizarse a la cadena de suministro?

Aunque podría decirse que está relacionada con una serie de factores del entorno externo, como podría resultar obvio a través de un análisis PESTEL, en las últimas décadas la responsabilidad social de las empresas (RSE) ha ganado mucha atención. El mensaje clave de la RSE es que las empresas no solo deben centrarse en maximizar los beneficios, sino que al mismo tiempo deben comportarse como lo haría una ciudadanía responsable.

John Elkington (1997) fue supuestamente el primero en hablar en este contexto de la triple cuenta de resultados, conocida con las siglas TBL o 3BL. La primera cuenta de resultados es de carácter financiero. Elkington sugirió complementarla con otras dos —una social y otra ecológica— que podrían resumirse con tres P: *persons* (personas), *planet* (planeta), *profits* (beneficios o, si se desea mantener la letra, provecho).

Ya hemos hablado de la relación entre la cadena de suministro y las finanzas, pero es fácil ver que la cadena de suministro tiene grandes conexiones potenciales con la dimensión de las personas (plantilla propia, personal de las empresas proveedoras, comercio justo, comunidades locales, ciudadanía en general, etc.), así como con la dimensión del planeta (uso de los recursos naturales, uso de la tierra, consumo de energía, residuos, contaminación, etc.).

Una tendencia más reciente en la misma línea, llevando las cosas un paso más allá, es la que propone Kate Raworth (2017) en su libro *Economía rosquilla*. Después de trabajar en las Naciones Unidas durante varios años, se marchó: «Me fui para cumplir una ambición que tenía desde hace tiempo y trabajé con Oxfam durante una década. Allí fui testigo de la precaria existencia de las mujeres —desde Bangladesh hasta Birmingham— empleadas en el extremo de las cadenas de suministro mundiales». Esto la llevó finalmente a crear una nueva visión de la economía, partiendo no del beneficio financiero sino del lado humano, preguntándose: si queremos mejorar el bienestar humano, ¿qué tendría que hacer la economía para ayudar a conseguirlo? Desde el derrumbe del edificio Rana Plaza en Bangladesh, en 2013, hasta los informes de 2017 de que las empresas del Reino Unido que fabrican ropa para las minoristas de tiendas de moda pagan a su personal solo la mitad del salario mínimo legal, parece que en las cadenas de suministro de las empresas no todo está bien y que el impulso de los costos más bajos ha tenido importantes efectos secundarios negativos.

En cuanto a la cadena de suministro, parte del pensamiento original de Raworth, además de la dimensión de abastecimiento y deslocalización, también presta mucha atención a conceptos como la circularidad: la reutilización y el reciclaje de materiales. Está claro que estas ideas pueden tener o tendrán un impacto duradero en las cadenas de suministro, desde las materias primas alternativas hasta los flujos de retorno y el cambio de actividades en la fabricación (figura 2.8). De hecho, la economía circular y la filosofía «de la cuna a la cuna» estan ganando mucha atención en la comunidad de la cadena de suministro en general. La figura 2.8 muestra el modelo de economía circular de la Fundación Ellen MacArthur, que incluye una serie de conceptos correspondientes, basados en el trabajo de Braungart y McDonough (2002).

Catherine Weetman, en su libro sobre la economía circular para las empresas y la cadena de suministro, también se basa en este concepto. Sostiene que, para facilitar la verdadera circularidad, el diseño de los productos debería tener ya en cuenta la devolución, la reutilización y el reciclaje, lo que conduce, por ejemplo, al concepto de *D4D o diseño para el desmontaje*. Dada la importancia del tema, dedica un capítulo entero a la «cadena de diseño y suministro», que sirve de base para los numerosos ejemplos que aparecen más adelante. «La cadena de diseño y suministro es fundamental para la economía circular, con importantes implicaciones para la estrategia empresarial y los beneficios futuros. Puede reducir los costos operativos; amortiguar los riesgos de los recursos (costo y seguridad del suministro); ayudar a crear productos más seguros y saludables; contribuir a la restauración de los ecosistemas, y crear productos deseables, bien diseñados y duraderos» (Weetman, 2017). Recordemos la conexión de Simchi-Levi entre la cadena de desarrollo y la cadena de suministro para ver que el enfoque de Weetman es perfectamente coherente con ella, llevándola un paso más allá, hacia la economía circular.

En la tercera parte analizaremos con más detalle el triple resultado y la economía circular.

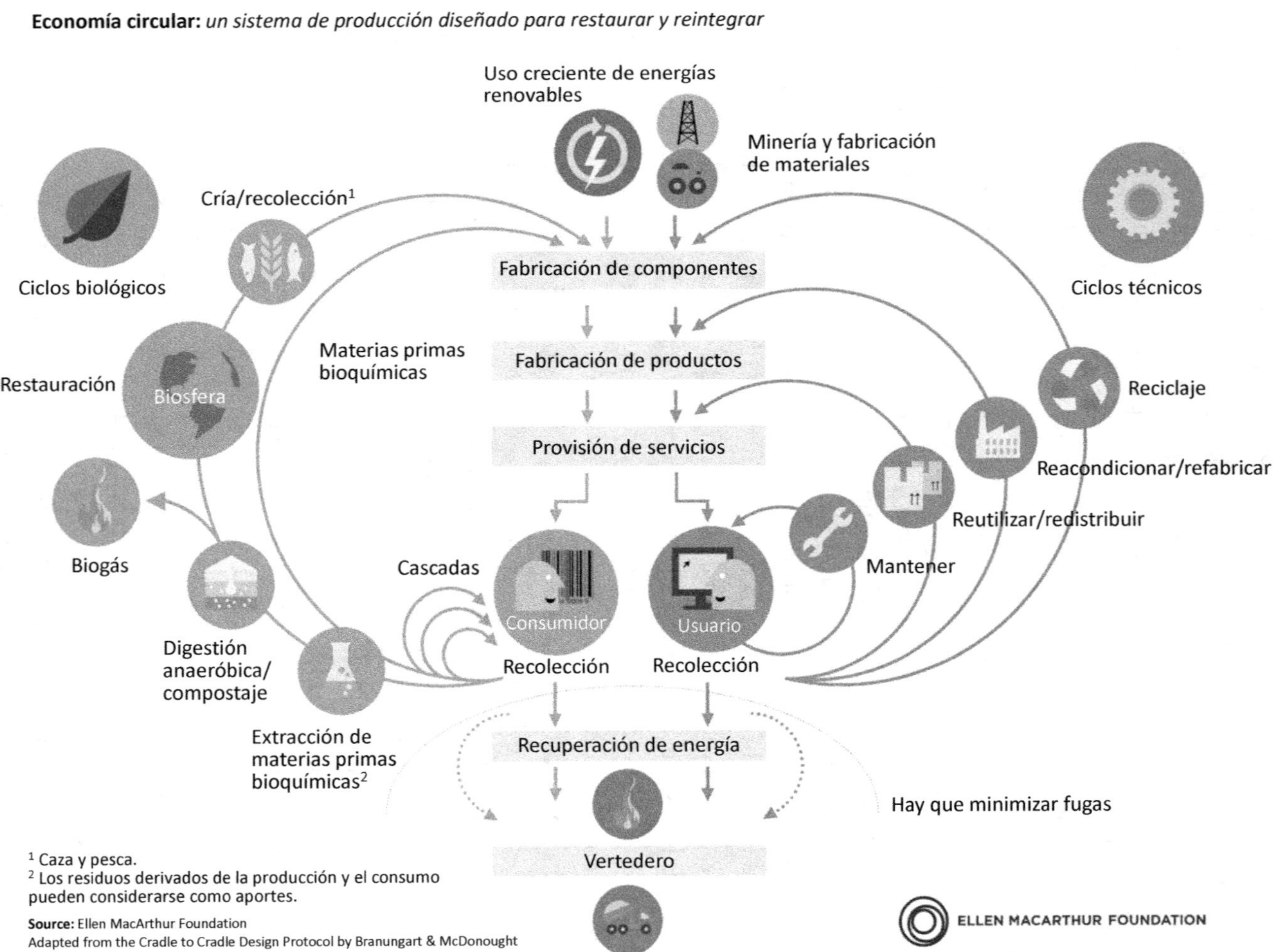

Figura 2.8. **Diagrama de mariposa de la economía circular.** *Fuente:* Fundación Ellen MacArthur (www.ellenmacarthurfoundation.org). Adaptada de Braungart y McDonough, Cradle to Cradle Design Protocol (2002).

Sobre lo que puede salir mal: riesgo y resiliencia

Como suele quedar claro en un análisis exhaustivo de PESTEL, el mundo es cada vez más complejo, lo que sin duda repercute en las cadenas de suministro de las empresas. Esto nos lleva al tema más amplio de la gestión de riesgos en la cadena de suministro, que aparece cada vez más con el epígrafe de *resiliencia empresarial,* especialmente en el notable trabajo de Sheffi.

El primer paso en la gestión de riesgos es identificarlos. Sheffi cita un interesante marco desarrollado por Debra Elkins en General Motors, que distingue cuatro categorías de riesgo:

- *Vulnerabilidad financiera,* que va desde factores internos como la deuda y la calificación crediticia, las provisiones para la atención sanitaria y los planes de pensiones, hasta factores macroeconómicos como las fluctuaciones de los intereses y las divisas, las recesiones económicas, etc.
- *Vulnerabilidad estratégica,* que va desde aspectos internos como violaciones de la ética, excesos presupuestarios y planificación ineficaz hasta factores externos como ataques a la marca, nuevas competidoras, fusiones y adquisiciones, etc.
- *Vulnerabilidad de las operaciones,* que abarca desde riesgos internos como el robo, el acoso y la discriminación, la vulnerabilidad de los equipos de fabricación y el personal, hasta factores más externos como los fallos de las empresas proveedoras o de las que prestan servicios.
- *Vulnerabilidad a las amenazas,* que se refiere tanto a las perturbaciones aleatorias como a las malintencionadas, ya sean los daños intencionados a la propiedad, la contaminación intencionada del suelo o del agua y el terrorismo, así como los riesgos relacionados con el clima o la naturaleza, como los terremotos, las plagas de insectos, las inundaciones, etc.

El conjunto de estas dimensiones da lugar a un diagrama denominado *mapa de vulnerabilidad concéntrico,* en el que los riesgos representados hacia el exterior de los círculos provienen del exterior de la empresa, mientras que los riesgos hacia el centro proceden más bien del interior de la misma (figura 2.9).

Tras identificar los riesgos, hay que clasificarlos, lo que permite establecer prioridades. Tradicionalmente, a la hora de clasificar los riesgos se tienen en cuenta la probabilidad y el impacto de los mismos. Los riesgos de alta probabilidad, que además tienen un alto impacto cuando se producen, deben reci-

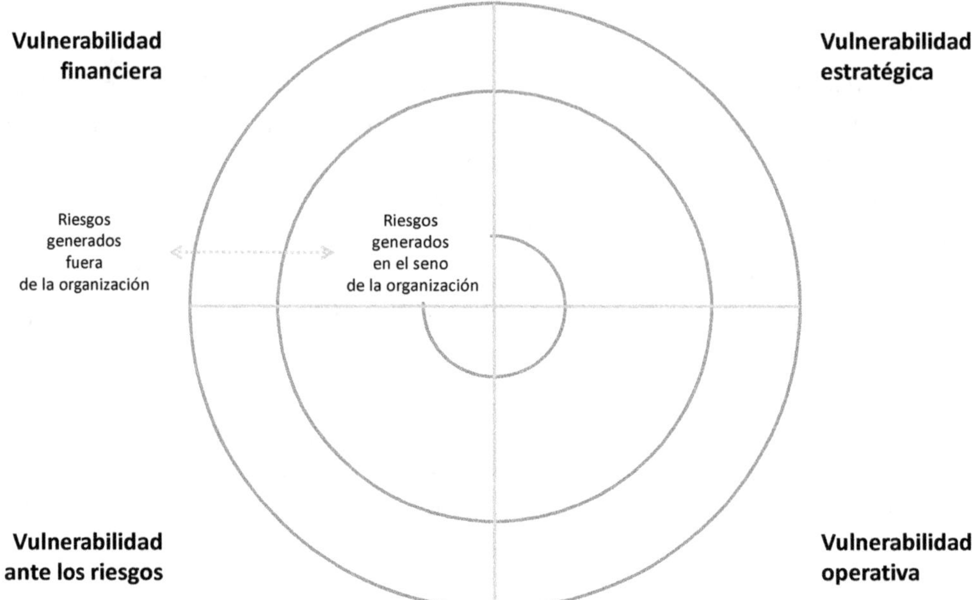

Figura 2.9. Dimensiones de la gestión del riesgo: mapa concéntrico de la vulnerabilidad. *Fuente:* Adaptada de Sheffi (2007).

bir una mayor prioridad a la hora de pensar en contramedidas y mitigaciones que los riesgos de menor probabilidad e impacto. Sheffi informa sobre otra dimensión de la práctica más avanzada de la gestión de riesgos, que denomina *detectabilidad:*

> Algunos tipos de perturbaciones pueden preverse o detectarse mucho antes de que tengan un impacto, mientras que otros golpean sin previo aviso. La detectabilidad añade una dimensión temporal a la clasificación de las perturbaciones y se define como el tiempo que transcurre entre el conocimiento de que se va a producir una perturbación y el primer impacto. Obsérvese que la detectabilidad de un evento puede ser positiva (detección antes del impacto), nula (realización en el instante en que se produce) o incluso negativa (detección después de que se haya producido la perturbación) (Sheffi, 2015).

Los riesgos son habituales en la vida de una empresa. Habrá que establecer prioridades. Volveremos a tratar este tema más adelante, en la tercera parte.

Resumen

El objetivo de este capítulo ha sido explorar los fundamentos relacionados con la dimensión empresarial de la cadena de suministro, es decir, el papel que desempeña la cadena de suministro en el contexto de toda la empresa y sus finanzas, así como los posibles impactos del entorno externo (figura 2.10). En el próximo capítulo seguiremos explorando los aspectos fundamentales, pero ahora nos centraremos en la dimensión técnica de la cadena de suministro y en los detalles de los diferentes componentes que la forman.

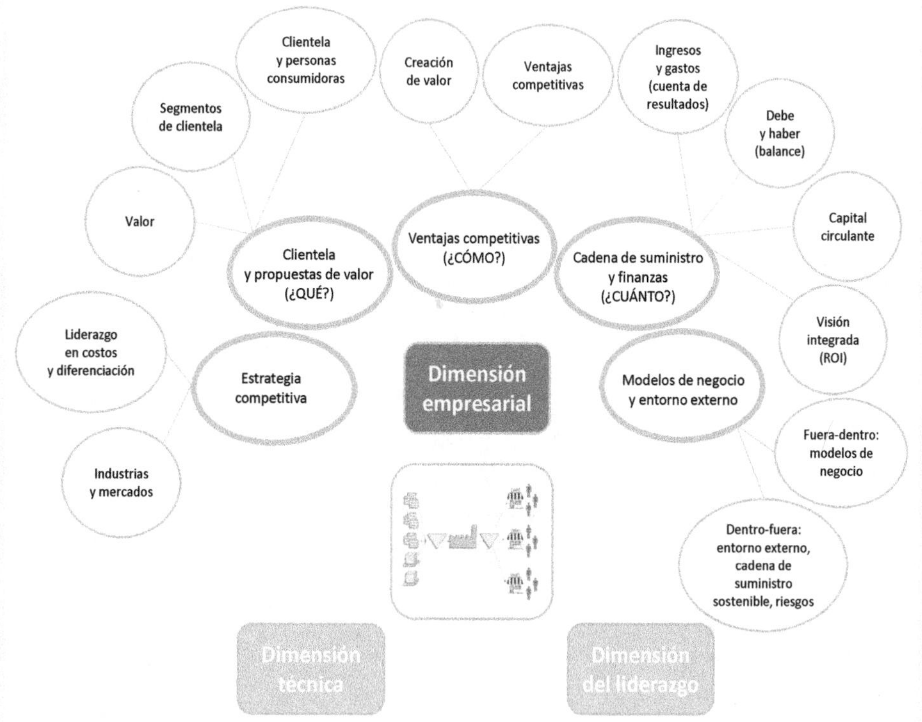

Figura 2.10. Recapitulación de las cuestiones tratadas en el capítulo 2: la dimensión empresarial de la cadena de suministro.

3

La dimensión técnica
de la cadena de suministro

A partir de los elementos de la dimensión empresarial de la cadena de suministro, tal y como se ha comentado en el capítulo anterior, la dirección de la empresa ya está clara, se han decidido las combinaciones producto-mercado y se ha definido la manera de competir contra las demás operadoras tradicionales. Ahora es el momento de elaborar los detalles técnicos de la cadena de suministro. En este capítulo, vamos a profundizar en los siguientes aspectos:

- Tipologías, o arquetipos, de las estrategias de la cadena de suministro.
- Infraestructura física (sistemas *push* y *pull,* instalaciones y transporte, externalización y colaboración).
- Planificación y control (procesos, previsión, inventarios, producción).
- información y sistemas, aspectos organizativos.

De la estrategia empresarial a las estrategias de la cadena de suministro: tipologías

La previsibilidad y la volatilidad impulsan el diseño de la cadena de suministro, que puede ser eficiente o sensible.

A menudo se habla de cadenas eficientes o ajustadas *(lean)*, de bajo costo *(low-cost)* o impulsadas por los costos *(cost-driven)*. En el otro extremo, tenemos las cadenas de suministro sensibles, con capacidad de respuesta, a las que se considera ágiles *(agile)* o impulsadas por la flexibilidad *(flexbility-driven)*. Conviene tener en cuenta que el término *lean* («magro, ajustado») en el contexto de una tipología de una estrategia de cadena de suministro no es el equivalente exacto del mismo término en el contexto del enfoque de *Lean Management*, que se refiere más bien a una metodología orientada a los procesos para la mejora continua y que, por otra parte, puede aplicarse a cualquier estrategia de cadena de suministro.

Podría decirse que una cadena de suministro orientada a los costos es muy diferente de una cadena de suministro con capacidad de respuesta, aunque en ambos casos probablemente haya producción, así como inventarios almacenados en depósitos y camiones que circulan para entregar cosas. Pero la forma en que se estructuran físicamente, las reglas que se aplican en la planificación y el control, la forma en que se utilizan los sistemas o cómo se establece la organización son probablemente muy diferentes en un caso y en el otro.

La forma en que utilicemos los distintos elementos de la cadena de suministro dependerá en gran medida de la estrategia empresarial elegida. Si mi clientela quiere una alta fiabilidad en las entregas, podría decidir mantener niveles ligeramente más altos de inventario para tener siempre un producto disponible o invertir en maquinaria de producción muy rápida que permita medidas de fabricación rápida bajo pedido. En cambio, si mi clientela prefiere el bajo costo a la fiabilidad, el panorama cambiará por completo y la atención se centrará en la producción de lotes más grandes o en la compra de mayores cantidades a proveedoras más baratas. Así pues, en primer lugar debe establecerse un vínculo claro entre la estrategia empresarial y las estrategias de la cadena de suministro. Fisher (1997), uno de los pioneros en esta cuestión, adoptó una visión basada en el producto. A su juicio, algunos productos tienen una demanda más impredecible, bien porque son más nuevos en el mercado y su éxito aún no se ha demostrado, bien porque tienen más variedad en sus versiones finales, ya que hay muchas características diferentes entre las que elegir, lo que provoca muchas combinaciones posibles, o porque hay muchas promociones de productos en los canales minoristas. Fisher acuñó el término *productos innovadores* para referirse a estos.

Otros productos tienen una demanda más estable y, por tanto, predecible, porque ya llevan un tiempo en el mercado y la demanda es bastante conocida o porque poseen menos características entre las que elegir. Fisher los denominó *productos funcionales*. Para Fisher, los productos innovadores requieren un enfoque de la cadena de suministro diferente al que tienen los productos funcionales. Denominó a los dos extremos *cadenas de suministro físicamente eficientes* para los productos funcionales y *cadenas de suministro que responden al mercado* para los productos innovadores.

El mundo está cambiando: se necesitan tipologías de cadena de suministro más refinadas

Desde el artículo de Fisher, muchos otros estudiosos se han basado en este primer concepto de diferenciación de la cadena de suministro. Chopra y Meindl (2016) también siguen la terminología propuesta por Fisher en términos de cadena de suministro eficiente o sensible. Sin embargo, citando también el trabajo de Lee (2002), han ampliado el alcance de la dimensión de la incertidumbre desde la pura incertidumbre de la demanda o la variabilidad de un producto para incluir la incertidumbre del suministro, causada por las averías de la maquinaria, la falta de fiabilidad de la proveedora, la falta de flexibilidad de la proveedora y de la producción, el uso de tecnologías inmaduras, etc. En este contexto, estos autores hablan de lograr un ajuste estratégico entre la incertidumbre de la demanda y la oferta, por un lado, y las capacidades de la cadena de suministro expresadas en el espectro de la capacidad de respuesta, por otro (figura 3.1).

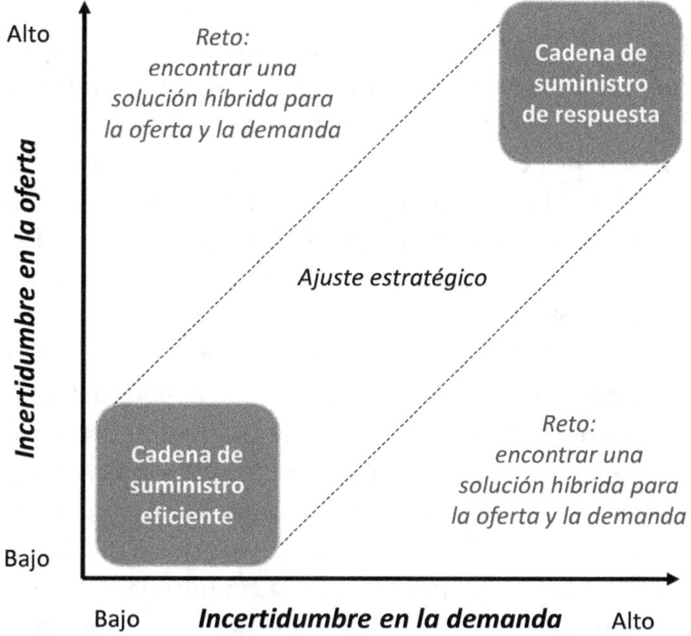

Figura 3.1. Diferenciación de la cadena de suministro basada en la incertidumbre de la demanda y la incertidumbre de la oferta. *Fuente:* Adaptada de Chopra y Meindl (2016).

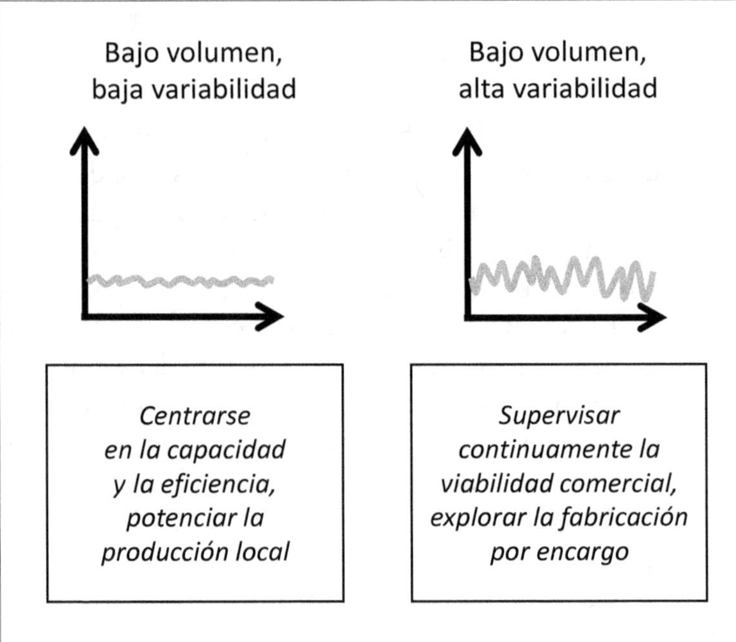

Figura 3.2.
Diferenciación de la cadena de suministro basada en el volumen y la variabilidad de la demanda. *Fuente:* Adaptada de Christopher (2016).

Christopher (2016), además de una variación de las estrategias mencionadas que tratan de la incertidumbre de la demanda y el suministro, presenta otra dimensión a tener en cuenta: el volumen de la demanda. A continuación, presenta un marco que, en términos de estrategias de la cadena de suministro, se mantiene dentro del espectro de las cadenas de suministro eficientes frente a las cadenas de suministro con capacidad de respuesta, pero visto desde otra perspectiva, como puede apreciarse en la figura 3.2, que es una adaptación del trabajo de Christopher.

Pérez (2013), en su libro *Supply chain roadmap: aligning supply chain with business strategy,* propone otro desarrollo interesante y un poco más reciente, basado en los marcos y las principales estrategias de la cadena de suministro. Se trata de un enfoque paso a paso, que incluye el uso de una serie de plantillas predefinidas, con un conjunto de elementos similares a los utilizados en los otros enfoques que hemos visto hasta ahora. De este modo se obtiene un *marco empresarial* que contempla tanto la visión del *abastecimiento* (la complejidad del abastecimiento y el impacto que este tiene en la economía), la *tecnología* (los factores tecnológicos y la economía de la fabricación o el montaje) y la *demanda* (los comportamientos de la clientela y la economía del mercado objetivo). Pérez define seis grandes mo-

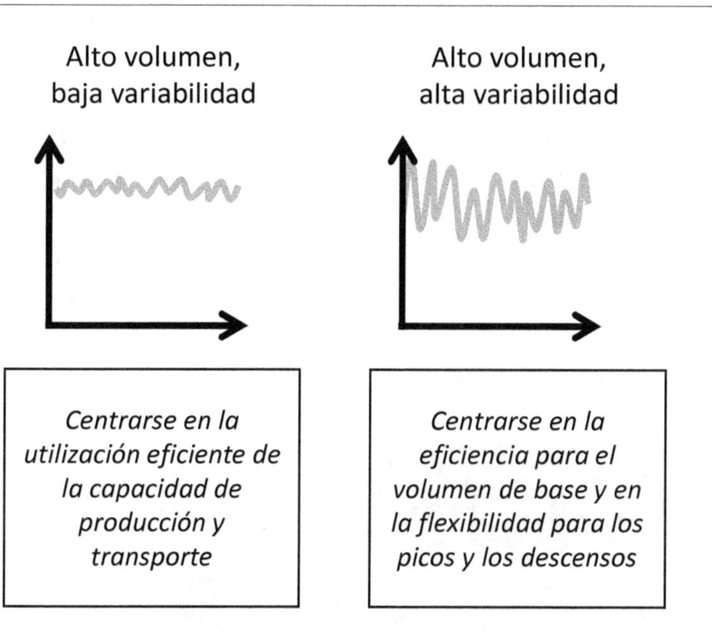

delos de cadena de suministro (los denomina *arquetipos)* como punto de partida: Eficiente, Rápido, Reposición continua, Ágil, LeAgile y Flexible.

Gattorna sigue una terminología similar, pero teniendo en cuenta algunas variantes adicionales: colaborativa, *lean,* ágil, de campaña y totalmente flexible. Profundiza en la descripción de las diferentes tipologías, dedicando un capítulo completo a cada una de ellas. Sin embargo, incorpora una idea muy interesante: la certeza de que estas configuraciones serán aún más dinámicas en el futuro debido a la creciente volatilidad, lo que en última instancia repercutirá no solo en el área de la cadena de suministro sino en toda la empresa. En su libro más reciente, *Dynamic supply chains,* presenta una visión convincente de toda la empresa, con las cadenas de suministro como parte integrante de la misma (Gattorna, 2015).

Por último, una contribución más reciente de Martijn Lofvers vincula las tipologías de la cadena de suministro directamente con las estrategias corporativas definidas por Treacy y Wiersema, que se mencionaron brevemente en el capítulo 2. Esta «brújula estratégica», que puede verse representada en la figura 3.3, incluye algunos ejemplos de empresas que encajan con determinadas estrategias de la cadena de suministro (Lofvers, comentario personal, 2017).

En aras de la argumentación, así como para que la materia resulte más manejable, y porque de hecho son las piedras angulares del marco general de la tipología –y, por tanto, es muy importante que cualquier estudiante y profesional de la cadena de suministro las conozca–, durante el resto del libro trabajaremos con los dos extremos que todos los enfoques mencionados tienen en común: la cadena de suministro basada en los costos y la cadena de suministro con capacidad de respuesta. De este modo, deberíamos estar en condiciones de definir cualquiera de las dos, cuestión que trataremos ampliamente en la segunda parte.

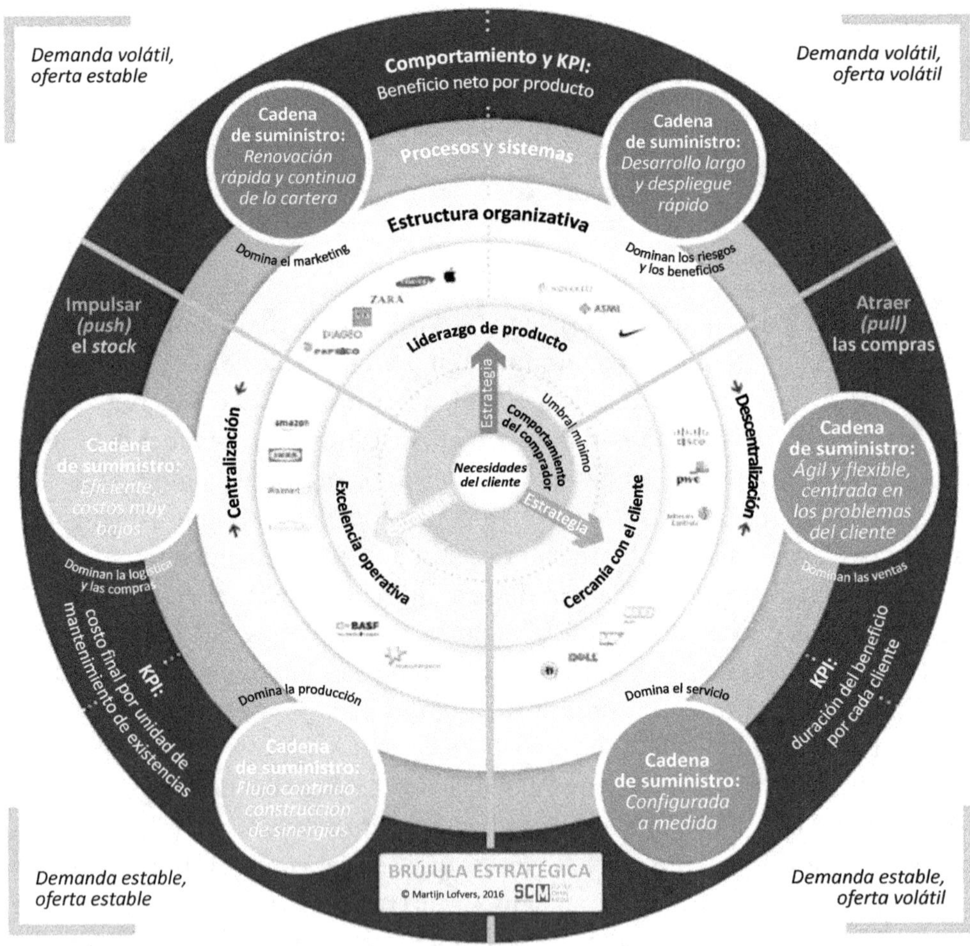

Figura 3.3. **Brújula estratégica.** *Fuente:* Cortesía de Martijn Lofvers. © Martijn Lofvers, 2017.

Toma de decisiones a varios niveles (estratégico, táctico, operativo)

Antes de examinar con más detalle los componentes técnicos de la cadena de suministro, me gustaría volver a un tema que se ha tocado tanto explícita como más implícitamente en varias ocasiones, y es que la toma de decisiones se produce en diferentes niveles. En este caso, nos referimos a los niveles estratégico, táctico y operativo.

Muchos de los temas y decisiones mencionados en este capítulo sobre la dimensión técnica de la cadena de suministro, siguiendo la estructura del concepto de logística integral, tienen un carácter más estratégico si una empresa está en proceso de definir una nueva cadena de suministro, o de redefinir una ya existente. En la mayoría de los casos, las decisiones que hay que tomar implican la construcción de una nueva solución que debería mantenerse durante al menos varios años.

Una vez que la cadena de suministro nueva o rediseñada empieza a funcionar, el marco de decisión se vuelve más táctico y operativo, y los horizontes temporales se acortan en consecuencia (figura 3.4).

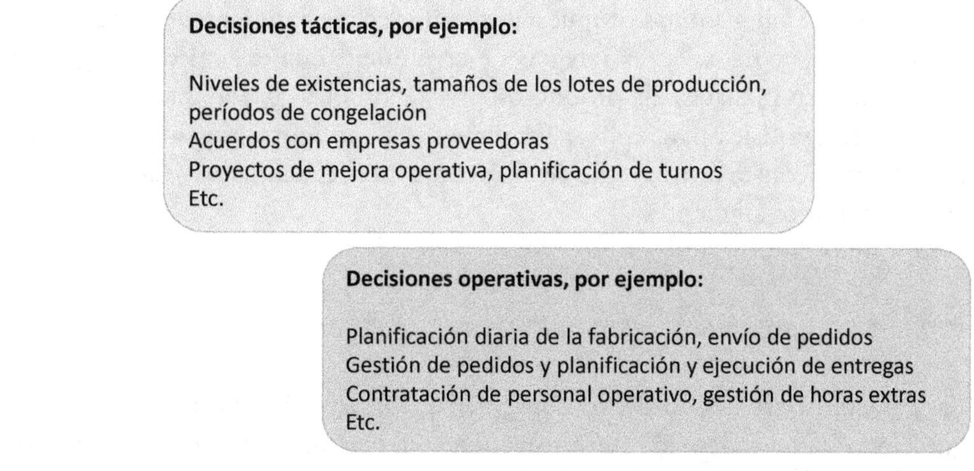

Decisiones estratégicas, por ejemplo:

Mercados, segmentos, propuestas de valor, canales
Objetivos por área funcional
Infraestructura (*push/pull,* fabricación y almacenamiento)
Etc.

Decisiones tácticas, por ejemplo:

Niveles de existencias, tamaños de los lotes de producción, períodos de congelación
Acuerdos con empresas proveedoras
Proyectos de mejora operativa, planificación de turnos
Etc.

Decisiones operativas, por ejemplo:

Planificación diaria de la fabricación, envío de pedidos
Gestión de pedidos y planificación y ejecución de entregas
Contratación de personal operativo, gestión de horas extras
Etc.

Figura 3.4. Decisiones en la cadena de suministro (estratégicas, tácticas y operativas).

En el juego *The Fresh Connection,* con el que trabajaremos en la segunda parte, nos centraremos en la toma de decisiones estratégicas y tácticas, ya que las decisiones operativas y la ejecución se llevarán a cabo dentro del motor de simulación, de acuerdo con los parámetros tácticos que se hayan establecido.

Pero veamos primero con más detalle los componentes de la cadena de suministro, que se introdujeron brevemente en el capítulo 1. La mayoría de los conceptos a los que se hará referencia pueden considerarse representativos de una cadena de suministro relativamente estándar (es decir, los fundamentos) y pueden encontrarse con más detalle en la mayoría de los libros de texto sobre la cadena de suministro mencionados ya en varias ocasiones (Rushton *et al.*, 2017; Christopher, 2016; Chopra y Meindl, 2016; Simchi-Levi *et al.*, 2009; Visser y van Goor, 2011; Gattorna, 2015). Cuando sea necesario referirse a un concepto o marco específico de uno de los libros de texto, se mencionará explícitamente.

La estructura que seguimos en los próximos párrafos es la del concepto de logística integral, introducido en el capítulo 1 (figura 1.2). La misma estructura y los mismos elementos volverán a aparecer en la segunda parte, en relación con el juego *The Fresh Connection,* así como en la tercera parte, utilizando la empresa The Fresh Connection como ejemplo de caso.

Infraestructura física o red: *push/pull,* instalaciones y transporte

Una vez que una empresa ha decidido a qué segmentos de clientela quiere dirigirse y sabe cuáles son las propuestas de valor correspondientes −incluidos los productos específicos, las estrategias de crecimiento, la expansión geográfica, los cambios en la cartera de productos y servicios, etc.−, tiene que pensar en la infraestructura física para apoyar los planes. La configuración final de esta infraestructura consta de una serie de elementos interrelacionados, que se tratarán en los apartados siguientes.

Productos: características físicas y cadena de desarrollo

Las características del producto desempeñan un papel importante en la configuración de una cadena de suministro. Es fácil ver, por ejemplo, que el abastecimiento de materias primas, la fabricación y el transporte de balones de fútbol de plástico, que se venden a las jugueterías incluso sin materiales de embalaje, es muy diferente de la cadena de suministro de productos químicos líquidos peligrosos, o de productos tecnológicos complejos como los automóviles, o de productos grandes y pesados como las grúas.

Desde una perspectiva lógica, hay tres pasos diferentes en la secuencia para llegar de la idea a la producción: el primero es el diseño del producto, en el que se definen las especificaciones del mismo. A continuación, el diseño del proceso, en el que se define la mejor manera de fabricar el producto diseñado. En esta fase se decide qué tipos de procesos de producción se van a aplicar (producción en taller, producción por lotes, producción en proceso continuo, etc.), lo que lleva a tomar decisiones sobre los tipos de maquinaria y mano de obra, así como a diseñar detalladamente el flujo del proceso de producción. A continuación, se pasa a la fase de ejecución operativa, es decir, el diseño del producto y del proceso se pone en práctica en la fabricación y la distribución.

Además de su secuencia lógica, no es estrictamente necesario que una etapa esté terminada al cien por cien antes de que pueda comenzar la siguiente. El llamado concepto de *ingeniería concurrente* explota esta idea: ya puedo empezar a hacer mis primeros bocetos para el evento del proceso de producción aunque el diseño del producto que voy a fabricar no haya sido finalizado.

Siguiendo la lógica de los pasos mencionados anteriormente, un primer factor definitorio de cómo debe ser nuestra cadena de suministro viene determinado por las características del producto, como por ejemplo:

- Tamaño/volumen (grande, pequeño).
- Peso (pesado, ligero).
- Valor (barato, caro).
- Fragilidad (fácil de romper).
- Tipo de material (sólido, líquido, gas, peligroso o no).
- Perecedero (por ejemplo, relacionado con la vida útil).
- Complejidad (número de componentes, lista de materiales o BOM, del inglés *bill of materials)*.
- Y así sucesivamente.

Un concepto específico relacionado con lo anterior es la *densidad de valor* de los productos, el valor en dinero del producto por metro cúbico (figura 3.5). Esto es especialmente relevante en las políticas de transporte, almacenamiento e inventario. Para un producto barato y de gran tamaño, las prioridades logísti-

Alto

Valor por m³

Artículos de gran valor y gran tamaño

Centrarse en la velocidad de entrega, la rotación de existencias, la optimización del espacio en el almacén, así como del transporte y la manipulación

(equipos industriales, coches, televisores, etc.)

Artículos pequeños y de gran valor

Centrarse en la velocidad de entrega y en la rotación de las existencias

(cuchillas de afeitar, teléfonos inteligentes, productos electrónicos y cosméticos, etc.)

Artículos grandes y de poco valor

Centrarse en la frecuencia de entrega, la optimización del espacio de almacenamiento, el transporte y la manipulación

(lavadoras, frigoríficos, muebles, etc.)

Artículos pequeños y de poco valor

Centrarse en la disponibilidad

(Papel higiénico, champú, patatas fritas, agua mineral, etc.)

Bajo

Bajo   **Número de elementos por m³**   Alto

Figura 3.5. Densidad de valor de los productos y prioridades de la cadena de suministro. *Fuente:* Visser y Van Goor (2011).

cas serán diferentes a las de un producto pequeño y caro. La densidad de valor también se retomará explícitamente más adelante en la segunda parte.

Una de las características del producto mencionadas anteriormente está relacionada en particular con la lista de materiales (BOM): los componentes de los que está hecho un producto. Por ejemplo, una silla puede estar hecha de un asiento, un respaldo y cuatro patas, mientras que el asiento puede estar formado por una pieza de madera, un cojín de cuero, etc. La razón para mencionar esto aquí es doble:

- En primer lugar, la lista de materiales define si es necesario ensamblar un determinado producto y, en caso afirmativo, el grado de complejidad del ensamblaje y la secuencia en la que hay que ensamblarlo. Esta sería la base para el aprovisionamiento de componentes por fases y la planificación de la entrega a tiempo, así como para las actividades de montaje.

- En segundo lugar, se ha prestado cada vez más atención a la relación entre el diseño del producto y los aspectos logísticos del mismo, resumidos en el concepto de *diseño para la logística,* con el objetivo de simplificar la arquitectura de los productos al tiempo que se aumenta la flexibilidad para la personalización en las últimas etapas.

Como ya se ha comentado brevemente, Simchi-Levi (Simchi-Levi *et al.,* 2009; Simchi-Levi, 2010) habla en este contexto de la cadena de desarrollo de nuevos productos, de la que forma parte la arquitectura de producto (BOM). Una tendencia actuales el de un diseño modular inteligente para los productos. La estructura de aprovisionamiento de la industria del automóvil, en la que las proveedoras de primer nivel proporcionan módulos y las de segundo nivel suministran submódulos o componentes a las proveedoras de primer nivel, es un claro ejemplo de ello. La modularización de los productos tiene una serie de ventajas para facilitar estas estructuras de la cadena de suministro:

- En primer lugar, reduce la complejidad durante el montaje final porque ahora habrá que juntar un número relativamente pequeño de módulos diferentes, en lugar de componentes individuales. En cierto modo, parte de la complejidad se desplazará hacia arriba en la cadena, porque el montaje ya se realizará en la proveedora de primer nivel.
- En segundo lugar, reduce el abastecimiento y la planificación de los materiales entrantes, ya que el número de módulos es menor que el de componentes, por lo que habrá que planificar menos artículos y gestionar directamente a menos empresas proveedoras.
- En tercer lugar, si los módulos se diseñan de forma inteligente y se componen de relativamente pocos submódulos, se pueden crear muchas combinaciones de diferentes productos acabados. Como la gestión de las existencias se realiza ahora a nivel de los módulos y no de los productos acabados, se incurre en menos riesgos.

Podría decirse que Ikea brinda uno de los mejores ejemplos de aprovechamiento de la modularidad y los principios del diseño para la logística en la cadena de desarrollo. En términos de diseño de productos, Ikea supuestamente dice a sus diseñadores que se aseguren de que los distintos componentes de las diferentes variaciones de un mueble encajen bien entre sí, de modo que, por

---

EJERCICIO 3.1

Cadena de desarrollo y diseño de la logística

Explora

Analiza las empresas que has elegido a la hora de realizar los ejercicios del capítulo anterior y piensa en cómo podrían funcionar los principios de la *cadena de desarrollo* y el *diseño para la logística* en cada una. Esboza una descripción de cada caso.

---

ejemplo, con dos tipos de asiento, tres tipos de pata y tres tipos de respaldo, se puedan hacer 18 sillas diferentes.

Gracias a su modelo de negocio, en el que los propios clientes montan los productos finales en casa, Ikea puede prever la demanda a nivel de módulos (2 + 3 + 3 = 8 módulos), en lugar de hacerlo para cada uno de los 18 tipos de sillas posibles. Lo mismo ocurre con el almacenamiento: solo 8 módulos en el almacén de la tienda, en lugar de 18 sillas diferentes. Así, la modularidad del diseño del producto –en el caso de Ikea se trata de una política de diseño muy deliberada– permite la personalización tardía *(late customization),* así como el ahorro de espacio. Además, los diseñadores de Ikea se aseguran de que los módulos o componentes individuales sean lo más planos posible, lo que permite transportarlos sin que ocupen un espacio innecesario dentro del embalaje.

Hay que tener en cuenta que, vinculado al tema del diseño para la logística y la cadena de desarrollo, pero ampliado a la sostenibilidad y la economía circular, se encuentra el concepto de D4D (diseño para el desmontaje), mencionado en el capítulo 2. Una empresa no solo debe encontrar formas inteligentes de realizar muchas variaciones de productos a partir de un número limitado de componentes o módulos: también debe tener en cuenta las fases posteriores de devolución, desmontaje, reutilización y reciclaje.

Push/pull: *economías de escala frente a flexibilidad del mercado*

Una vez que los productos y los diseños de los productos están definidos, la siguiente decisión tiene que ver con los conceptos de «empujar» y «tirar» *(push/ pull),* tal y como lo expresan Hoekstra y Romme (1993) mediante los puntos de desacoplamiento cliente-pedido *(customer-order decoupling points,* CODP), que tambén se encuentra en otros libros, como Rushton *et al.* (2017), o como dicen algunos, los *puntos de penetración del pedido.* Recuerda la importancia de aclarar las definiciones que tratamos en el capítulo 1.

En lugar de utilizar las siglas CODP, como sugieren Hoekstra y Romme, suelen emplearse las siglas o las expresiones referidas a cada uno de esos puntos de desacoplamiento. De acuerdo con el ejemplo de la figura 3.6, serían los siguientes:

- CODP 1: fabricación contra inventario local (MTS).
- CODP 2: fabricación contra inventario central (MTS).
- CODP 3: fabricación bajo pedido (MTO).

La diferencia entre los CODP 1 y 2 puede servir como ejemplo del concepto de agrupación de riesgos descrito por Simchi-Levi (Simchi-Levi *et al.*, 2009; Simchi-Levi, 2010), quien afirma: «La variabilidad de la demanda se reduce si se agrega la demanda en todos los lugares». Una variabilidad menor requiere menos existencias de seguridad. La aplicación de la agrupación de riesgos implica un inventario centralizado (CODP 2).

Hoekstra y Romme, dada su experiencia en la empresa tecnológica neerlandesa Philips, centraron su trabajo en un sector en el que el ensamblaje desempeña un papel importante. La terminología que propusieron refleja obviamente esa experiencia concreta como se aprecia por el lugar que ocupa el ensamblaje bajo pedido *(assemble to order,* ATO) en la figura 3.6, entre los CODP 2 y 3. Desde entonces, otros autores han propuesto diversos diagramas que expresan el mismo principio y en los que se integran conceptos como producir para pronóstico o fabricación previsora *(make to forecast,* MTF) o el diseño bajo pedido *(engineer to order,* ETO). Tiempo después se incorporó un nuevo elemento, el aplazamiento, que ha ganado mucha popularidad dado su potencial de optimización de la cadena de suministro.

El aplazamiento puede explicarse como una variación del ensamblaje bajo pedido, pero con una personalización específica del producto que tiene lugar en una fase muy tardía de la cadena, normalmente en algún punto entre los CODP 1 y 2. Un ejemplo típico sería llevar componentes o productos semiacabados, fabricados según los requisitos previstos para ellos, a una región específica y luego, tan pronto como se recibe el pedido, ensamblarlos para obtener unos productos acabados personalizados para la empresa cliente en otro país o para el mercado nacional.

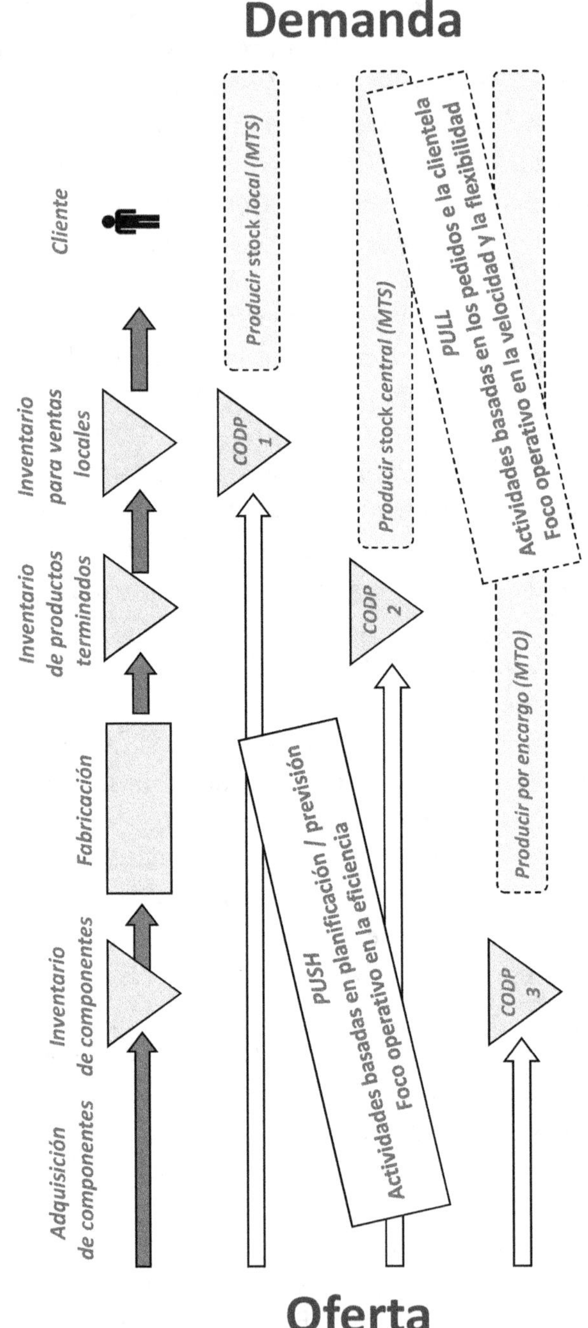

Figura 3.6. **Puntos de desacoplamiento de los pedidos (CODP).**
Fuente: Adaptada de Hoekstra y Romme (1993) y Rushton *et al.* (2017).

El concepto de aplazamiento resulta muy productivo, por ejemplo, en aquellos casos en los que un número limitado de componentes puede utilizarse en diferentes combinaciones para formar una amplia variedad de productos acabados, debido al principio antes mencionado de que la previsión de la demanda a nivel de componentes es menos compleja que la previsión de la demanda a nivel de productos acabados (y enlazando al mismo tiempo con los principios del *diseño para la logística)*. Esto supone, al menos en parte, que el tiempo necesario para la actividad de personalización, ya sea el montaje, el embalaje u operaciones similares, se ajusta a los plazos de entrega que se esperan.

Tomemos el ejemplo de un determinado medicamento sin receta, o el llamado *medicamento de venta libre,* que se vende en las farmacias de todo el mundo. Las píldoras se envasan en blísteres y luego, junto con un folleto, se expenden en una caja en la que figuran la marca y la descripción, todo en el idioma local. Tradicionalmente, se realizaba una previsión de la demanda y se acumulaban existencias en cada país para suministrar a las oficinas de farmacias. Sin embargo, dado que el medicamento y los blísteres son los mismos para todos los países del mundo, y solo los folletos y el envase son específicos de cada país, también podría tenerse un *stock* regional de píldoras en blíster y otro *stock,* separado, de cajas y folletos. Dado que las cajas y los folletos son relativamente baratos en comparación con el medicamento y que la actividad de agrupar el blíster, el folleto y la caja puede hacerse de manera relativamente rápida y barata, esta actividad puede posponerse hasta que las previsiones de venta sean más seguras o se reciba un pedido concreto.

EJERCICIO 3.2
Puntos de desacoplamiento entre cliente y pedido (push/pull)

Explora

Se puede argumentar que, en un mundo ideal, el CODP 3 (fabricación bajo pedido) o incluso un potencial CODP 4 (comprar y fabricar bajo pedido) serían la opción perfecta. No se correría el riesgo de quedarse con un exceso de existencias de componentes, ni existirían productos acabados, ya que las actividades solo comienzan cuando se ha recibido un pedido concreto. Sin embargo, este escenario ideal no es posible en muchos casos. ¿Qué razones habría para «empujar» *(push)* a las empresas a optar por un CODP superior al CODP 3? Da al menos cinco razones distintas.

Volviendo al tema de la infraestructura física, conviene tener en cuenta que la elección de un tipo de CODP específico determina toda la logística integral. Si, por ejemplo, se opta por la fabricación bajo pedido, no se necesitará ningún almacén central, regional o local de productos acabados, ya que se enviará el producto al cliente tan pronto como se haya fabricado. Además, tal elección determina la planificación y el control, porque la previsión de las necesidades de materiales a medio plazo se haría en función de los componentes y no de los productos acabados. El enfoque operativo de las actividades previas al CODP se centraría normalmente en la escala y la eficiencia, y el enfoque operativo posterior al CODP, en la velocidad y la flexibilidad.

En otras palabras, el diseño de una cadena de suministro depende en gran medida del CODP elegido, de ahí que deba ser siempre el más adecuado a cada caso.

Instalaciones: los centros de almacenamiento y fabricación de una red

Una vez determinado el CODP, ya puede diseñarse la infraestructura física. En cuanto a las instalaciones, hay que pensar en las plantas de producción o ensamblaje, los almacenes y los centros de transporte cercanos, como puertos y aeropuertos. Las decisiones para cada uno de estos tipos de instalaciones incluyen, por ejemplo, los elementos siguientes:

- Número de instalaciones.
- Situación.

EJERCICIO 3.3
Posibilidades de ampliación de la capacidad

Explora

Imagina que tu empresa, en función de las expectativas de futuro, necesitara aumentar su capacidad de fabricación. ¿Qué opciones cabría barajar? ¿Cuáles son los pros y los contras de cada una? ¿Cuáles de esos pros y contras pueden cuantificarse y cuáles no? ¿Cuánto tiempo llevaría cuantificarlos? ¿De dónde se obtendrían los datos? ¿Qué fiabilidad tendrían? ¿Qué dice eso sobre la decisión final?

- Dimensiones.
- Capacidades operativas en términos del volumen que debe manejarse.
- Máquinas o equipos que deben utilizarse.
- Disponibilidad de recursos humanos necesarios y el número de horas de trabajo deseadas.
- Actividad interna o subcontratada.

Incluso podrían tenerse en cuenta otras decisiones, como la fiabilidad de los volúmenes estimados que salen de las instalaciones −independientemente de que se hable de procesos propios o subcontratados− y factores como la madurez tecnológica, la situación política, el riesgo de huelgas o la cualificación de la mano de obra, entre otros.

Evidentemente, muchos de estos factores están muy determinados geográficamente, incluso a veces influidos por circunstancias locales específicas, como la normativa legal, la existencia de bloques comerciales y las subvenciones gubernamentales. Pueden realizarse cálculos de costos para muchas de las alternativas disponibles y comparar los distintos escenarios. Probablemente también deban tenerse en cuenta varios argumentos cualitativos.

Transporte: radios que conectan nodos

Al mismo tiempo que se examinan las instalaciones, hay que investigar las opciones disponibles para el transporte. Al fin y al cabo, si las instalaciones son los nodos *(hubs)* de la red, el transporte representa los radios que parten de estos y los conectan. Ambas dimensiones están muy relacionadas y podría darse el caso de que la disponibilidad o no de ciertas opciones en el transporte tuviese un impacto en la elección de las instalaciones y viceversa.

Los medios de transporte merecen gran atención, sobre todo por lo que respecta a sus características (capacidad, velocidad, seguridad, flexibilidad y costos), así como a su integración en la empresa: hay que decidir si se trata de una actividad interna o si es preferible o incluso necesario subcontratarla. Al igual que las instalaciones, muchos de estos factores están muy determinados por la geografía. Las infraestructuras de transporte, los medios de transporte alternativos que se encuentren disponibles, la legislación específica y el sector del transporte en sí pueden variar mucho de un país a otro.

EJERCICIO 3.4

El transporte en un contexto geográfico

Explora

Analiza la situación del transporte en varios países, a ser posible de distintos continentes. Debes tener en cuenta los siguientes factores:

- Densidad de población en todo el país y patrones de distribución.
- Infraestructura disponible (carreteras, ferrocarril, río, mar).
- Medios de transporte disponibles (carretera, ferrocarril, barco, avión).
- Madurez del sector de los proveedores de servicios.

¿Qué conclusiones puedes sacar de esa comparación?

Integración hacia delante y hacia atrás: subcontratación y colaboración externa

A la hora de decidir sobre las instalaciones y el transporte, debe tenerse en cuenta si se subcontratará o no una determinada actividad. Habrá que decidir entre hacer o comprar, ya se trate de labores relacionadas con la fabricación y el almacenamiento como con el transporte, la expedición de mercancías, la distribución o los servicios logísticos.

En el ejercicio te habrás encontrado con varios argumentos que aparecen tanto en los pros como en los contras. Que aparezcan en una columna o en otra depende en buena parte del producto o el servicio específico, así como de la empresa que se plantea la externalización. En la mayoría de los casos, la decisión de externalizar o no un producto o un servicio tiene una gran importancia estratégica, sobre todo porque las implicaciones pueden ser duraderas. Las consecuencias de una decisión pueden mantenerse vigentes durante varios años y no solo por lo que respecta a cuestiones financieras: a menudo, una decisión de tal calado exige la creación de competencias específicas —no es lo mismo gestionar una fábrica que un contrato y una relación con una proveedora—, así como estar preparado para toda clase de contingencias, ya que volver a la situación inicial no es tan fácil.

Una vez tomada la decisión, la empresa debe decidir cómo gestionar esa nueva relación con las empresas proveedoras. No todos los componentes poseen la misma importancia ni todos los mercados son iguales. Y en la gestión del suministro, como es obvio, queremos invertir nuestro tiempo y esfuerzo allá donde tenga más sentido. Kraljic, en un artículo clásico escrito en 1983, sugirió un marco para segmentar a las proveedoras y, en consecuencia, definir las políticas de suministro y gestión de las mismas. Con el tiempo, se han sugerido distintas variaciones del concepto inicial, basadas en diferentes criterios, aunque se ha mantenido la idea original de que la segmentación tiene sentido porque cada producto o servicio requiere una política adecuada. Véase un ejemplo en la figura 3.7.

El diagrama distingue entre la importancia que tienen las compras para la empresa (costo de los materiales frente al costo total, perfil de valor añadido, perfil de rentabilidad, etc.) y la complejidad del mercado de proveedoras (condiciones de monopolio u oligopolio de la oferta, ritmo de avance tecnológico, barreras de entrada, costo y complejidad de la logística, etc.). Dicho de otro modo: recoge el impacto empresarial de un determinado componente o servicio frente al riesgo de suministro.

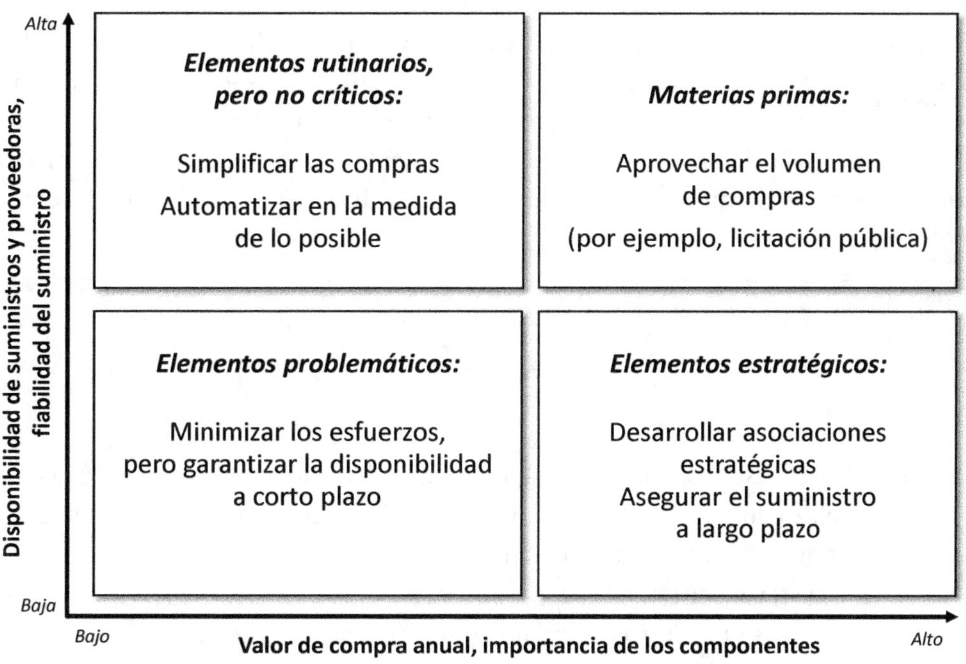

Figura 3.7. **Matriz de política de suministros y empresas proveedoras.**
Fuente: Kraljic (1983) y Rushton *et al.* (2017).

EJERCICIO 3.5

La subcontratación

Explora

¿Qué ventajas y desventajas entraña la subcontratación de una tercera empresa? Elabora varias tablas con dos columnas en las que figuren los pros y los contras de las siguientes actividades:

- Fabricación.
- Almacenamiento.
- Preparación de pedidos.
- Transporte.
- Servicios de transporte de mercancías.
- Servicios de distribución y logística.

¿Qué diferencias y similitudes has encontrado?

Los distintos cuadrantes sugieren la adopción de políticas diferentes. Por ejemplo, en el suministro de componentes que solo representan un costo muy pequeño en comparación con el gasto total de la empresa y que pueden comprarse en cualquier parte (impacto empresarial bajo y riesgo de suministro bajo), convendría minimizar la atención de la dirección. En el otro extremo,

---

EJERCICIO 3.6

Las relaciones estratégicas a largo plazo

Explora

¿Qué elementos considerarías a la hora de establecer una relación estratégica a largo plazo con un socio clave? ¿Qué actividades o proyectos deberían ser algo más que una simple compraventa?

¿Qué costos y beneficios esperas obtener?

En términos de recursos humanos, ¿qué implicaciones tendrían las iniciativas propuestas para ambas partes? ¿Cuánto tiempo requeriría la ejecución de tales proyectos?

---

si se gasta mucho dinero en un determinado componente o servicio y solo hay unas pocas proveedoras en el mercado que puedan hacer el trabajo por ti, entonces querrás tratar esa relación de forma especial, porque el riesgo de avería es demasiado alto. Así que, una vez más, la segmentación es muy útil para establecer prioridades para poner tu tiempo y esfuerzo donde tiene más sentido.

Ten en cuenta que el cuadrante de alto valor y alto riesgo estaría directamente relacionado con el área de socios clave del *canvas* del modelo de negocio que vimos anteriormente.

Diseño de una red: conectar todos los puntos

Por *diseño de redes logísticas o de distribución* se entiende la creación de la infraestructura óptima para una cadena de suministro específica. Hoy en día, pueden modelarse con la ayuda de sofisticados programas informáticos y analizar el impacto de diferentes escenarios teniendo en cuenta una gran variedad de aspectos, como los costos y los niveles de servicio de entrega. Pueden emplearse varios parámetros como el número, la ubicación, el tamaño y los costos de las

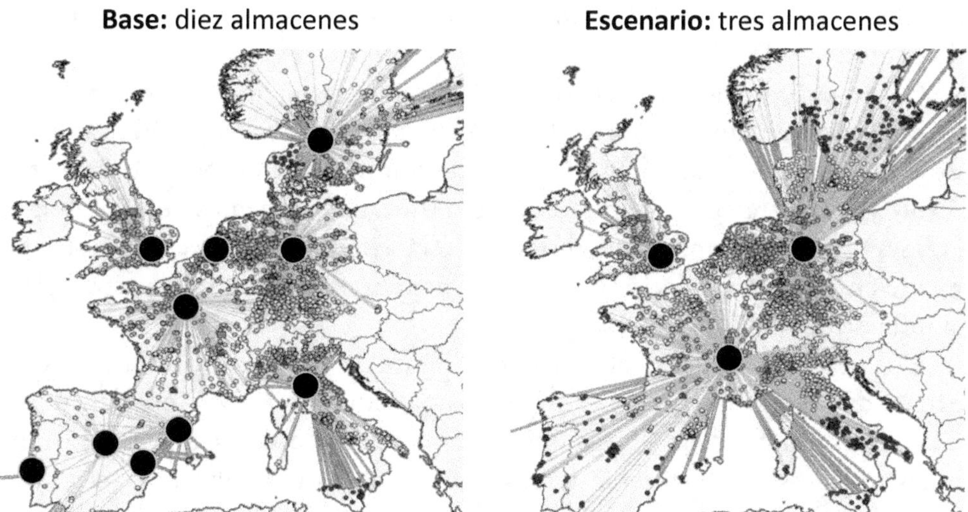

Figura 3.8. Optimización de la red de diferentes escenarios con *software* avanzado. *Fuente:* Proyecto propio creado con un *software* de optimización de redes.

instalaciones, los modos de transporte, los niveles de inventario, los volúmenes de demanda, etc.

En todo momento debe adoptarse una visión holística, sobre todo por lo que respecta a los costos totales y los niveles de servicio resultantes. El alcance de las actividades de la cadena de suministro incluidas en el diseño de la red debe ser lo suficientemente amplio como para abarcar todos esos detalles. En este contexto, a veces se utilizan los términos *costo total de propiedad* (TCO, por *total cost of ownership)* o *costo total de servicio* (TCS, por *total cost to serve)*. En la mayoría de los casos, se trata de incluir no solo los costos operativos relacionados con las mercancías, como el transporte y el almacenamiento (espacio y personas), sino también los costos relacionados con las existencias (financiación, seguros, seguridad, obsolescencia), los gastos generales, aquellos relacionados con la producción e incluso los costos más allá de los límites de la empresa, por ejemplo, los de las empresas proveedoras (costos de material, de espacio, de transporte, etc.).

Evidentemente, ampliar el ámbito de aplicación de este modo requiere mucha más información y probablemente ralentiza el proceso de modelización, pero la alternativa es sencilla: omitir parte de esos datos, algo razonable si se hace de manera deliberada y se tienen en cuenta los riesgos que tal decisión entraña. A la hora de diseñar la red, habrá que tener en cuenta, pues, el alcance del trabajo a la luz del nivel de complejidad, el grado de detalle, la disponibilidad de información, los recursos necesarios y el tiempo disponible.

Como último paso en esta parte del capítulo, trataremos de hacernos una idea del reto que supone abordar la complejidad y la necesidad de alinear todos los elementos que componen la cadena de suministro en relación con los elementos de la estrategia y la infraestructura física que acabamos de ver. Observa la figura 3.9 y determina qué instancias están implicadas directa o indirectamente en las diversas decisiones que se tomarán con respecto a la estrategia y la infraestructura.

Una vez completada la plantilla de la figura 3.9, ¿qué conclusiones puedes extraer del diagrama resultante? ¿Qué te indica en términos de interdependencias y complejidad de la alineación? ¿Qué soluciones potenciales verías? Anota todas tus ideas. Las utilizaremos más adelante, cuando volvamos a ver estas cuestiones en el capítulo 10.

Ahora que la estructura de la red está definida, ha llegado el momento de decidir la configuración adecuada para la planificación y el control.

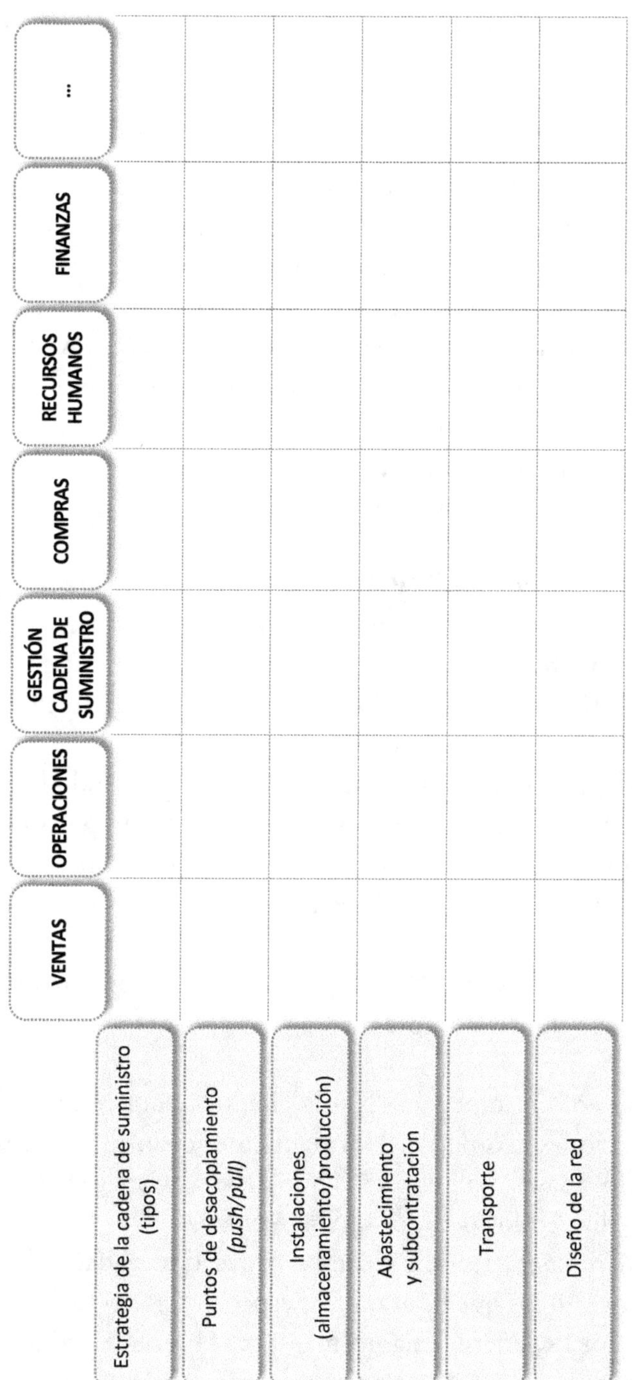

Figura 3.9. **Matriz de decisiones de estrategia e infraestructura y departamentos funcionales.**

Planificación y control: procesos, previsiones, inventarios, producción

Trabajar con la cadena de suministro: O2C, P2P, D2S

Las actividades de la cadena de suministro constan de muchos pasos que suelen agruparse y organizarse en procesos «lógicos». Aunque el número de procesos y los nombres con los que se conocen pueden variar de una empresa a otra, algunos han dado pie a una suerte de nomenclatura estándar. Las empresas que trabajan con uno de los grandes sistemas de *software* empresarial, como SAP u Oracle, tienden a adoptar la terminología de los procesos tal y como se nombran en el sistema informático.

Los principales procesos de alto nivel de la cadena de suministro desde el punto de vista táctico y operativo son:

- **Ciclo del proveedor** o **P2P** *(purchase-to-pay* o *procure-to-pay): desde que se envía un pedido a la empresa proveedora hasta que se realiza el pago correspondiente.
- **Ciclo del cliente** o **O2C** *(order-to-cash): desde que se recibe un pedido del cliente hasta que este abona el importe.
- **Ciclo del producto** o **D2S** *(demand-to-supply): desde la previsión de la demanda futura hasta el momento en que los materiales están listos para ser enviados al cliente. A veces también se denomina F2F *(forecast-to-fulfill)* o F2D *(forecast-to-delivery)*.

Desde un punto de vista empresarial global, pueden añadirse los procesos relacionados con ventas y compras:

- *Proceso de ventas*: se negocia con la clientela para venderle bienes con las especificaciones acordadas. Normalmente, cuanto mayor sea la promesa de servicio, mayor será el precio que deberá abonar el cliente. El proceso se materializa en los pedidos que se reciben.
- *Proceso de compras:* se identifican las proveedoras adecuadas y se negocian los acuerdos en los que figurarán las especificaciones de los productos y del servicio. Por lo general, cuanto mejor sea el servicio exigido, más elevado será el importe que deba abonarse a cambio. El proceso se materializa en las órdenes de compra.

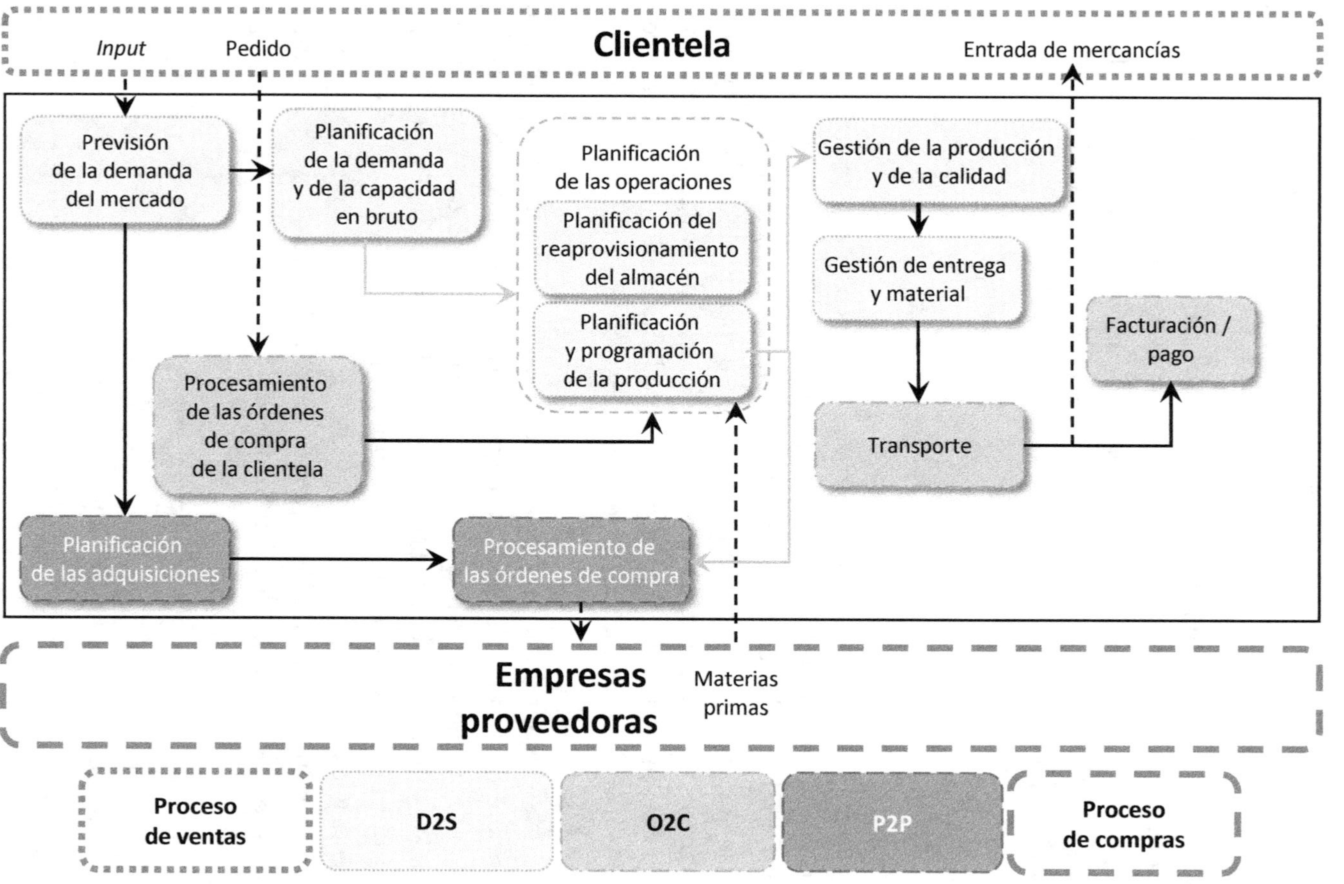

Figura 3.10. Visión general de alto nivel de los principales procesos tácticos y operativos de la cadena de suministro. (Véase el texto para las siglas.)

La figura 3.10 muestra una representación de los procesos tácticos y operativos de alto nivel de la cadena de suministro, complementados por los procesos de ventas y compras.

Como puede verse en la figura 3.10, los dos primeros procesos, P2P y O2C, se centran más en el material y el dinero que fluye entre la empresa y su clientela, por una parte, y entre la empresa y las proveedoras, por otra. El tercer proceso, D2S, se centra más en las actividades internas de producción y almacenamiento de materias primas y productos acabados.

Incertidumbre en la demanda y la oferta

El primer factor que debe tenerse en cuenta al pensar en la planificación y el control de una determinada cadena de suministro es el impacto que tiene la incertidumbre en la demanda y la oferta. En lugar de enumerar aquí las razones por las que la demanda o la oferta son más o menos predecibles, me gustaría proponerlo como un ejercicio, ya que no te costará demasiado deducir las cuestiones más importantes. Ten en cuenta que la incertidumbre puede provenir de cada una de las casillas del diagrama (proceso de venta, proceso de compra, D2S, O2C y P2P).

Las respuestas a estas preguntas determinan en gran medida la manera en que se abordan las previsiones, los inventarios y el tamaño de los lotes de producción. Por ejemplo, cuanta más incertidumbre haya en uno u otro lado, más costará equilibrar la oferta y la demanda de forma rentable y probablemente habrá que demandar un esfuerzo y una sofisticación mayores a las personas, los procesos y los sistemas.

En los siguientes apartados se repasarán las actividades clave que configuran los procesos de la cadena de suministro.

EJERCICIO 3.7

La incertidumbre en la oferta y la demanda

Explora

¿Qué razones se te ocurren para que la demanda sea menos previsible? ¿Y en el caso de los suministros?

Primera clave para el proceso D2S: previsión de la demanda del mercado

En relación con las decisiones tomadas sobre la disociación cliente-pedido, sabemos que la previsión de las necesidades de materiales debe hacerse a nivel de componentes, productos intermedios, semiacabados o productos acabados. En cuanto a la previsión, me gustaría destacar cuatro aspectos:

1. Como dice el refrán, la regla número 1 de la previsión es que «los pronósticos siempre se equivocan». Nunca serán perfectos, ni siquiera cuando en el futuro contemos con el apoyo de la inteligencia artificial.

2. Existen muchas fórmulas matemáticas y heurísticas para hacer previsiones, como el modelo de medias móviles, el suavizado exponencial, el análisis de regresión, etc. (el libro clásico de Silver *et al.*, 1998, ofrece una gran cantidad de ellas, como hoy en día lo hace incluso Wikipedia). E incluso una herramienta básica como Microsoft Excel contiene una serie de fórmulas incorporadas y existe una gran cantidad de *software* de planificación y optimización avanzada que ofrece aún más alternativas. Sin embargo, muchos enfoques parten de una suposición: que la historia se repetirá; lo que ocurrió en el pasado será de alguna manera representativo de lo que ocurrirá en el futuro. En algunos casos puede ser cierto, pero no hay nada que lo confirme. Recordemos qué se dijo en el prefacio acerca de la era de la aceleración.

3. La interacción humana inteligente con los sistemas de planificación avanzada constituye la clave para una previsión más precisa. Cada vez hay más datos que parecen corroborarlo.

4. En el mundo empresarial, la previsión plantea un enorme desafío: el nivel de prioridad que tiene la previsión. En muchos casos, el personal de *marketing* y de ventas probablemente disponga de los datos más adecuados para realizar previsiones precisas basadas en proyecciones matemáticas a las que se añadirán conocimientos prácticos sobre los movimientos de la clientela y de la competencia, las promociones previstas, la introducción de nuevos productos, etc. Sin embargo, no siempre se considera provechoso dedicar tanto tiempo y esfuerzo a esa labor. Pero, si no se hace, hay mucho que perder. Si la regla número 1 de las previsiones es cierta, siempre se correrá el riesgo de que se te considere personalmente responsable por proporcionar información errónea. Esto, por supuesto, no es un punto de partida muy atractivo.

Segunda clave para el proceso D2S: planificación de la capacidad

En muchos entornos de producción, la capacidad de las maquinaria es cara. Recientemente, un cliente me habló de una nueva fábrica que su empresa estaba construyendo para hacer frente a la futura demanda prevista y anticiparse a las futuras nuevas tecnologías: una inversión de 750 millones de euros. Como ya vimos en el capítulo 2, parte de ese gasto se cargaría en la partida de material inmovilizado o PPE. Piensa en el impacto sobre el ROI que tendría aumentar el PPE en 750 millones de euros. Una vez que se gasta ese dinero y se dispone de capacidad de producción, debe utilizarse bien, y aquí es donde entran en escena la planificación de la capacidad y la planificación y programación de la producción.

Cuando tenemos varias fábricas en todo el mundo capaces de producir los mismos bienes, debemos asegurarnos de que la demanda mundial global se asigne a los diferentes lugares de producción. Estas decisiones suelen formar parte de lo que se denomina *planificación de la capacidad aproximada*. Esta decisión adquiere especial importancia cuando se prevé que la demanda global sea superior a la capacidad disponible. En la terminología más extendida, un determinado producto o componente se considerará «infraasignado» y, en consecuencia, los mercados locales podrían competir por asumir parte de la producción. En tales casos, las empresas se ven obligadas a establecer normas para decidir qué mercado se llevará qué parte del volumen total de producción.

Tercera clave para el proceso D2S: planificación y programación de la producción (lotes y períodos de congelación)

Una vez realizada la asignación a las fábricas, se procederá a la planificación y la programación en función de la maquinaria. Llegados a este punto, hay que asegurarse de que la producción cumple con los plazos y los criterios de eficiencia previstos. Para conseguirlo, deberá definirse el tamaño de los lotes de producción o de los intervalos de producción, si se trabaja con tiempo en lugar de hacerlo con cantidades (¿cada cuántos días lanzo un lote de producción de un determinado artículo?). Cuanto más grandes sean los lotes de producción, mayor será la economía de escala. Cuanto más pequeños sean, más veces la máquina cambiará de fabricar un lote a otro. Obviamente, optar por lotes pequeños aumenta la capacidad de respuesta a los cambios en la demanda, pero se hará a costa de la eficiencia, ya que la máquina tendrá que pararse, limpiarse y ponerse en marcha de nuevo con más frecuencia.

Compara los dos diagramas de la figura 3.11 y evalúa las diferencias en términos de:

- Número de veces que se «pierde» capacidad de producción por cambiar de lote. Esto afecta a la capacidad de producción neta disponible, pero también al número de pérdidas de puesta en marcha de nuevos lotes de producción.
- Número de veces que el nuevo producto llega a la siguiente etapa de la cadena de suministro.
- Cantidad media de existencias como consecuencia del tamaño del lote (lo que se denomina *stock de ciclo)* y sus implicaciones.
- El grado medio de actualización del producto.
- Número de veces que se entra en la peligrosa zona de agotamiento de existencias.

En la figura no se hace referencia a ningún artículo en particular. Como puede imaginarse, la situación se vuelve más compleja a medida que aumenta la variedad de artículos producidos con la misma máquina. En la producción a gran escala, suele definirse una secuencia fija en la que se producen los artículos, con las implicaciones que ello tiene en el tiempo que transcurre antes de que se vuelva a producir un artículo concreto. Este concepto suele denominarse *rueda de producción.*

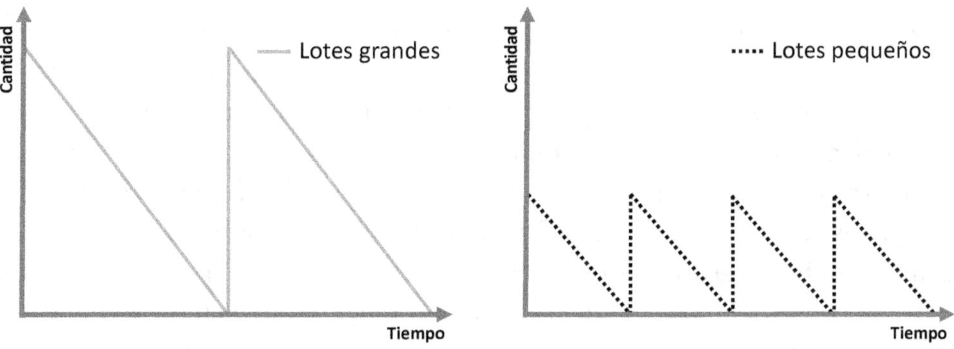

Figura 3.11. Comparación de grandes lotes frente a pequeños lotes.

Otro concepto importante que debe tenerse en cuenta durante la planificación de la producción es el llamado *período de congelación,* el tiempo futuro en el que no se permitirá ningún cambio en el plan y en la programación de la producción, pase lo que pase.

Imaginemos que se dispone de un plan de producción que cubre, por ejemplo, los próximos tres meses y otro más detallado que cubre solo el mes siguiente. Si fijamos el período de congelación en un mes, lo que ocurra durante el primer mes no afectará al programa de producción detallado. Al cabo de un mes, se elabora otro programa detallado para el mes siguiente y se actualiza de nuevo el plan de producción para los tres meses siguientes (es decir, tenemos un horizonte móvil). En cierto modo, aunque la incertidumbre externa (la demanda del mercado) no se ve afectada por el período de congelación, el hecho de fijar este para un período más largo reduce la incertidumbre interna al «congelar» el programa de producción.

Aunque el período de congelación no permite realizar cambios inmediatos y, en consecuencia, no responder rápidamente a los cambios del mercado, posee una ventaja clara: todos las personas y empresas implicadas (dirección de producción, plantilla operaria de máquinas, responsables de equipo y de recursos humanos, proveedoras, personal de mantenimiento) saben exactamente lo que debe hacerse cada día durante este período. Esto da estabilidad, permite prepararse mejor para algo que ya está fijado y aumenta la eficiencia de la cadena.

Cuarta clave para el proceso D2S: producción y calidad

Una vez que la planificación y la programación de la producción se han llevado a cabo, pasamos a la ejecución de los planes. Ha llegado el momento de hacer frente a los contratiempos operativos, como la falta de disponibilidad de personal, las averías de la maquinaria, la necesidad de hacer horas extras y las interrupciones de suministro de las proveedoras. Aquí interfieren muchas disciplinas funcionales diferentes. Para amortiguar estos contratiempos, pueden acumularse inventarios. Un importante indicador utilizado para medir el número de contratiempos es el llamado «cumplimiento del plan de producción» *(production plan adherence),* que mide hasta qué punto se ha llevado a cabo el plan de producción original.

Quinta clave para el proceso D2S: gestión de inventarios (reposición)

En el capítulo 2, al tratar diversas cuestiones financieras, se habló de la importancia que tiene una gestión eficaz de las existencias. La gestión de inventarios tiene varias dimensiones diferentes, que trataremos en las páginas siguientes. Todo se basa en dos decisiones: *cuánto* pedir y *cuándo* hacerlo (figura 3.12).

El diagrama muestra los principales conceptos de la gestión de existencias:

- *Nivel de inventario:* expresa la cantidad de existencias en el tiempo.
- *Punto de pedido de reposición:* el nivel de inventario en el que una alerta indica que hay que pedir nuevos materiales (¿cuándo pedir?).
- *Cantidad de pedido:* la cantidad de materiales que se pide cada vez que se realiza un pedido, ya sea a la producción interna o a las proveedoras externas (¿cuánto pedir?). La llamada *cantidad económica de pedido* (EOQ, por *economic order quantity)* establece que la cantidad óptima de pedido se halla en la confluencia de los costos que implica realizar un nuevo pedido y los costos que implica tener producto almacenado. Por ejemplo, si pido una vez para todo el año, gastaré poco tiempo y dinero en hacer pedidos, pero tendré un inventario medio elevado. En el caso contrario, pediré cantidades más pequeñas con mucha frecuencia, por lo que el inventario medio será menor, pero se gastará más tiempo y dinero en pedir, comprobar, facturar, etc. La cantidad de inventario debida a la cantidad de pedido especificada se denomina *stock de ciclo,* que ya se vio al hablar de la tercera clave para el proceso D2S. Obsérvese también que el concepto de cantidad de pedido también aparece allí cuando se refiere a los tamaños de los lotes desde la perspectiva de la producción.
- *Plazo de reposición:* el tiempo que transcurre entre la realización de un pedido de reposición de existencias y la entrega.
- Stock *puente:* cantidad de existencias necesaria para cubrir la demanda o el consumo medio del producto o componente durante el plazo de reposición.
- Stock *de seguridad:* cantidad de existencias necesaria para cubrir la incertidumbre de la oferta o la demanda durante el plazo de reposición.

Al igual que en el caso de la previsión, existe una amplia gama de fórmulas sofisticadas para calcular la cantidad óptima de pedido y, en particular, la cantidad de *stock* de seguridad (Silver *et al.,* 1998). Normalmente, cada fórmula

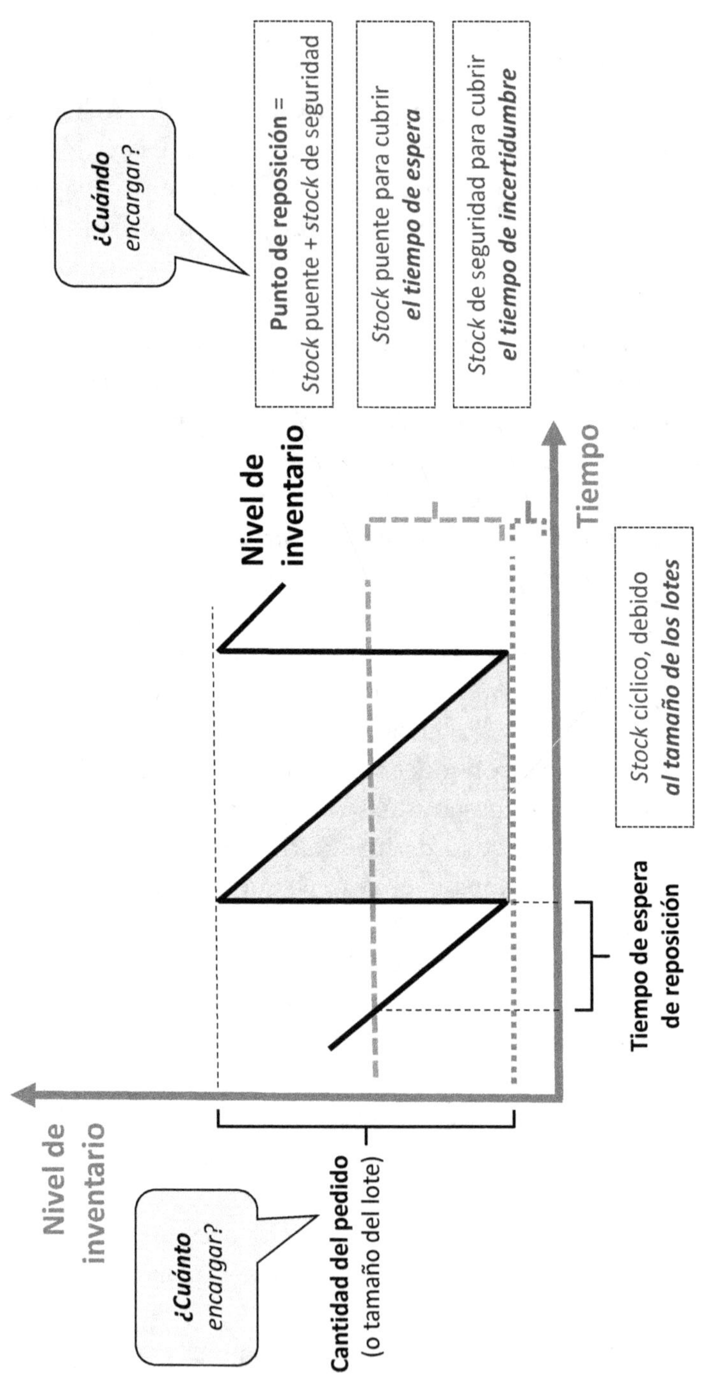

Figura 3.12. Diagrama en diente de sierra de la gestión de inventarios.

tiene en cuenta uno o varios factores específicos en juego, por lo que ofrece una visión parcial de los posibles resultados. Sin embargo, aún no se ha dado con la fórmula perfecta que incluya todas las variables.

Además del diagrama en diente de sierra, hay otras razones por las que puede mantenerse el inventario en un momento determinado. El diagrama en cuestión se ocupa principalmente de aspectos relacionados con los costos de inventario y de pedido, así como de la eficiencia del almacenamiento y la incertidumbre de la oferta y la demanda, otros elementos de la ecuación podrían estar relacionados con la eficiencia de la producción o la estrategia de compras. En este contexto, hablamos de dos tipos adicionales de inventario, además de las existencias puente y las existencias de seguridad ya mencionadas:

- El *stock de anticipación,* por ejemplo, debido a un fuerte efecto de estacionalidad en la demanda, o a paradas programadas de mantenimiento o de vacaciones en la producción.
- Las *existencias estratégicas,* por ejemplo, si hay una posible escasez de suministro de componentes específicos o para protegerse de las fluctuaciones de los precios de los materiales.

El diagrama de dientes de sierra de la figura 3.12 se basa en un modelo de revisión continua del inventario centrado en el punto de reposición. La línea continua de la cantidad de *stock* implica que el nivel de existencias se controla y se conoce continuamente, en tiempo real, y que se lanza un pedido de reposición en cuanto el nivel de inventario cruza la línea del punto de pedido de reposición especificado.

Otro método de revisión se basa en la revisión periódica. Los niveles de inventario se comprueban en determinados momentos, siempre fijos. Así lo haría, por ejemplo, el propietario de una tienda tradicional cuando hace un balance una vez a la semana al cerrar su tienda el sábado por la tarde y luego decide si debe realizar un pedido a sus proveedoras y en qué cantidad. En tales casos, no conoce los niveles exactos de inventario en cualquier momento de cualquier día. Cuanto más largo sea el período de revisión y mayor sea la demanda, más diferencias habrá entre los sistemas de revisión continua y periódica. En la práctica, es frecuente encontrar las siguientes políticas de inventario:

- *(s, Q):* revisión continua, punto de pedido de reposición, cantidad fija de pedido. La variable s expresa el punto de pedido de reposición (cuando el nivel de inventario cruza este punto, se realiza un pedido de reposición) y *Q*, la cantidad de pedido de reposición.

- *(s,S):* revisión continua, punto de pedido de reposición, nivel de pedido. La variable *s* expresa el punto de pedido de reposición (cuando el nivel de inventario cruza este punto, se realiza un pedido de reposición) y *S*, la cantidad del nivel de pedido, es decir, el nivel total de inventario deseado cuando llega el reabastecimiento.

- *(R,S):* revisión periódica, nivel de pedido hasta. La variable *R* expresa el período de revisión (la frecuencia con la que se comprueba el nivel de inventario) y *S*, la cantidad del nivel de pedido (el nivel total de inventario deseado cuando llega el reabastecimiento).

EJERCICIO 3.8
Cantidades de pedido

Explora

En el ejercicio 3.7, se han tenido en cuenta las razones por las que la oferta y la demanda son menos predecibles. Estas razones llevarían, en consecuencia, a aumentar las existencias de seguridad para cubrir esta incertidumbre. Ha llegado el momento de pensar en los argumentos que influirían en la cantidad óptima de pedido.

Ya hemos explicado el razonamiento en el que se basa la cantidad económica de pedido, la EOQ, pero ¿qué argumentos podrían aducirse para que el tamaño de los pedidos en las áreas de compras y producción fuese diferente de la EOQ y mayor de lo que justifica la demanda a corto plazo? Por ejemplo, si el cálculo de la EOQ indica que cada vez debe pedirse 105 unidades de producto a una proveedora, ¿qué razones podría haber para aumentar o disminuir la cantidad? Piensa en los conceptos de *stock* de ciclo, *stock* de anticipación y *stock* estratégico. Busca ejemplos en internet. ¿En qué sectores los has encontrado? ¿Por qué es así? ¿De qué magnitud puede ser el impacto (por ejemplo, las ventas de temporada alta como porcentaje de las ventas anuales)? Piensa en aspectos como el carácter perecedero, la obsolescencia, las fluctuaciones en los costos de producción y de los componentes, y busca ejemplos. ¿En qué sectores se dan?

- *(R,s,S):* revisión periódica, punto de pedido de reposición, nivel de pedido. La variable *R* expresa el período de revisión (la frecuencia con la que se comprueba el nivel de inventario), la variable *s,* el punto de pedido de reposición (cuando el nivel de inventario ha superado este punto en el momento de la comprobación, se realiza un pedido de reposición) y *S,* la cantidad del nivel de pedido (el nivel total de inventario deseado cuando llega el reabastecimiento).

En el capítulo 8 veremos qué políticas de inventario aplica la empresa The Fresh Connection para sus componentes y productos acabados.

Claves de O2C y P2P: condiciones de pago y reglas Incoterms©

Aunque se puede decir mucho sobre los procesos O2C y P2P, me limitaré solo a algunos conceptos básicos que aparecen en ambos. Recuérdese que O2C está dirigido al cliente y P2P, a las proveedoras.

Por lo que respecta a los plazos de pago, se especifica siempre el tiempo que tiene quien compra antes de pagar a quien vende. Un plazo de pago de 60 días significa que la empresa compradora tiene 60 días para pagar a la vendedora. Es una práctica bastante común conceder un descuento a la compradora si el plazo de pago es más corto, ya que la vendedora dispondrá del efectivo antes. Recordemos el concepto de ciclo de conversión de efectivo en dinero, que se vio en el capítulo 2, para entender por qué un pago rápido puede ser interesante para la empresa que vende. Las condiciones se acuerdan entre una empresa y sus proveedoras en un extremo, y entre una empresa y su clientela en el otro.

El segundo concepto se refiere a cuándo empieza a correr el reloj de los plazos de pago, que se especifica en las reglas Incoterms© (reglas comerciales internacionales, definidas y registradas como marca por la Cámara de Comercio Internacional, la CCI). Estas reglas especifican las condiciones de entrega, es decir, en qué punto de la cadena logística entre una parte vendedora y otra compradora tiene lugar la transferencia del riesgo y la propiedad sobre la mercancía objeto de compraventa y quién se responsabiliza de los costos del transporte, la gestión portuaria y aduanera, el almacenamiento intermedio, etc. En la versión más reciente de las condiciones, se especifican diez posibilidades distintas. La figura 3.13 muestra tres ejemplos de términos muy utilizados que se detallan a continuación.

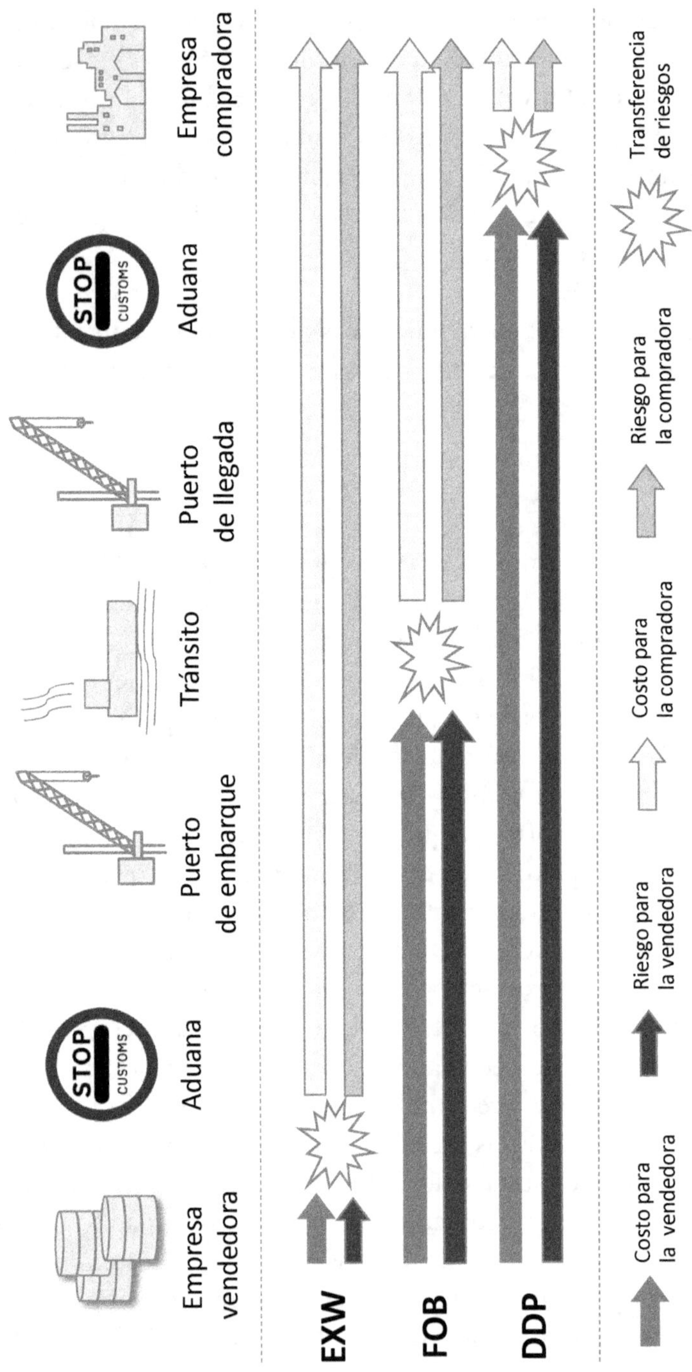

Figura 3.13. Ejemplos de tres reglas Incoterms muy utilizadas.

- EXW *(ex works,* «lugar de entrega designado»): en su forma más extrema, la vendedora deja la mercancía lista para su recogida en sus instalaciones (fábrica, almacén o similar) y la compradora se hace responsable de la recogida, el transporte, etc. En términos de la cadena de suministro, a veces también se conoce como *precio a puerta de fábrica,* ya que el precio cotizado por la empresa vendedora termina en la puerta de la fábrica (es decir, no se incluyen otros servicios o entregas).
- FOB *(free on board,* «libre a bordo»): la empresa compradora indica un barco en el que debe cargarse la mercancía. Hasta que la mercancía esté en el barco, la propiedad y los costos corresponden a la parte vendedora. Estos se transfieren a la compradora cuando la mercancía está a bordo del buque.
- DDP *(delivered duty paid,* «entregada derechos pagados»): la empresa vendedora se encarga de todo hasta la entrega en el país de la compradora, en un lugar indicado por esta, por ejemplo, su fábrica, almacén o un lugar de terceras empresas. La compradora o su tercera se hace responsable a partir de la descarga de la mercancía, ya que es el momento en que el costo y la propiedad pasan de la vendedora a la compradora.

Conviene tener en cuenta que, en los tres ejemplos, la transferencia de costos y riesgos se produce en el mismo punto. No siempre ocurre así. En algunos casos, la propiedad de la mercancía pasa a la empresa compradora mientras los costos de transporte siguen estando en manos de la vendedora.

Estas reglas Incoterms, entre otras cuestiones, especifican el momento en que la responsabilidad y la propiedad de un producto pasan de la parte vendedora a la compradora. Las reglas Incoterms que se utilizan para cada operación específica suelen ser el resultado de una práctica común estándar en un sector o bien fruto de una negociación entre las empresas implicadas. Teniendo en cuenta el tamaño y el poder de mercado de una empresa, y los volúmenes que compra o vende a una proveedora, habrá que aplicar una regla Incoterms específica.

Un tercer concepto, que incide en los procesos O2C y P2P, es un esquema denominado *stock de consignación.* En ciertos casos, los componentes o los productos que permanecen en las instalaciones del cliente siguen siendo propiedad de la proveedora hasta el momento en que el cliente los vende o los utiliza. En la industria del automóvil es bastante habitual que los componentes se custodien en un almacén situado en la planta de montaje y que la empresa proveedora solo cobre por los que se han utilizado para montar un vehículo. El tiempo que permanecen en el almacén antes de ser utilizados influye mucho en el tiempo

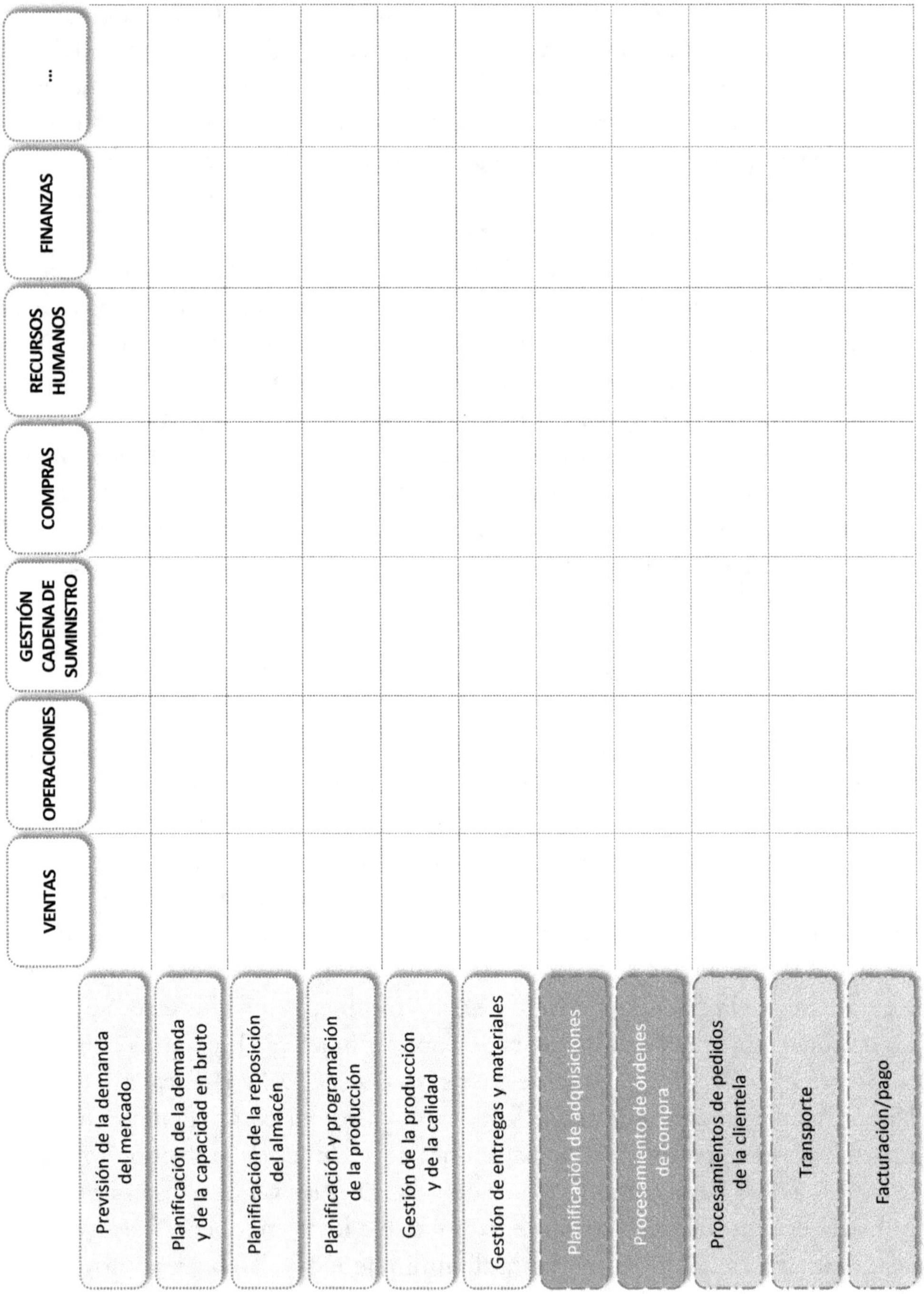

Figura 3.14. **Matriz de subprocesos y departamentos funcionales O2C, P2P y D2S.**

que la proveedora debe esperar para recibir su dinero, por lo que efectivamente el riesgo se desplaza.

Por último, deben tenerse en cuenta otras dos cuestiones: los *límites de crédito* y el *riesgo de crédito*. Existe una relación directa con los procesos O2C y P2P y, por tanto, con la ejecución de la cadena de suministro, ya que los límites de crédito o determinadas calificaciones crediticias podrían, por ejemplo, impedir que se acepte un pedido de un cliente en un momento dado. Sin embargo, como las decisiones sobre los límites de crédito y las políticas de tratamiento de las calificaciones crediticias quedan normalmente fuera del ámbito de la operación de la cadena de suministro, lo dejaremos aquí y no profundizaremos más. Además de *The Fresh Connection*, la empresa Inchainge ha desarrollado otro juego de simulación, llamado *The Cool Connection*, en el que se tratan estos aspectos financieros.

Antes de pasar al siguiente apartado, veamos por un momento otros desafíos relacionados con la complejidad de la cadena de suministro. Al igual que ocurrió con la estrategia y la infraestructura, hay que analizar el papel de los distintos departamentos en relación con ciertos procesos más tácticos y operativos. La matriz de la figura 3.14 puede ayudar a visualizar las ideas sobre quiénes participan directa o indirectamente en los procesos O2C, P2P y D2S.

¿Qué conclusiones se extraen de esta matriz? ¿Qué indica sobre las interdependencias y las complejidades de la alineación? ¿Cuáles son las posibles soluciones para afrontarlo? Anota tus ideas. Te serán muy útiles cuando vuelva a tratarse el tema en el capítulo 10. De momento, habrá que prestar un poco de atención a cuestiones como la información, los sistemas y los aspectos organizativos.

Información, sistemas y aspectos organizativos

La información en el centro de la toma de decisiones: sistemas de ERP

Tras definir la infraestructura física y configurar la planificación y el control, sabremos qué tipo de información se necesitará para planificar los distintos niveles y proceder a la ejecución operativa. Para llevarlo a cabo, deberemos optar por el sistema de tratamiento de datos adecuado. Como se ha mencionado anteriormente, muchas empresas trabajan con sistemas de planificación de recursos empresariales (ERP, por *enterprise resource planning systems)*. Dichos sistemas, al trabajar con estructuras de datos alineadas, permiten que las distintas áreas de la empresa, como ventas, recursos humanos, finanzas, producción y cadena de suministro, trabajen de manera interconectada.

Aunque en este libro no profundizaremos mucho en estas cuestiones, conviene conocer, aunque sea someramente, las diferencias que hay entre los diversos tipos de sistemas:

- *Sistemas de planificación:* también conocidos como sistemas de apoyo a la decisión, modelan diferentes escenarios futuros y proporcionan la información necesaria para decidir de una manera más fundamentada las acciones que se tomarán. En el caso de la cadena de suministro, existen módulos de planificación autónomos dedicados a la planificación y la programación de la producción, el transporte y la planificación de rutas, la previsión y la planificación de la demanda, y el diseño de la red.
- *Sistemas de ejecución:* suelen ser el núcleo de los sistemas ERP. Crean y procesan la información en tiempo real relacionada con los flujos de mercancías y los aspectos administrativos correspondientes. Por lo que respecta a la cadena de suministro, manejarían datos relacionados con los pedidos de la clientela, las órdenes de transporte, las órdenes de producción, los pedidos de compra, etc.
- *Sistemas analíticos o de extracción de datos:* suelen contar con un gran repositorio, conocido como almacén de datos o de negocio, que contiene toda la información sobre transacciones pasadas. Por lo general, están vinculados a sistemas de minado de datos mediante interfaces. Permiten la realización de consultas definidas por la persona usuaria, la visualización de datos y la creación de informes específicos y cuadros de mando con indicadores clave de rendimiento (KPI).

En The Fresh Connection, el sistema de ejecución será atendido por el motor del juego. A la hora de planificar tus procesos, puedes desarrollar tu propia «inteligencia» utilizando herramientas estándar como Microsoft Office, Apple Office o un *software* más avanzado si lo deseas. Como comprobarás ronda tras ronda, esos datos tienen una importancia vital a la hora de tomar decisiones. Volveremos a hablar del asunto en la segunda parte de este libro.

No obstante, antes de pasar al siguiente apartado, conviene hacer un último comentario sobre la información y los sistemas. Nadie pone en duda que, en estos tiempos, la tecnología avanza con enorme rapidez. La transformación digital es un hecho, pero si bien en algunos sectores las expectativas sobre la inteligencia artificial son muy ambiciosas, nadie sabe realmente qué cambiará ni tampoco cómo ni cuándo lo hará.

Aspectos organizativos: el departamento de la cadena de suministro y la dirección de la cadena de suministro

Tras definir la red, la configuración de la planificación y el control, y los sistemas que se pondrán en marcha, habrá que pensar en quién hará qué, qué personas se encargarán de qué tareas, y cuáles serán las funciones y responsabilidades exactas de cada persona involucrada.

Todas las empresas que participan de alguna manera en la creación, transformación y el movimiento de materiales realizan actividades propias de la cadena de suministro. Sin embargo, en la práctica, existen muchos modelos organizativos diferentes para dar forma a estas actividades. Aunque la organización por áreas funcionales parece ser la norma en la mayoría de las empresas, no siempre está claro si la cadena de suministro es un área funcional en sí misma o forma parte de otras áreas.

Algunas empresas tienen departamentos dedicados específicamente a la cadena de suministro; otras, no. Para algunas, la cadena de suministro forma parte del área más amplia de operaciones, para otras son funciones al mismo nivel en el organigrama. En algunas empresas, la cadena de suministro no está representada en el consejo de administración, mientras que, en empresas como Apple y General Motors, las personas con experiencia en la cadena de suministro ya han llegado a la dirección general. En un artículo de *Forbes.com,* Hans Thalbauer, un vicepresidente sénior de SAP, incluso llegó a preguntarse si la persona responsable de la cadena de suministro despeñaba la función más importante de la ejecutiva (Thalbauer, 2016).

Sea como fuere, de momento, habrá que convenir que existen muchos modelos diferentes de organizar la empresa y ninguno parece mejor que otro.

Resumen

Tras examinar los fundamentos de la dimensión empresarial en el capítulo 2, en este capítulo hemos abordado en detalle la dimensión técnica de la cadena de suministro, tomando como punto de partida la estrategia corporativa elegida; la dimensión técnica comprende la infraestructura física, los procesos, los sistemas de información y el modelo organizativo (figura 3.15).

Siguiendo con nuestra exploración de los fundamentos, ha llegado el momento de pasar a la tercera dimensión de la gestión de la cadena de suministro: la dimensión del liderazgo.

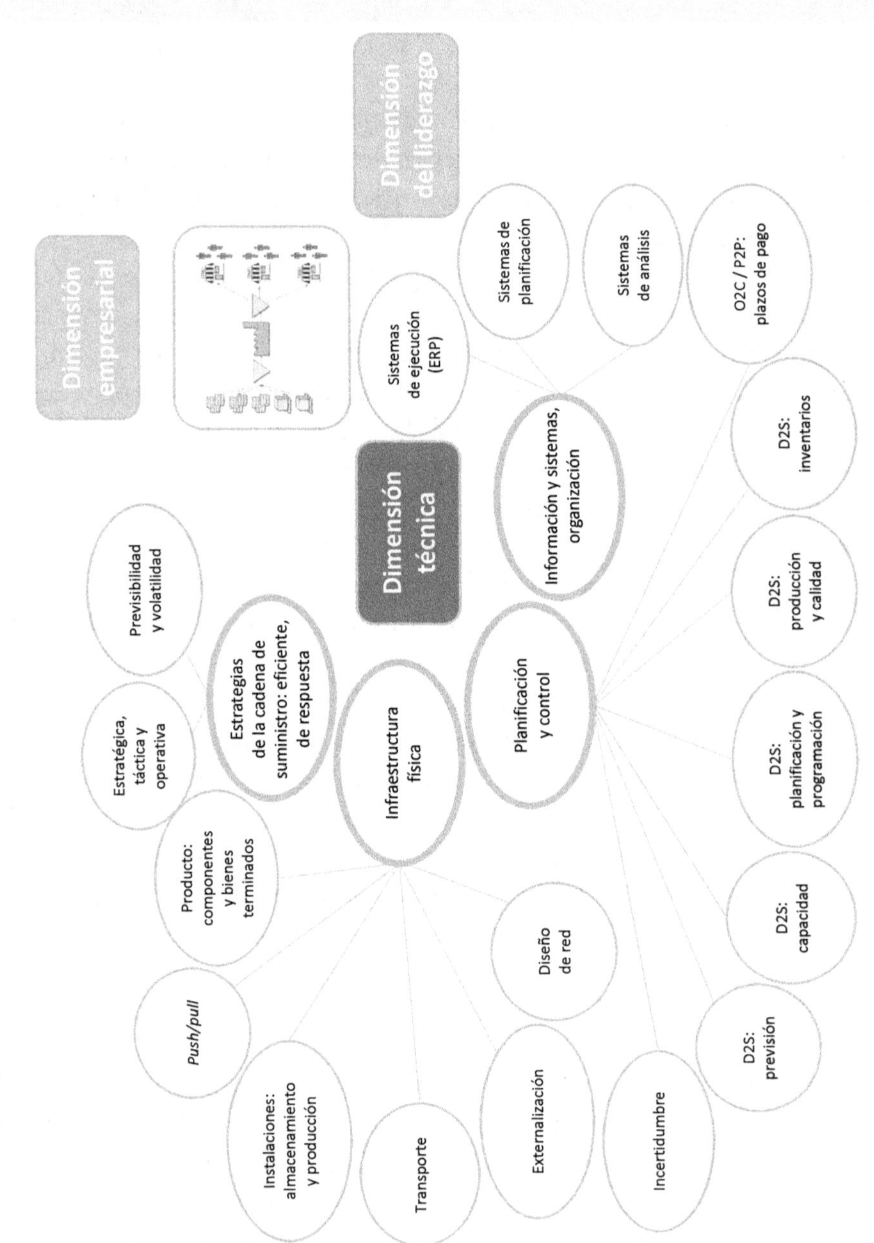

Figura 3.15. Recapitulación de las cuestiones tratadas en el capítulo 3, la dimensión técnica de la cadena de suministro.

4

La dimensión del liderazgo de la cadena de suministro

Después de tratar la dimensión empresarial y la dimensión técnica en los capítulos anteriores, ha llegado el momento de estudiar la última dimensión de la cadena de suministro: la que atañe al liderazgo, especialmente por cuanto se refiere a los siguientes aspectos:

- Gestión del rendimiento y fijación de objetivos.
- Gestión de las partes interesadas, los silos funcionales y la cultura corporativa.
- Confianza y coordinación desde la perspectiva de la colaboración interna y el rendimiento de los equipos.
- Confianza y coordinación desde la perspectiva de la colaboración externa y la transparencia de principio a fin.

Aunque se entienda el papel de la cadena de suministro en la actividad general de una empresa y se hayan elaborado detalladamente todas las cuestiones propias de la dimensión técnica, debe tenerse en cuenta también la dimensión del liderazgo, referida a las personas. Muchos diseños de procesos parecen perfectos hasta que aparecen las personas. Las personas se comportan de acuerdo con sus estados de ánimo, sus opiniones, sus motivaciones, sus antecedentes, sus situaciones familiares o su salud, y a veces se comportan de una manera inesperada que consideramos irracional. La existencia de todo ello plantea un reto adicional a la hora de gestionar las operaciones que integran la cadena de suministro y el liderazgo tiene mucho que decir al respecto.

Poner a la gente en marcha: cómo medir el rendimiento y establecer unos objetivos

Las empresas están formadas por personas y la cadena de suministro no es obviamente una excepción. Dado que, en la mayoría de los casos, las declaraciones de misión y visión de la empresa no bastan para que las personas se muevan en la dirección «acecuada», las empresas establecen ciertas medidas y objetivos de rendimiento para fijar una meta que debe alcanzarse en un plazo determinado. A veces estos objetivos forman parte de los planes anuales individuales y no es raro que también estén relacionados con incentivos, a menudo financieros. Aunque muchos consideran que los indicadores de rendimiento y la fijación de objetivos son más bien un tema técnico —como en el caso de la medición de los resultados del proceso operativo, al que se considera un punto de partida para definir posibles mejoras del proceso—, trataremos estas cuestiones desde el punto de vista del liderazgo.

En mi opinión, la forma de medir el rendimiento y de establecer los objetivos es una decisión de liderazgo. El papel y la importancia que una persona líder otorga a los KPI y a los objetivos definen la manera como trabajará esa persona con su gente; será una parte importante y visible del clima de trabajo que se creará. Depende mucho de ese enfoque directivo que los indicadores de rendimiento constituyan un reto saludable o ejerzan una intensa presión sobre el personal que genera estrés. Este es el caso, en particular, cuando dichos indicadores y objetivos están relacionados con bonificaciones financieras individuales.

Un concepto muy utilizado en el contexto del desarrollo de los KPI es el de *KPI's SMART,* es decir, que los KPI deben elegirse de forma inteligente. Cada letra de la palabra *smart* representa un aspecto específico que debe tenerse en cuenta. Aunque existen diferentes explicaciones de cada letra, las siguientes suelen funcionar bien:

- *S (simple):* el nombre del indicador, así como la fórmula para calcularlo, deben ser claros y comprensibles para las personas usuarias. Si no es así, nadie se fiará del resultado al no estar claros los conceptos subyacentes.
- *M (medible):* debe plasmarse con un número, un porcentaje o un valor (por ejemplo, sí/no). Dado que la mayoría de las cosas pueden medirse de un modo u otro, conviene tener en cuenta el hecho de que también pueda medirse de un modo oportuno y rentable. Si un determinado indicador debe seguirse semanalmente, pero su medición y obtención de resultados

lleva más de dos semanas —bien porque cueste obtener los datos, porque la elaboración de informes requiera mucho trabajo o porque las proveedoras de esos datos tardan en ponerlos a disposición—, entonces quizá deba considerarse otro KPI.

- *A (aceptable):* las personas a las que va dirigido el indicador lo aceptan como representativo de lo que se supone que mide. Si alguien propone medir el rendimiento de la entrega basándose en el número de reclamaciones recibidas por la clientela y otro colega opina que eso sería medir la satisfacción de los clientes y no el rendimiento real de la entrega, el KPI propuesto no sería aceptable para ambos y, por tanto, no sería adecuado, ya que cada vez que se comunicaran nuevos resultados volvería a empezar el debate sobre su validez.
- *R (realista):* significa que el valor objetivo debe estar al alcance. Si no es así, probablemente se pierda motivación en lugar de estimular a las personas a alcanzar el objetivo.
- *T (temporal):* significa que debe haber un plazo de algún tipo, de lo contrario se perderá el interés, o se concluirá en un «no pasa nada, algún día lo alcanzaremos».

Kaplan y Norton (1992) propusieron su concepto de cuadro de mando integral hace ya mucho tiempo. En la actualidad, probablemente porque las condiciones tecnológicas son mejores, se dispone de numerosas versiones orientadas a los KPI. En su mayoría suelen presentar una colección «equilibrada» de KPI que proporcionan una visión multidimensional de su rendimiento. Hablaremos un poco más de esos cuadros de mando cuando abordemos el *software* de visualización de datos en el capítulo 8, así como en el capítulo 9 al aplicar las nociones de liderazgo en la simulación *The Fresh Connection.*

EJERCICIO 4.1
KPI y cuadros de mando

Explora

Busca información sobre los KPI aprovechando los medios que tienes a tu disposición (internet, bibliotecas, libros de texto de cursos, bases de datos, revistas, etc.).

No obstante, debe tenerse muy presente que, al desarrollar cuadros de mando de KPI significativos, hay que distinguir entre los KPI que miden el resultado final deseado y los KPI que miden el camino para llegar al resultado final. Por ejemplo, si quiero perder peso, mi KPI individual para el resultado deseado podría ser mi peso real. El KPI que expresa el camino podría ser el número de pasos que he dado en un período determinado. Obviamente, definir ambos tipos de KPI presupone una buena comprensión de las relaciones de causa y efecto entre los parámetros.

Dado que los indicadores de rendimiento y los objetivos entrarán en juego en la segunda parte, no quiero extenderme demasiado ahora. Con todo, conviene tener claro que la creación de unos KPI y unos objetivos que estimulen la colaboración interna es bastante difícil. Por desgracia, algunos de los objetivos más utilizados, normalmente definidos según el departamento funcional, hacen todo lo contrario. En la segunda parte se tratará con más detenimiento la cuestión.

Tener objetivos puede ser algo muy bueno, pero debe tenerse en cuenta que no garantiza necesariamente grandes resultados y puede tener un impacto significativo en el clima de trabajo. Veamos ahora otros aspectos que también tendrán un impacto en el clima laboral y la toma de decisiones en la empresa.

Gestión de las partes interesadas, silos funcionales y cultura corporativa

Con independencia de que la cadena de suministro disponga de un departamento propio o no, las actividades en este ámbito guardan relación con muchos otros órganos de la empresa. Las decisiones que se toman al respecto suelen afectar al trabajo de otros departamentos y viceversa. En tales circunstancias, es importante buscar el modo de coordinar a todas las partes interesadas. En el capítulo 1, al examinar las definiciones de los términos básicos, se habló de las personas y colectivos implicados directa e indirectamente en la cadena de suministro.

Sin embargo, las estructuras organizativas típicas siguen centrándose en los departamentos funcionales (ventas, finanzas, recursos humanos, etc.). La decisión, sin duda comprensible desde el punto de vista de la especialización, puede acarrear ciertos efectos secundarios. Ashkenas (2015) señala al respecto que «muchas organizaciones siguen teniendo procesos y culturas jerárquicas, aisladas y fragmentadas. De hecho, el hecho de tener que hacer frente a una economía global que cambia rápidamente ha llevado a muchas empresas a crear organizaciones matriciales aún más complejas, en las que resulta más difícil reunir a las personas adecuadas para tomar decisiones rápidas».

Los fuertes silos organizativos refuerzan el sentimiento de *nosotros contra ellos* entre los departamentos, lo que obviamente es una barrera que impide la alineación interfuncional. Ashkenas continúa argumentando que el enfoque de Jack Welch, antiguo director general de General Electric, sigue valiendo: crear foros interfuncionales «que reúnan a las personas de distintos niveles, funciones y geografías para resolver problemas y tomar decisiones en tiempo real». Al parecer, esto ha resultado menos fácil para la mayoría de las empresas de lo que parecía. General Electric empezó a hacerlo en la década de 1990 y es una de las pocas empresas que ha descubierto cómo hacerlo. ¿O es que las demás no lo ven tan importante y ni siquiera lo han intentado?

Sea como fuere, parece que los silos funcionales seguirán existiendo durante algún tiempo y que contar con plataformas y mecanismos interfuncionales más institucionalizados parece todavía bastante lejano en la mayoría de los casos. Todo apunta a que, desde el ámbito de la cadena de suministro, se precisará cada vez más una gestión activa de las partes interesadas interfuncionales. Y para conseguirlo se requiere la presencia de personajes fuertes que no teman las fronteras funcionales, personas que sean empáticas y tengan capacidad de negociación, entre otros rasgos.

Por supuesto, la *cultura corporativa* también entra en la ecuación. Si las personas de una empresa comparten la misma cultura corporativa (fuerte), las fronteras funcionales se vuelven menos relevantes, porque hay otro *nosotros* conjunto que puede ser más fuerte que el *nosotros* de los departamentos. Como afirma Campbell (2011), citando a James L. Heskett, un famoso profesor de Harvard sobre servicios y logística, «la cultura efectiva puede suponer entre el 20 y el 30 % del diferencial de rendimiento corporativo cuando se compara con competidores "culturalmente poco notables"». Sin embargo, la realidad es que no todas las empresas tienen esas culturas «eficaces» y la alineación interfuncional dependerá en esos casos más del talento individual de quien gestione la cadena de suministro.

Confianza y coordinación: colaboración interna y rendimiento de los equipos

Atributos del equipo: lo que parecen tener en común los equipos de éxito

Incluso en aquellos casos en que existe una cultura corporativa eficaz, esto no supone más que una barrera inferior para establecer la comunicación y la alineación en una empresa en general o, a nivel micro, en el equipo que participa en procesos específicos de toma de decisiones. Una investigación reciente realizada por el Instituto de Tecnología de Massachusetts (MIT) y la Universidad Tecnológica de Delft (RSM), basada en el juego de los estudiantes con *The Fresh Connection,* destaca dos aspectos muy interesantes e importantes de las características y el comportamiento de los equipos:

- La confianza entre los miembros del equipo parece tener un impacto significativo en el rendimiento del equipo. Los equipos cuyos miembros muestran una confianza considerable crean un buen ambiente de trabajo que conduce a mejores resultados. La investigación del MIT también indica «la naturaleza frágil de la confianza» y, en el caso de los equipos de trabajo virtuales en que los miembros individuales del equipo se encuentran en lugares físicamente diferentes, se registra una «fuerte mejora después de que [...] se hayan reunido cara a cara». Cabe inferir, pues, que los miembros que no se conocían y que hasta entonces solo se habían comunicado por correo electrónico, teléfono, videoconferencia y similares, comenzaron a trabajar juntos de forma mucho más productiva tras haberse reunido realmente en persona. Según la investigación, el encuentro cara a cara dio un importante impulso a la confianza interpersonal mutua entre los miembros del equipo (Phadnis *et al.*, 2013).
- Los altos niveles de reflexividad también parecen tener un impacto positivo en el rendimiento del equipo. La reflexividad del equipo es la capacidad de un equipo para reaccionar consciente y reflexivamente ante situaciones cambiantes y fluidas y adaptarse en consecuencia (Schippers *et al.*, 2011). Según una investigación realizada en la RSM, esta capacidad beneficia sobre todo a los equipos cuya combinación de miembros tiende a favorecer la búsqueda de «logros y la obtención de resultados positivos, y en los que los individuos están más dispuestos a explorar todos los medios posibles [para] alcanzar los objetivos que desean» (Schippers *et al.*, 2011). Esta situación contrasta con los equipos cuyos miembros, en lugar de centrarse en la obtención de resultados positivos, se esfuerzan sobre todo por evitar los resultados negativos.

¿Qué podemos extraer de esto? Aunque podamos decir que las conclusiones mencionadas pueden entenderse con relativa facilidad desde el punto de vista conceptual, lamentablemente, la confianza y la reflexividad no pueden diseñarse realmente y, desde luego, no pueden imponerse. En un equipo concreto, la confianza debe ganarse, debe desarrollarse a lo largo del tiempo, y lo mismo puede decirse de la reflexividad. Parece que hay muy pocos atajos, si es que hay alguno. ¿De qué dependen estos factores? En los siguientes apartados intentaré arrojar luz sobre algunos.

Carácter y personalidad: composición del equipo, roles del equipo y dinámica del equipo

Antes de continuar, es importante mencionar que la composición de un *equipo* en una empresa, ya sea un equipo formal reunido para un propósito específico o simplemente la mezcla accidental de personas de diferentes departamentos que participan en un proceso de toma de decisiones específico, en la práctica casi nunca es la consecuencia de un análisis exhaustivo de las candidaturas basado en los conocimientos y habilidades técnicas, ni de los rasgos de carácter y mentalidad. En mi experiencia, en la mayoría de los casos, el *equipo* es simplemente la mezcla de personas disponibles en un momento dado.

En primer lugar, está la mezcla de habilidades técnicas y experiencia que las personas aportan, que tiene un impacto en la dinámica que seguirá. La investigación del MIT sobre el rendimiento de los equipos también destaca en este contexto que «la capacidad de los miembros individuales del equipo, es decir, la capacidad de razonamiento analítico y la competencia intelectual general [...] también se atribuyen al rendimiento del equipo» (Phadnis *et al.*, 2013). Sin embargo, hay más dimensiones en juego. Cinco jóvenes relativamente inexpertos que se reúnen con un colega sénior con 20 años de antigüedad pueden generar un ambiente muy diferente al de seis directivos sénior que se reúnen para discutir una decisión importante. Según mi propia experiencia, ni el primer equipo ni el segundo ofrecen garantía de mejores resultados.

Otro factor en juego es el carácter y la personalidad de cada persona. Somos quienes somos y no todos somos iguales. Eso puede funcionar bien si las personalidades son complementarias, pero también puede causar conflictos si las personalidades coinciden en menor medida.

Hay muchos marcos para describir los roles de equipo de un individuo, por ejemplo, el propuesto por Belbin (2010). Al poner en común los roles de equipo de los distintos individuos, se pueden evaluar los puntos fuertes y débiles del equipo en general. Asimismo, está el enfoque de los seis sombreros para pensar desarrollado por De Bono (1999), que también explota el tema de los papeles de equipo. El mensaje clave aquí es que cada equipo, ya sea un equipo formal que trabaja en un proyecto o un equipo informal de colegas que se reúnen para ponerse de acuerdo sobre algunos temas importantes, es una mezcla de personalidades que es hasta cierto punto totalmente aleatoria, e independiente del diseño del proceso. Y esta mezcla de personalidades puede desempeñar un papel importante en el resultado del proceso del equipo. De forma similar, Gattorna (2015) sitúa el conocido marco de los estilos de liderazgo individual de Myers-Briggs en el contexto particular de la gestión de la cadena de suministro.

Etapas de la vida del equipo

Una segunda dimensión que debe tenerse en cuenta está relacionada con el tiempo que el equipo lleva unido y con su evolución como equipo. El famoso marco psicológico de Tuckman (1965), del área de la dinámica de grupos, describe esto como una evolución en cuatro fases: *formación, tormenta, normalización y desempeño,* complementada posteriormente con otra de clausura llamada *aplazamiento, transformación y duelo.* La idea básica que subyace a este marco es que todos los grupos pasan por las mismas fases de desarrollo, desde las caóticas etapas iniciales en las que las personas se conocen, se perfilan y se posicionan dentro del grupo en su conjunto, hasta las etapas en las que el grupo establece sus propias normas internas y formas de trabajar juntos y comienza realmente a actuar. Para poner de relieve este fenómeno, muchos formadores que participan en el juego *The Fresh Connection* prefieren crear equipos mixtos de personas, que preferentemente no han trabajado juntas a menudo.

Motivación

El siguiente aspecto a tener en cuenta es la motivación, en este caso de los individuos del equipo. En cierto modo, empieza por saber si los miembros del equipo han elegido estar en él o no. Si no lo han hecho, pero aun así les gusta el equipo o la actividad, puede que acaben contentos; si no les gusta la tarea o el equipo, esa sensación probablemente influya de manera negativa en su comportamiento y afecte en última instancia al rendimiento del equipo.

Las bibliotecas están llenas de libros que explican muchos más aspectos de la motivación de las personas. Destaquemos algunas dimensiones para crear un poco de conciencia y permitir una reflexión útil sobre el tema más adelante. Un punto de vista interesante es considerar la motivación intrínseca y extrínseca. La motivación intrínseca procede del interior del individuo y representa un impulso para aprender cosas nuevas, conocer gente nueva, afrontar nuevos retos. La motivación extrínseca tiene que ver con las recompensas (positivas) o los castigos (negativos) que otras personas dan al individuo, lo que provoca una motivación externa para hacer determinadas cosas.

Parece que hay muchas pruebas científicas de que la motivación intrínseca es un motor mucho más fuerte para el comportamiento positivo que la motivación extrínseca. Se puede observar fácilmente en las escuelas y universidades: los estudiantes que están allí porque están realmente interesados en aprender algo nuevo y útil y que tienen una mentalidad mucho más positiva que los que están allí principalmente para obtener el diploma o porque sus padres les dijeron que fueran. En las empresas esto no es muy diferente. Algunos miembros del equipo solo están allí porque necesitan un trabajo para pagar las facturas y su jefe les dijo que fueran a la reunión, mientras que otros pueden estar impulsados por motivaciones intrínsecas y vienen con una mentalidad muy positiva, dispuestos a hacer las cosas. Así pues, en cualquier equipo y en cualquier entorno, es posible que una o ambas fuentes de motivación estén más o menos presentes, con el potencial de influir en el rendimiento del equipo.

Comunicación: preguntar, escuchar, utilizar un lenguaje común

Pero hay otra dimensión del rendimiento del equipo, también muy relevante: la comunicación. El riesgo es que este tema se vuelve muy vago. A menudo, oigo decir en entornos empresariales que la comunicación se percibe como insuficiente o ineficaz, pero la mayoría de las veces está mucho menos claro qué puede significar eso exactamente y, lo que es más importante, qué se puede hacer al respecto. Para empezar, una mejor comunicación no significa necesariamente hablar más.

Hay un juego de rol sencillo y directo en la comunicación y la toma de decisiones entre ventas y producción que suelo hacer en las sesiones de formación de mi empresa. Se forman parejas —cada integrante, al tanto de la situación, asume un papel distinto— a las que se envía a una reunión para llegar a un acuerdo para resolver el asunto en cuestión. Evidentemente, el problema puede causar un conflicto entre los dos roles. Después hay una sesión en torno a la actividad en la que se exploran las posibles soluciones que han surgido en la reunión, pero sobre todo en la que se intenta poner el dedo en la llaga sobre los factores clave de éxito para llegar a un acuerdo. He realizado esta actividad muchas veces en sesiones de formación, y casi siempre aparecen los mismos factores como factores clave de éxito, por ejemplo y en orden aleatorio:

- Mantener una escucha activa, dar explicaciones y pedir explicaciones.
- Tener empatía y disposición a escuchar, actitud.
- Mostrar claridad en las expectativas y formas de trabajo.
- Tratar de trabajar basándose en hechos, evitando las opiniones sin fundamento.
- Intentar establecer un *lenguaje común.*
- Voluntad de resolver el problema.
- Contextualizar, explorar alternativas.
- Acudir a la reunión preparado, con los deberes hechos.
- Intentar evitar que las preguntas se consideren una crítica a la persona.
- Crear una atmósfera que permita cuestionar los supuestos.
- Buscar el interés mutuo y prepararse para hacer concesiones.

Me parece muy interesante que esta lista resulte muy similar cada vez que hago esta actividad (y, obviamente, sin que yo presione o imponga ninguna aportación). Aparentemente, la mayoría de las personas, de forma intuitiva o por experiencia personal, conocemos los factores clave de éxito para que estas conversaciones potencialmente conflictivas funcionen, pero también tenemos mucho éxito en no hacerlo bien. Para mí, es otro claro ejemplo de «simple pero no fácil». La mezcla de personas, sus antecedentes, conjuntos de habilidades, caracteres, situaciones personales, motivaciones, directivos, perspectivas de carrera, el estrés de un día en particular, etc., todo juega un papel en hacer que funcione.

Rendimiento global del equipo: tareas y relaciones

El hecho de que la cadena de suministro esté llena de cuestiones potencialmente conflictivas dentro de las distintas áreas funcionales y entre ellas es lo que hace que el liderazgo sea un aspecto tan importante en su desarrollo. Así que, después

---

EJERCICIO 4.2
El rendimiento del equipo

Explora

Profundiza en tu propia experiencia. Piensa en tu trabajo en una empresa o mientras realizabas unas prácticas, una tarea escolar en grupo, practicabas algún deporte o alguna afición en equipo, etc. Al hacerlo, intenta interpretar esos recuerdos a partir de conceptos como los silos funcionales, la cultura corporativa, los roles de equipo, la comunicación, el rendimiento del equipo en términos de tareas y relaciones. ¿De qué manera podrían ser útiles estas observaciones a la hora de empezar a jugar?

---

de todos los párrafos anteriores en los que se hablaba de los elementos del rendimiento del equipo, ahora volvemos a la evaluación de la dimensión del liderazgo: ¿cómo de bien va en nuestro caso?

Para medir los resultados del proceso del equipo y entender cómo ha funcionado el liderazgo, implícita o explícitamente, podemos, por un lado, observar cómo el equipo ha conseguido realmente los resultados y, por otro, cómo ha sido el ambiente del equipo. Podemos utilizar una metodología propuesta por Management Worlds, Inc., que desarrolló cuestionarios para cartografiar dos interesantes dimensiones del rendimiento del equipo: una orientada a las tareas (¿estamos consiguiendo lo propuesto?) y otra orientada a las relaciones (¿estamos bien como equipo?). En cierto modo, en este análisis confluyen todas las dimensiones, como las habilidades técnicas e intelectuales de los individuos, sus caracteres y personalidades y las habilidades sociales, la confianza en el equipo, el grado de reflexividad y las manifestaciones implícitas y explícitas de liderazgo. Estos cuestionarios volverán a aparecer más adelante, en la segunda parte, relacionados con el juego *The Fresh Connection* y aplicados a tu propio equipo.

Confianza y coordinación: colaboración externa y transparencia

Vayamos un paso más allá. Hemos definido la cadena de suministro, incluyendo a otras empresas en las fases anteriores y posteriores. Ahora relacionémosla con otras dos cuestiones: la confianza y la coordinación. Si establecer la confianza y la coordinación dentro de la empresa ya es un reto importante, imaginemos lo que supone conseguirla con actores externos, quienes quizá ni siquiera hayan reparado en si tienen algo en común contigo. En principio, dado que se trata, al fin y al cabo, de relaciones entre personas, los aspectos que se han visto en el apartado anterior también pueden aplicarse en este. Sin embargo, hay una dimensión adicional: las relaciones entre empresas son más formales. Sus representantes no son colegas que dependen de la misma persona y ni las metas ni los objetivos son necesariamente los mismos. Así que, como parte de este capítulo sobre la dimensión del liderazgo en la cadena de suministro, habrá que detenerse de nuevo en la confianza.

Falta de transparencia: efecto látigo

Uno de los fenómenos más conocidos de cuantos afectan a la cadena de suministro se debe, al menos en parte, a la falta de confianza y, por tanto, a la falta de transparencia en la información entre las empresas. Se trata del llamado *efecto látigo*. Si mi cliente no quiere compartir conmigo sus previsiones de demanda futura, no me quedará más remedio que adivinar la situación en la medida de mis posibilidades. Como demuestran las sólidas y extensas investigaciones académicas sobre el efecto látigo, buscaré más seguridad de la estrictamente necesaria. En cada etapa de la cadena de suministro, el efecto se hace más fuerte, lo que lleva a «una inversión excesiva en existencias, un mal servicio al cliente, una pérdida de ingresos, planes de capacidad equivocados, un transporte ineficaz y el incumplimiento de los programas de producción» (Lee *et al.*, 1997).

Fijémonos en la figura 4.1, creada a partir de los resultados de un famoso juego de la cadena de suministro con estudiantes de MBA de una escuela de negocios. En el gráfico, en cada una de las etapas de la cadena de suministro se muestran las cantidades de producto pedidas por la empresa a su proveedora directa semana a semana. Así, el gráfico muestra la cantidad de producto pedida por la tienda semana a semana a su proveedora, que es la mayorista. Se pueden imaginar fácilmente los aspectos negativos que destaca Lee, ya que ¿cómo se pueden acumular existencias en una situación así, si el comportamiento de ese cliente es tan errático e impredecible? ¿Cuánta capacidad operativa en términos de almacenamiento, producción o transporte debe acumular cada etapa de la cadena de suministro? ¿Cuáles son las consecuencias para la eficiencia de los costos y, en última instancia, para los beneficios? ¿Cuáles son las consecuencias

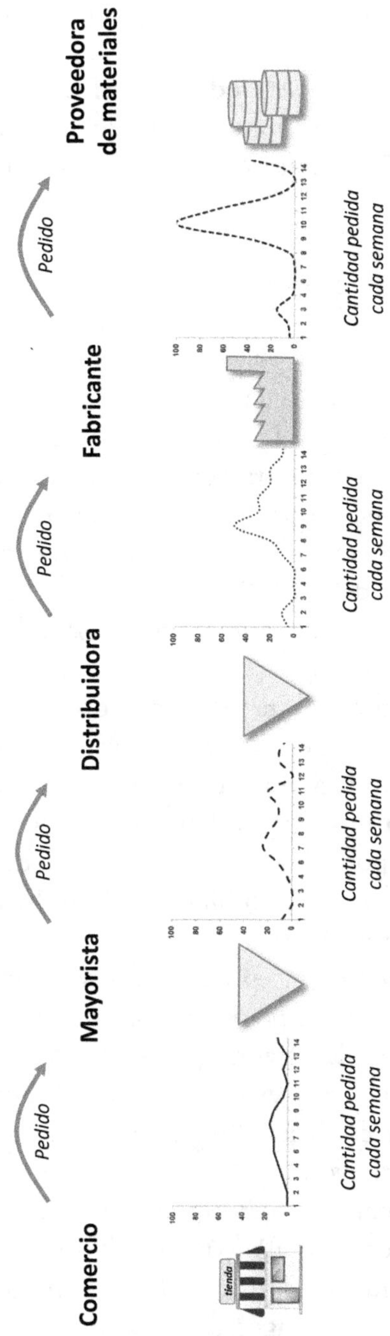

Figura 4.1. **El efecto látigo.** *Fuente:* Observación propia del juego de simulación de cerveza realizado en clase.

para la fiabilidad de la entrega a mi cliente y, en última instancia, su fidelidad hacia mí?

Hay varias causas para que se produzca el efecto látigo, una de ellas claramente relacionada con la mencionada falta de transparencia entre empresas proveedoras y clientela. Volveremos sobre el tema en la tercera parte.

El inventario gestionado por la proveedora: ¿una posible solución a la falta de transparencia?

Por ahora, tomemos el concepto de inventario gestionado por la empresa proveedora o VMI (por *vendor managed inventory*) como ejemplo para establecer o mejorar la transparencia de la información entre proveedoras y clientela. Existe desde hace tiempo y puede considerarse una de las posibles soluciones (parciales) para reducir el impacto del efecto látigo. En el centro del concepto está el cambio de responsabilidad del cliente que pide el producto a su proveedora a que esta se responsabilice de mantener un *stock* suficiente en el almacén del cliente.

Para ello, la empresa proveedora necesita información fiable sobre los niveles de existencias en el almacén del cliente y el nivel de ventas realizadas por este. Lo ideal es que esta información se complemente con una previsión de ventas del cliente. Con ello, la proveedora debería disponer de toda la información necesaria para poder reponer «proactivamente» las existencias en el almacén del cliente y garantizar así la disponibilidad del producto dentro de la gama de cantidades acordada (figura 4.2).

Desde un punto de vista conceptual, iniciativas como el VMI son bastante sencillas. Pero resulta que este tipo de proyectos, aparte del aspecto técnico del diseño de procesos, la implantación y conexión de sistemas, la definición de funciones y responsabilidades y el ajuste de parámetros, requieren en realidad una importante dosis de confianza, sobre todo si la iniciativa es sugerida e impulsada por la empresa proveedora.

¿Por qué iba a compartir información −casi siempre confidencial− sobre las ventas con mi proveedora? ¿Por qué tendría que saber en tiempo real lo que se vende bien y lo que no? ¿Por qué iba a compartir mis libros de registro y decirles cuánto inventario tengo? ¿Cómo me aseguraría de que no sobreabastecieran mi almacén, solo por facilitarles las cosas? ¿Cómo se trataría la introducción de nuevos productos? ¿Y por qué mi proveedora podría hacer

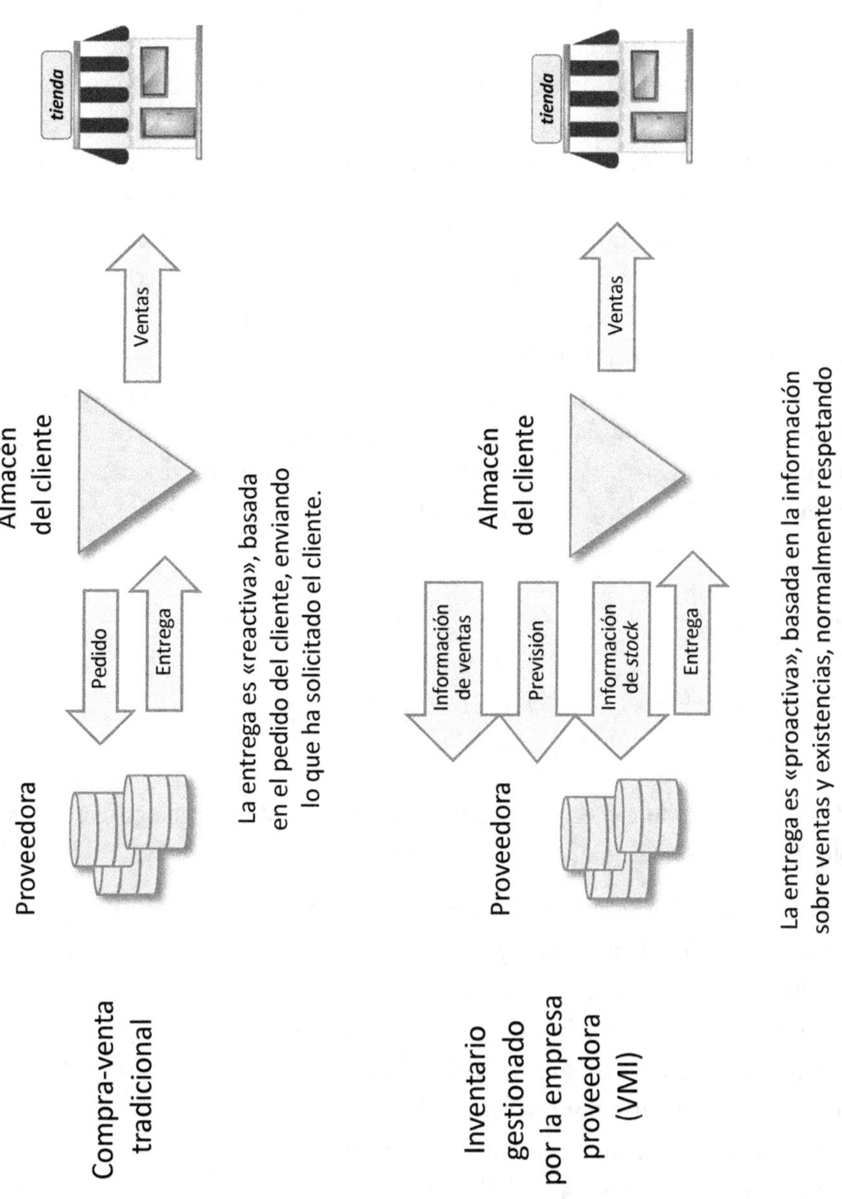

Figura 4.2. El VMI, comparado con los sistemas tradicionales basados en pedidos.

un mejor trabajo de previsión y reposición que mi propia empresa? ¿No soy yo quien conoce a fondo mis productos y ventas? Y además, aunque todo esto funcionara bien, con cuántas proveedoras podría hacerlo en paralelo: mis recursos son limitados, ¿no?

Aunque la mayoría de las personas responsables de una cadena de suministro entendería intuitivamente que la confianza mutua que conduce a una comunicación más abierta entre las empresas permitiría mejorar el rendimiento y reducir el efecto látigo, a través de soluciones como el VMI, aparentemente esto es un poco más difícil en la práctica de lo que el propio concepto sugiere. Por desgracia, también en el contexto de la colaboración externa, la confianza mutua no puede imponerse; requiere mucho tiempo y esfuerzo para establecerla, pero sobre todo una predisposición positiva para empezar.

Un amigo mío trabaja en una conocida multinacional y me contó que recientemente su empresa había ganado un premio del sector por la innovación en la cadena de suministro. Parte del proyecto consistía en establecer una integración previa con clientela clave, incluida la integración de procesos y sistemas.

EJERCICIO 4.3
Inventario gestionado por la empresa proveedora o VMI

Explora

¿Qué factores clave de éxito para la implantación del VMI se te ocurren? Por ejemplo, piensa en las siguientes cuestiones:

- Características del producto: tamaño, peso, embalaje.
- Cartera de productos: cantidad y diversidad de números de referencia únicos. Volúmenes y patrones de venta.
- Tamaño de la proveedora frente al tamaño del cliente.
- Importancia de la proveedora para el cliente.
- Importancia del cliente para la proveedora.
- Sofisticación de los sistemas de la proveedora.
- Sofisticación de los sistemas del cliente.

¿En qué situaciones es más probable que el VMI funcione bien? ¿Y cómo encaja el liderazgo en la ecuación?

Cuando le pregunté con cuántos clientes habían tenido éxito hasta el momento y cuánto tiempo les había llevado, resultó que habían conseguido poner en marcha la implantación del cliente número 4 después de unos 18 meses en el proyecto. Y ninguno de los tres clientes anteriores podía considerarse realmente una «implantación terminada» todavía. El cambio es realmente lento. Y, por cierto, un buen número de sus clientes había rechazado, de forma amistosa pero firme, la invitación a participar.

En resumen, los beneficios de estos cambios son a veces fáciles de ver a nivel conceptual, pero requieren mucha visión, persistencia y liderazgo para llevarlos a cabo. En ese sentido, muchos elementos del ejemplo del VMI pueden extrapolarse a cualquier proyecto de colaboración que traspase las fronteras entre empresas. Esto también se relaciona con el tema de la segmentación de proveedoras y, en particular, con la colaboración con proveedoras estratégicas, tal y como se analiza en el capítulo 3.

El papel del liderazgo en la cadena de suministro

Como los temas del capítulo han ilustrado hasta ahora, hacer que las cosas sucedan en la cadena de suministro no es una tarea fácil. La complejidad técnica puede ser bastante abrumadora, pero luego, conseguir que todas las personas implicadas, tanto internas como externas, se sumen al proyecto supone un reto adicional. Por eso es necesario el liderazgo.

El concepto de «persona tipo T» *(gestor T)* fue supuestamente acuñado por primera vez por David Guest (1991), posiblemente a partir de ciertos principios aplicados en su momento por McKinsey and Company, y que han sido muy promovidos desde entonces por la famosa firma de diseño IDEO, la empresa que está detrás de gran parte de la escuela de «pensamiento de diseño». La idea central del gestor T es el de una persona que combina las ventajas de un conocimiento profundo (técnico) y la capacidad de resolver problemas en un área funcional o de negocio concreta con una amplia capacidad de comunicación en diferentes áreas, dentro o entre empresas.

Curiosamente, en un artículo de la *Harvard Business Review,* Hansen y Von Oetinger (2001) ofrecen una interpretación ligeramente diferente, y en mi opinión compatible, del gestor T. Para ellos, no se trata tanto de la mezcla de profundas habilidades funcionales y amplias habilidades transversales, sino de la mezcla de moverse y difundir el conocimiento y la experiencia verticalmente dentro de una unidad de la empresa, y hacer lo mismo horizontalmente entre las unidades de la empresa, un concepto que puede ampliarse a lugares fuera de la empresa para alcanzar más la forma de operar de extremo a extremo de la cadena de suministro. En otras palabras, se centran un poco más en el comportamiento que en las competencias puras. Desde mi punto de vista, ambos puntos de vista son muy relevantes para la naturaleza y el carácter de lo que ocurre en la cadena de suministro de extremo a extremo.

Christopher (2016) sitúa la forma de T en el contexto de la cadena de suministro desde una perspectiva de muy alto nivel, y la empresa de contratación de la cadena de suministro Inspired-Search ha llevado el concepto del gestor T un gran paso más allá y ha creado realmente una versión detallada específica de la cadena de suministro (figura 4.3). Este ha sido el punto de partida de una serie de artículos de blog que escribí en 2013 titulados *The supply chain manager's daily decathlon,* que se publicaron en la web de la revista SupplyChainMovement.com.

La idea central del blog era utilizar una serie de juegos bien conocidos y algunos inventados por ellos mismos que requerían habilidades muy diferentes para crear un decatlón de la cadena de suministro, aludiendo al hecho de que «dada la diversidad de los retos de su trabajo, los gestores de la cadena de suministro tienen que ser personas versátiles y con múltiples habilidades, camaleónicas en cierto modo. Un poco como el atleta de decatlón, tienen que rendir bien en muchas disciplinas diferentes, no necesariamente los mejores en cada una, pero lo suficientemente buenos para tener una buena oportunidad de convertirse en el número 1 general del torneo» (Weenk, 2013b). Los juegos y el conjunto de habilidades que se trataron fueron los siguientes:

- *SimCity™:* pensamiento holístico, visión de conjunto, perspectiva.
- *Mighty Materials Monopoly:* sentido de los negocios, experiencia financiera.
- *Rush Hour®:* pensamiento lógico, resolución de problemas, objetivos.
- *Power Pit-Stop Project:* análisis, habilidades técnicas, gestión de proyectos.
- *World of Warcraft®:* negociación, resistencia al estrés y a la incertidumbre.
- *High-hope Tightrope:* sensibilidad de compensación, equilibrio de objetivos.
- *Dragons' Den:* presentación relámpago, verbalizar y visualizar.
- *Diplomacy®:* construcción de alianzas, sensibilidad política.
- *Who are you?:* sensibilidad para las personas, creación de ambiente.
- *Mega Marathon:* resistencia, mientras se disfruta del viaje.

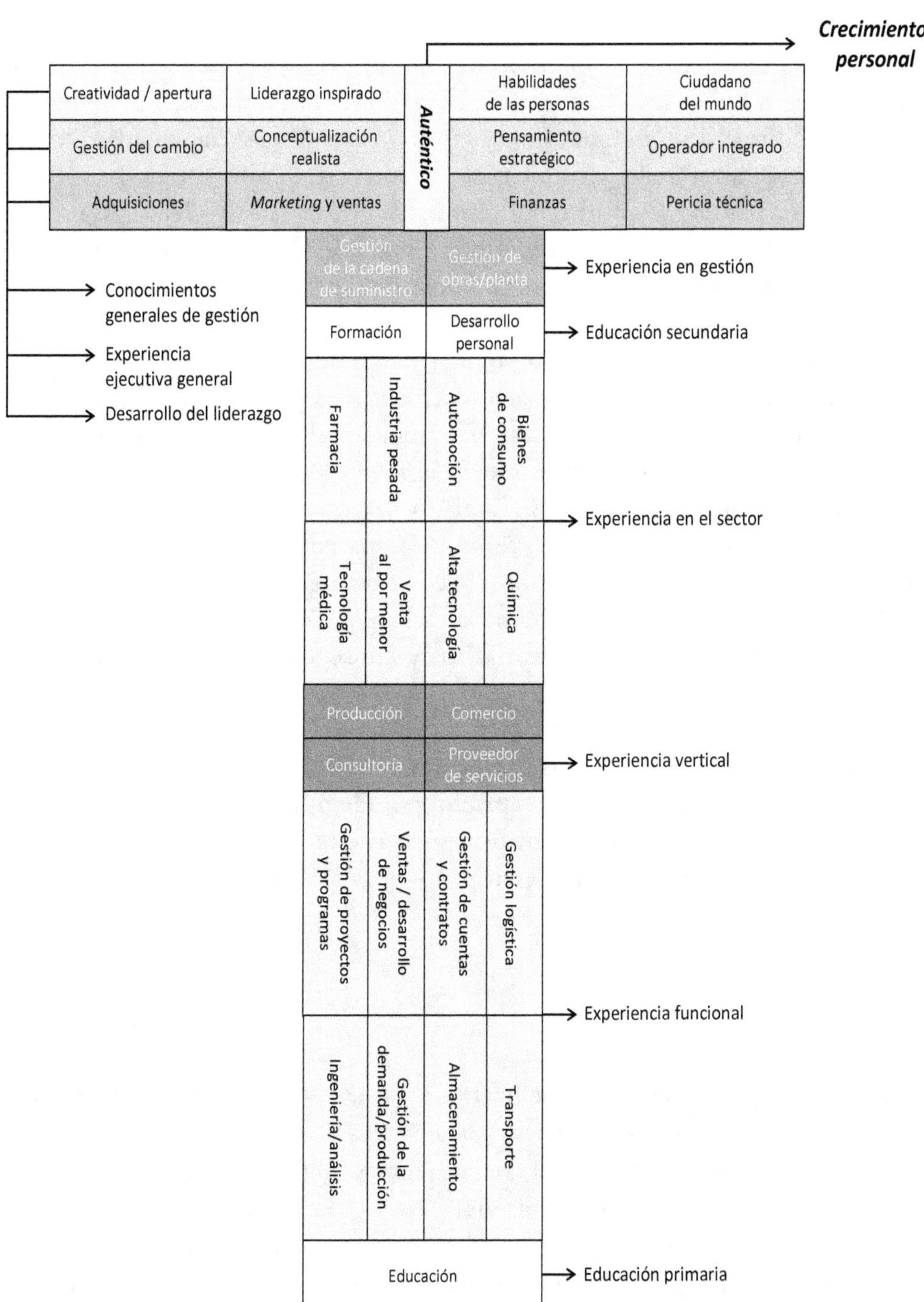

Figura 4.3. **El gestor T y la cadena de suministro.** *Fuente:* © Inspired-Search.

Aunque no está escrito desde la perspectiva que se utiliza en este libro, de las habilidades que se mencionan en el blog como necesarias para tener éxito en los diez juegos diferentes del decatlón, al menos la mitad pueden considerarse parte de la dimensión de liderazgo, y las otras están más relacionadas con las dimensiones empresariales y técnicas de la cadena de suministro.

Para terminar este capítulo, me gustaría volver a Jack Welch, antiguo director general de General Electric durante muchos años. Hay un vídeo maravilloso en el que habla sobre el rol de liderazgo, centrándose especialmente en los aspectos relacionados con las personas de ese rol. Según Welch, hay cuatro ángulos vitales en el liderazgo. Como líder tienes que ser la persona *responsable de sentido (chief meaning officer):* debes explicar a la gente adónde quieres ir y dejar bien claro lo que conseguirá si se te unen en el viaje. Además, tienes que ser *responsable de la escoba (chief broom officer),* deshaciéndote del desorden organizativo, eliminando los silos. También hay que ser *responsable de la generosidad (chief generosity officer),* disfrutando de los éxitos de los compañeros, sin centrarse en uno mismo. Por último, Welch distingue el rol de *responsable de la diversión (chief fun officer),* celebrando las pequeñas victorias con el equipo y convirtiéndolas en grandes victorias, para conseguir divertirse en el trabajo cada día (JWMI, 2015).

Enlazando de nuevo con el principio central del ciclo de aprendizaje de la experiencia, te invito a que hagas un seguimiento de la forma en que aplicas las habilidades mencionadas en este capítulo, por ejemplo, durante el juego. Esto te ayudará, en primer lugar, a identificar su aparición y su importancia, además de permitirte evaluar tu propio desempeño en cada una.

Resumen

Los temas de la medición del rendimiento, la gestión de las partes interesadas y la cultura corporativa, las funciones y la dinámica de los equipos, y la confianza y la coordinación nos llevan al final de la tercera dimensión de la cadena de suministro, la dimensión del liderazgo (figura 4.4). En el próximo capítulo, terminaremos nuestro viaje de exploración de los fundamentos y examinaremos la complejidad general de la gestión de las dimensiones empresarial, técnica y de liderazgo de la cadena de suministro, todas a la vez.

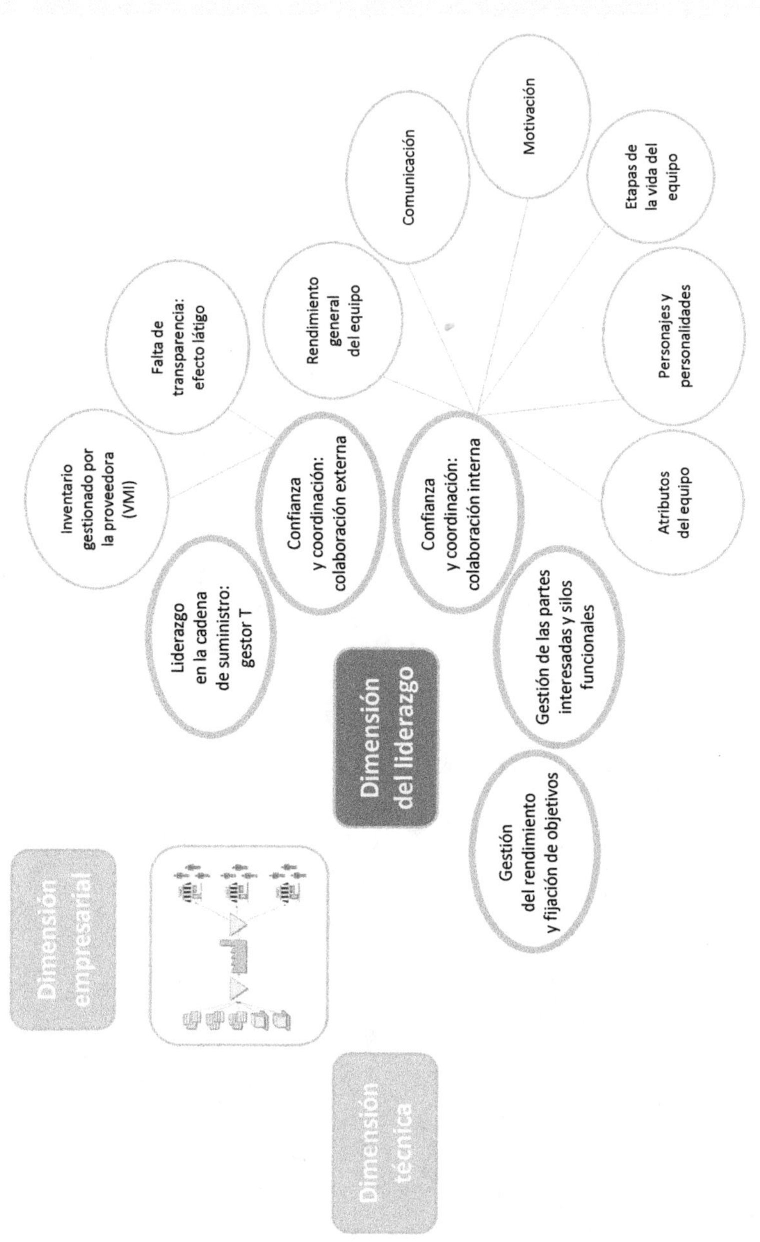

Figura 4.4. Recapitulación de las cuestiones tratadas en el capítulo 4, la dimensión de liderazgo de la cadena de suministro.

5

Sencillo, pero no fácil (2). Complejidad y alineamiento

En este último capítulo de la primera parte se harán algunas observaciones finales sobre la complejidad de la cadena de suministro cuando se combinan la dimensión empresarial con la técnica y la vinculada al liderazgo, y se destacarán dos claves para hacer frente a esta complejidad:

- El arte de hacer concesiones.
- El proceso de planificación de ventas y operaciones (S&OP).

Estos dos temas, además de los capítulos anteriores, deberían ponerte en una buena posición para iniciar el juego que se desarrollará en la segunda parte.

Complejidad

Espero que a estas alturas te hayas dado cuenta de que los conceptos más relevantes para la gestión de la cadena de suministro son relativamente sencillos. Se comprenden bien (al menos, en abstracto). Sin embargo, sería un gran error pensar que la gestión no presenta dificultades. Todo lo contrario: es enormemente compleja, tanto desde un punto de vista estratégico y holístico como desde un punto de vista operativo:

- El *gran número* de elementos que componen la gestión de la cadena de suministro dificulta que se tenga una visión completa en todo momento.

- Las *interdependencias* entre los distintos elementos hacen que cueste comprender el impacto que las decisiones de una parte tendrán en las demás. La cadena de suministro es un sistema complejo de procesos, personas, empresas, etc.
- La *objetividad* no siempre es tan sencilla. Aunque se pueden calcular y analizar muchas cosas, hay mucho espacio, y necesidad, para opinar, debatir, convencer, poniendo otra capa de complejidad sobre los puntos anteriores.
- Además, hay que añadir la *incertidumbre* a la ecuación: incertidumbre sobre la oferta, incertidumbre sobre la demanda, incertidumbre sobre el rendimiento operativo, incertidumbre sobre lo que hará la competencia, incertidumbre sobre el ritmo y el contenido de los avances tecnológicos, incertidumbre sobre lo que ocurrirá en las empresas y en la sociedad. Y una larga lista de etcéteras. Más complejidad a tener en cuenta.

Todo lo anterior, y probablemente algo más, está en juego al mismo tiempo. Y, para mí, esto es precisamente lo que hace que la cadena de suministro sea un área tan fascinante. La cadena de suministro es compleja y requiere que se alineen muchas dimensiones:

- Entre el corto y el largo plazo.
- Entre lo estratégico y lo operativo.
- Entre la ejecución de la cadena de suministro y los resultados finales.
- Entre la visión general y los detalles.
- Entre los pros y los contras.
- Entre lo interno y lo externo.
- Entre los hechos, las suposiciones y las opiniones.
- Y, en última instancia, entre la demanda y la oferta.

Antes de pasar a la segunda parte, tenemos que ver dos cuestiones muy importantes absolutamente imprescindibles a la hora de tratar la cadena de suministro en toda su complejidad, y sin pasar por alto los retos de alineación que implica. Solo de ese modo podrán tomarse decisiones de una manera efectiva, que permita el avance de la empresa. Esas dos cuestiones son las compensaciones *(trade-offs)* y la planificación de ventas y operaciones *(sales and operations planning,* S&OP).

Compensaciones: no se puede tener todo

Muchas de las decisiones que deben tomarse en el ámbito de la cadena de suministro presentan numerosas facetas. En todo momento hay que ser consciente de las interdependencias que se dan entre las diversas áreas y funciones. La mayoría de las decisiones presentan pros y contras. No existe una solución perfecta que satisfaga a todas las dimensiones ni a todas las partes interesadas. En la mayoría de los casos habrá que buscar algún modo de compensación que asegure un equilibrio aceptable entre los distintos parámetros, opciones e intereses.

Algunas de esas compensaciones pueden abordarse desde una misma área de decisión, como el transporte o el almacenamiento. Otras, en cambio, afectan a varias funciones a la vez. Una modificación en la organización del transporte podría afectar a la gestión del almacenamiento o al servicio que se brinda al cliente, por ejemplo. Algunos elementos de la ecuación pueden cuantificarse y otros quizá no tanto. No todos los argumentos a favor o en contra pueden sumarse de manera directa.

Por si fuera poco, a menudo la información que respalda la decisión no será completa al cien por cien y habrá que valerse de conjeturas. Si añadimos la dimensión humana y un poco de presión de tiempo porque el consejo de dirección de la empresa nos apremia, queda claro que una buena toma de decisiones requiere una visión holística, perseverancia, claridad y mucho pragmatismo.

Las compensaciones requieren un considerable grado de sensibilidad para prever el impacto que tendrá el cambio propuesto. No en vano, es una de las habilidades que deben ejercitarse a diario en el mundo de la empresa, como ya se vio en el capítulo anterior. Además, habrá que desarrollar un enfoque pragmático sobre cómo tratar estas compensaciones en la práctica.

En primer lugar, echemos un vistazo a una opinión muy extendida sobre los elementos que entran en juego en las compensaciones de la cadena de suministro, que es en cierto modo similar al famoso *triángulo de hierro* de la gestión de proyectos: costo frente a tiempo frente a calidad. Si en un proyecto diseñado a partir de unos supuestos razonables debiesen tomarse ciertas medidas para acelerar la entrega final del proyecto —imaginemos que el cliente ha cambiado de opinión y quiere los resultados antes de lo acordado—, es muy posible que se altere el presupuesto previamente estimado o la calidad real de los productos y servicios que deban entregarse. Del mismo modo, en la cadena de suministro podríamos traducir esto a un compromiso entre las dimensiones *rápido, bueno y barato*. La mayoría de los manuales dedicados a la cadena de suministro hablan del clásico compromiso entre el servicio prometido a la clientela, los costos operativos y los inventarios necesarios (figura 5.1).

En consonancia con la creciente atención que se presta a los aspectos financieros de la cadena de suministro, y que ya vimos en el capítulo 2, cada vez se tiene más en cuenta el impacto en el capital circulante o incluso en el capital total empleado, lo que nos acerca al indicador de rendimiento de la inversión. Lo bueno y lo rápido tendrían un impacto en los ingresos y el costo, obviamente, en los gastos, con el costo global soportado por el capital circulante. Conviene familiarizarse con estos elementos a la hora de pensar en qué decidirse para desarrollar la sensibilidad necesaria al sopesar los pros y los contras.

En segundo lugar, una visión holística del problema nos obligará a adoptar un enfoque eminentemente pragmático en el que deberemos seguir los pasos que se indican a continuación:

- Enumerar los pros y los contras de las posibles consecuencias.
- Cuantificar los pros y los contras en la medida de lo posible.
- Especificar en todo momento los argumentos sobre los que se basan nuestras conjeturas y, si estas son lo bastante sólidas, desarrollar los posibles escenarios.

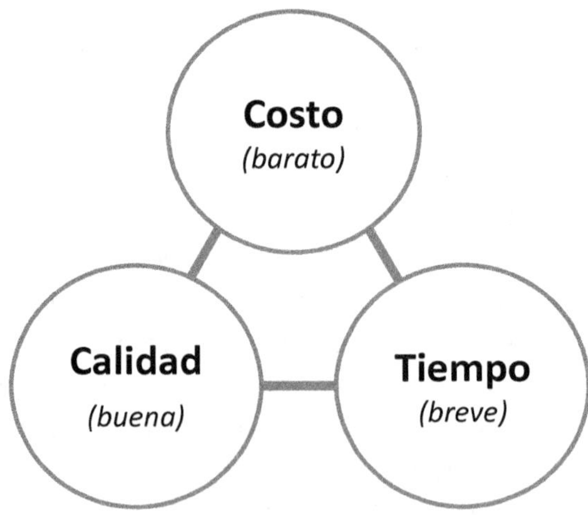

Figura 5.1. Las compensaciones clásicas en la cadena de suministro: mejor, más rápido y más barato.

- Realizar descripciones cualitativas de aquellas partes que no puedan cuantificarse razonablemente en el plazo dado o de acuerdo con los datos disponibles.
- Asegurarse de que queda claro cómo se pasaría de la situación actual a la futura.

En todo momento hay que atenerse a los datos disponibles, sobre todo a la hora de buscar argumentos convincentes con los que apoyar nuestras decisiones y defenderlas ante otros miembros de la empresa. La estrategia corporativa elegida debe guiarte a la hora de tomar la decisión final y formular el argumento: las decisiones deben ser coherentes con la estrategia global.

En la segunda y la tercera parte, verás muchos ejemplos de compensaciones. Retomaremos los casos de empresa en el capítulo 10.

Alineamiento interfuncional: S&OP e IBP

Al igual que ocurre con las compensaciones, cualquier decisión que afecte a la cadena de suministro debe tener en cuenta las dimensiones empresarial, técnica y de liderazgo, así como una fuerte alineación entre las diversas áreas funcionales de la empresa. Piensa de nuevo en las reflexiones que hiciste cuando trabajaste con los diagramas de las figuras 3.9 y 3.14, en las que observaste respectivamente las interdependencias entre los diferentes departamentos funcionales en relación con la definición de la estrategia de la cadena de suministro y la infraestructura, y las interdependencias en relación con los subprocesos de los procesos generales O2C, P2P y D2S. Juntemos ahora esas dos visiones para formarnos otra más clara que dé cuenta de las complejidades que conlleva la toma de decisiones y los retos que supone la alineación de los departamentos funcionales.

De hecho, el proceso de S&OP nació y se ha desarrollado para dar respuesta precisamente a esos retos. Algunos hablan también de la planificación empresarial integrada (IBP, por *integrated business planning*), que lleva los presupuestos iniciales de la S&OP al siguiente nivel de sofisticación. En internet pueden encontrarse otros modelos de S&OP más maduros, como el que desarrolló la consultora Gartner, uno de los más conocidos. Según Tom Wallace, uno de los principales responsables del importante desarrollo inicial de S&OP, «la planificación de ventas y operaciones (S&OP) es un conjunto de procesos de toma de decisiones para equilibrar la demanda y la oferta, para integrar la planificación financiera y la planificación operativa, y para proporcionar un foro para establecer y vincular los planes estratégicos de alto nivel con las operaciones diarias» (Wallace, 2009).

Hoy en día, la S&OP tiene una gran relevancia para las empresas más importantes del planeta, aunque muchas siguen luchando por hacerlo bien. Quizá resulte sorprendente de buenas a primeras, ya que los pasos del proceso no son realmente tan complicados (figura 5.2), pero se comprenderá mejor esa dificultad si se tiene en cuenta su impacto en la cadena de suministro.

En la segunda parte, al jugar a *The Fresh Connection,* tendrás que desarrollar tu propio proceso S&OP y experimentar todas las complejidades.

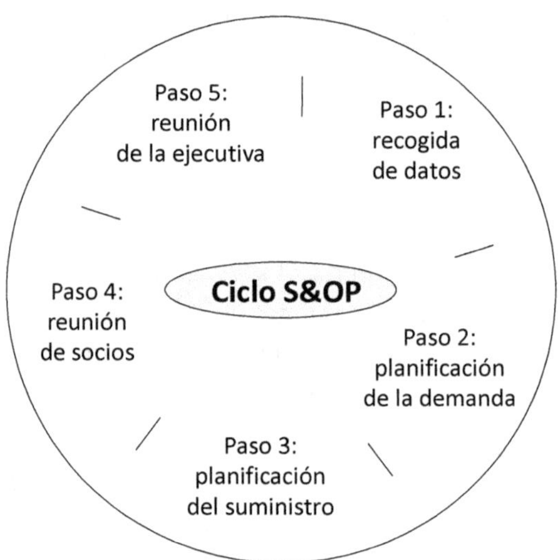

Figura 5.2. Proceso S&OP: secuencia de pasos mensuales.
Fuente: Stahl (2009) y Dougherty y Gray (2006).

EJERCICIO 5.1
S&OP e IBP

Explora

Utilizando los medios que tienes a tu disposición (internet, bibliotecas, bases de datos, revistas, etc.), busca información sobre la S&OP y planificación empresarial integrada (IBP). Elabora un resumen para cada proceso.

Resumen

Con la complejidad, las compensaciones *(trade-offs)* y la planificación de ventas y operaciones (S&OP) terminamos nuestro estudio de los conceptos fundamentales sobre los que se desarrolla la gestión de la cadena de suministro. La primera parte ha llegado a su fin. A modo de recapitulación, en la figura 5.3 puedes ver un resumen de los conceptos que se han tratado hasta ahora. Aparecerán de nuevo en la segunda y la tercera parte, ya en relación con el juego *The Fresh Connection.*

De nuevo, hay que lidiar con muchas cuestiones que, si bien no parecen difíciles, requieren bastante mano izquierda a la hora de trabajar con ellas al mismo tiempo. Como he subrayado en varias ocasiones, la tarea es simple, pero no sencilla. Y esa es precisamente la parte divertida. Tras explorar los conceptos fundamentales, veremos cómo gestionarlos satisfactoriamente.

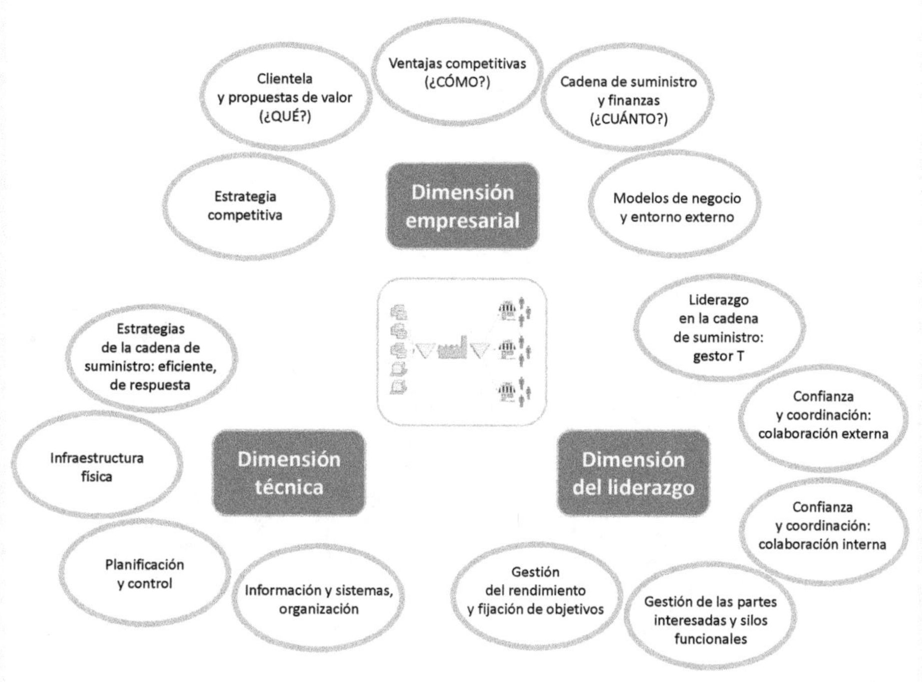

Figura 5.3. **Las tres dimensiones de la gestión de la cadena de suministro.**

SEGUNDA PARTE

Gestionar los fundamentos

Después de explorar los fundamentos en la primera parte, en esta nos centraremos en su aplicación práctica para dominarlos realmente. La simulación empresarial *The Fresh Connection* se convertirá en el vehículo principal. La configuración básica presenta un entorno relativamente estable en el que tomar una amplia variedad de decisiones básicas relacionadas con la cadena de suministro con el fin de que esta funcione sin problemas y la empresa sea rentable. Al ejecutar la simulación, se establecerá un vínculo claro y visible entre causa y efecto, entre decisiones y resultados. De este modo, se obtendrá una experiencia de primera mano gracias al análisis de datos reales procedentes de diferentes áreas de la empresa y se aprenderá a tomar las decisiones correctas. Así, los ejercicios de esta sección se estructuran en dos pasos: *analizar y decidir*. Cada capítulo, además, termina con una reflexión final que cierra el ciclo de aprendizaje.

Al igual que en la parte precedente, las tres dimensiones de la cadena de suministro (técnica, empresarial y de liderazgo) se tratarán en otros tantos capítulos independientes.

6

Pongamos nuestros conocimientos en acción con una simulación de la cadena de suministro. ¡Que empiece el juego!

En la primera parte, nos hemos centrado en presentar una visión panorámica de los principales marcos, teorías y conceptos en relación con cada una de las tres dimensiones de la cadena de suministro: la dimensión empresarial, la dimensión técnica y la dimensión de liderazgo. En esta segunda parte, nos centraremos en su aplicación práctica mediante el juego de simulación empresarial *The Fresh Connection*. Al tratarlo como un estudio de caso interactivo, conoceremos de primera mano el grado de complejidad que entraña la gestión de la cadena de suministro. En este capítulo veremos en qué consiste este juego de simulación y en qué situación se encuentra la empresa protagonista, además de ofrecer un análisis exhaustivo del punto de partida y el plan de acción que se pondrá en práctica en la primera ronda.

El juego de simulación empresarial *The Fresh Connection*

The Fresh Connection nació gracias a la iniciativa de la empresa neerlandesa Inchainge. Cuando lo lanzó en 2008, ya contaba con una larga trayectoria en la creación de diversos juegos de mesa con los que desarrolla sus actividades de formación y consultoría.

Sin embargo, *The Fresh Connection* es muy distinto de sus productos anteriores: su aparición representó un enorme salto cuantitativo.

El juego gira en torno a una empresa dedicada a la producción de zumos de fruta fresca que se encuentra en pérdidas. Con sede en alguna ciudad del noroeste de Europa –los Países Bajos, tal vez–, The Fresh Connection, pues así se denomina la compañía, debe recuperar la rentabilidad tomando decisiones estratégicas y tácticas a lo largo de varias rondas de juego, cada una de las cuales representa seis meses de vida.

El atractivo de este tipo de juegos de simulación empresarial radica en que los estudiantes pueden jugar en un entorno ameno, competitivo, sin riesgos, pero realista y experimentar la relación directa que se da entre causa y efecto, entre decisiones y resultados.

A diferencia de otros juegos de simulación empresarial, *The Fresh Connection* se centra claramente en la cadena de valor y el flujo de materiales, desde la proveedora hasta el cliente. Además, al repartir la toma de decisiones en las áreas de ventas, compras, producción y cadena de suministro, cada una en manos de un miembro del equipo, la experiencia se acerca mucho a lo que sucede en la actividad cotidiana en una empresa, donde la división funcional de las responsabilidades es la norma y no la excepción.

Sin embargo, más allá de la toma de decisiones puramente funcional, el juego plantea la necesidad de encontrar mecanismos eficaces y eficientes que garanticen un *alineamiento* interfuncional. Si añadimos a todo esto la presión del tiempo, tendremos todos los ingredientes necesarios para una maravillosa experiencia de aprendizaje.

The Fresh Connection permite una configuración personalizada gracias a su estructura modular. Cada módulo pone el énfasis en un aspecto o en una cuestión particular. El juego suele comenzar con un nivel de complejidad ligeramente inferior al principio de la partida (ronda 1) y este aumenta de manera progresiva a medida que avanza en las siguientes.

En un entorno académico, la persona encargada del curso debería elegir la configuración que considerase más oportuna, ajustada a los contenidos y los objetivos de aprendizaje.

Los puntos clave que deben tenerse en cuenta son los siguientes:

- The Fresh Connection es una empresa de zumos en pérdidas.
- El juego se realiza en equipos. Cada miembro desempeña una función distinta.

- El juego se desarrollará en rondas dedicadas a la toma de decisiones. Cada una equivale a seis meses de la vida de la empresa.
- La configuración del juego, los tiempos y demás elementos, los decidirá el equipo docente.

En el resto de este capítulo realizaremos las tareas siguientes:

- Explorar la simulación.
- Analizar la situación inicial de la empresa.
- Desarrollar un plan de acción para la primera ronda de juego.

Debe tenerse en cuenta que la segunda parte, y en menor medida la tercera, se basa en una configuración de juego similar a la que se elige en la mayoría de las escuelas y universidades que lo ponen en práctica. Dicha configuración, además de establecer el grado de complejidad, determina el número de entidades que participan, así como sus respectivos nombres. Cabe la posibilidad de que la configuración usada en algún entorno profesional sea distinta a la que se encontrará en el libro. No hay nada de qué preocuparse: los temas, los ejercicios y las reflexiones son igualmente válidos y aplicables.

El equipo SuperJuice

Con ese nombre se hace llamar un grupo de estudiantes que se han embarcado en la misma experiencia que tú. En la figura 6.1 puedes verlos en acción, preparando su primera ronda.

A lo largo de la segunda parte encontrarás algunas muestras del trabajo que ha realizado el equipo SuperJuice. Seguro que te servirán de inspiración.

Bob McLaren, el propietario de la empresa

Bob McLaren ha preparado unos vídeos para darte algo más de información. Échales un vistazo en https://inchainge.com/business-games/tfc/. Así tendrás una breve visión general de The Fresh Connection y su situación actual.

Después de verlos, lee la descripción que aparece a continuación.

Figura 6.1. **El equipo SuperJuice.**

Figura 6.2. **El propietario de la empresa.**

The Fresh Connection: la empresa, la misión, la experiencia

Empresa y clientela. The Fresh Connection se dedica a la producción de zumos de frutas que vende a un conjunto limitado de clientes minoristas, a quienes se los suministra directamente. Si hay suficiente producto de las especificaciones acordadas en *stock,* la entrega se realiza al día siguiente de realizar el pedido.

Productos. The Fresh Connection ofrece una gama de sabores bastante limitada (naranja y naranja-mango, por ejemplo) en envases de diferentes tamaños, como cartones de un litro y botellas de PET de 330 ml. Los productos terminados tienen una vida útil de 20 semanas desde la fecha y hora de su producción. Los clientes reclaman una parte importante de estas 20 semanas, normalmente entre el 60 y el 80 %. Esto deja a la empresa con una vida útil total de entre el 20 y el 40 %. En caso de que la vida útil expire, desafortunadamente el producto tendrá que ser destruido.

Almacenamiento y distribución de los productos. Los zumos se almacenan en palés situados en el almacén de productos acabados, también llamado *almacén de salida.* Allí permanecen hasta que se realiza una entrega o hasta que su vida útil ha expirado. La empresa no dispone de una flota propia para realizar las entregas en los centros de distribución de sus clientes, sino que subcontrata el transporte a una empresa muy fiable.

Proceso de producción. The Fresh Connection fabrica todos los productos que vende. Los zumos de fruta se mezclan en una mezcladora y se embotellan inmediatamente en una línea de embotellado. La mezcladora y la línea de embotellado forman parte del equipamiento de la empresa. Los diferentes tamaños de envases se embotellan en la misma línea de producción.

Componentes. Un producto acabado consta de dos componentes principales: el envase y el zumo de fruta concentrado (pulpa). La lista de materiales que puede encontrarse en el sistema enumera la cantidad de cada componente que se utiliza en el producto acabado. La fórmula —la mezcla de fruta y pulpa y los aditivos que aportan a los zumos de fruta su sabor único— es uno de los secretos mejor guardados en The Fresh Connection desde hace más de un siglo.

Empresas proveedoras. Los componentes se adquieren a diversas empresas. El material de envasado se compra a proveedoras locales y regionales. La pulpa se adquiere a comerciantes de fruta o a productoras de todo el mundo. Cada proveedora tiene sus propias características en cuanto a, por ejemplo, el tamaño, el precio de los componentes básicos, el plazo de entrega y la fiabilidad.

Almacenamiento de los componentes. Tras su entrega, no siempre se utilizan de inmediato en la producción. La empresa dispone de un almacén de materias primas o de entrada para almacenarlos. El material de embalaje se suministra en palés y se deposita allí. En el almacén también se guarda la pulpa de fruta, ya sea en bidones o en contenedores para graneles tipo IBC (por *(intermediate bulk container)*, pequeños tanques de mil litros del tamaño de un palé. La pulpa de fruta que llega en camiones cisterna se bombea a un patio de tanques. La pulpa también tiene una vida útil restringida, aunque mucho más larga que en el caso de los zumos de fruta, pues una vez que se añade agua, la vida útil se reduce drásticamente. Si la pulpa caduca, se destruye de inmediato.

Equipos y funciones. Junto con tus compañeros y tus compañeras de equipo, estarás a cargo de The Fresh Connection. Si tomas las decisiones correctas, la salvarás de la quiebra. Las cosas van mal desde hace tiempo: la empresa funciona con pérdidas, los clientes se quejan amargamente del mal servicio y los almacenes están a rebosar de existencias. En resumen, hay que hacer algo. ¿Podrás salvarla?

Cada miembro del equipo tiene un rol específico: vicepresidencia de compras, vicepresidencia de operaciones, vicepresidencia de ventas y vicepresidencia de gestión de la cadena de suministro. Cada cual tiene sus propias responsabilidades en función del papel que se asume y, en consecuencia, serán libres de tomar sus propias decisiones. Sin embargo, como dijo una vez un gran filósofo: «quienes están juntos no están solos». La cooperación es clave para evitar que The Fresh Connection se hunda.

La vicepresidencia de compras se encarga de adquirir los componentes. Negocia las condiciones de suministro y el precio con los proveedores, y puede rescindir los contratos existentes y celebrar otros nuevos. Desempeña un papel crucial en el juego: al elegir proveedoras que ofrecen condiciones favorables, precios bajos y un alto nivel de fiabilidad, los costos totales de compra quedan bajo control, las existencias se mantienen bajas y la fiabilidad a la hora de entregar los componentes a producción es alta.

La vicepresidencia de operaciones se ocupa de los almacenes y las instalaciones de producción. Organiza los turnos de trabajo y se encarga de la formación del personal. También decide el espacio y el personal desplegado en los almacenes. Puede hacer o deshacer el juego para todo el equipo. Si se asegura de que el sistema de producción es flexible, los costos son bajos y la fiabilidad alta, los costos totales de producción se mantendrán controlados y el producto siempre estará disponible.

Las ventas de productos son supervisadas por la vicepresidencia de ventas, que negocia las condiciones de entrega con la clientela. El nivel de servicio, las presiones promocionales y el descuento por volumen de ventas son negociables. Desempeña un papel muy importante en el juego y su negociación puede dar lugar a un alto precio de venta, siempre que The Fresh Connection pueda cumplir sus promesas. Y las ventas son, por supuesto, la base de los beneficios.

La vicepresidencia de gestión de la cadena de suministro une al resto de departamentos. Al diseñar una estrategia de la cadena de suministro y llevar a cabo una planificación inteligente del inventario, desempeña un papel decisivo en el equipo. Puede garantizar que las proveedoras o las instalaciones de producción poco fiables estén cubiertas por un *stock* de seguridad estratégicamente desplegado, asegurando que la empresa cumpla sus promesas.

Cada miembro del equipo puede tomar decisiones de manera individual, pero como equipo se necesita una buena estrategia para conseguir los mejores resultados. No es aconsejable, por ejemplo, que ventas acuerde niveles de servicio elevados con el cliente mientras gestión de la cadena de suministro recorta existencias. Por eso es esencial que siempre contrastéis vuestras decisiones.

Juego. Se desarrollan varias rondas. Cada una representa medio año en la vida de The Fresh Connection. Una ronda comienza con el análisis de la situación inicial, seguido de la toma de decisiones. En cuanto se termina una ronda, se calculan los resultados y se salta medio año en el eje temporal. A continuación, se interpretan y se analizan los resultados, y se complementan con reflexiones adicionales sobre conceptos específicos de la cadena de suministro. Luego, el ciclo vuelve a empezar y así sigue hasta que se hayan finalizado todas las rondas. En una configuración típica, la complejidad aumentará de manera gradual a lo largo de la partida. A medida que se avance, habrá que tomar más decisiones.

ROI: el indicador del rendimiento del equipo. Tú y tu equipo debéis lograr que vuestras inversiones den el mayor rendimiento posible. No solo se trata de ganar la mayor cantidad de dinero, también cuenta que las inversiones se gestionen de manera adecuada. Tras cada ronda, el ROI del equipo puede compararse con el de otros contendientes. Además de la puntuación del equipo hay otra individual. Aunque no cuenta, siempre va bien llegar a lo más alto en el propio campo. Tras cada ronda puedes comprobar tu rendimiento y compararlo con el obtenido por el resto de equipos.

Compensaciones. Mientras juegas tendrás que tomar muchas decisiones. Cada decisión trae consigo una consecuencia. Y no siempre es positiva. Habrá que evaluar estas consecuencias y equilibrarlas entre sí. Si no tomas ninguna decisión durante una ronda determinada, se reutilizarán las adoptadas en la anterior.

Estrategia y táctica. Debes tener en cuenta que *The Fresh Connection* es un juego táctico y estratégico. La evaluación se realiza siempre en función de los efectos a largo plazo de las decisiones tomadas, expresadas por el ROI del equipo. Así pues, hay que orientar la actividad hacia objetivos a largo plazo, como si las decisiones que se tomarán se mantuviesen vigentes durante muchos años. Ya que mediremos los resultados en términos de sus efectos a largo plazo, en una ronda nunca se sufrirán las consecuencias negativas derivadas de las malas decisiones tomadas en las anteriores. Esta característica ofrece una ventaja: la empresa puede organizarse de una manera nueva y distinta en cada ronda, sin tener en cuenta las decisiones y los resultados de las rondas anteriores. Basta con analizar detenidamente los resultados de las rondas anteriores para introducir mejoras.

Volvemos a la teoría por un momento

En el capítulo 1 se han abordado varios conceptos. Retomemos algunos.

En primer lugar, se habló de las *definiciones* y de la importancia que tiene su aclaración al trabajar en equipo para evitar confusiones. En *The Fresh Connection* encontrarás muchos términos específicos. Algunos quizá resulten muy claros o sencillos. Otros, en cambio, serán menos familiares. Si se diera este último caso, no adivines ni hagas suposiciones sobre su significado. Al igual que en la vida real, pide una aclaración. Bastará con que pulses el símbolo ⓘ, que se encuentra junto a muchas de las palabras en las pantallas del juego.

En segundo lugar, se habló del tamaño de la cadena de suministro, de cuántas etapas hacia atrás o hacia arriba quieren inspeccionarse y gestionarse de manera activa, y de cuántas etapas hacia abajo. En *The Fresh Connection,* como la empresa tiene tantos problemas, comenzaremos analizando a empresas proveedoras y clientela directa. En cuanto hayamos solucionado los problemas más urgentes y consigamos que la empresa se estabilice, ampliaremos el radio de alcance. De momento, nos centraremos en una etapa previa, las proveedoras directas, y otra posterior, la clientela.

En el capítulo 1 también se ha hablado de la importancia que tiene el tamaño en las cadenas de suministro. En el caso de esta empresa, puede ser decisivo a la hora de negociar o de considerar proyectos de colaboración. No todos los clientes ni todos las proveedoras tienen las mismas dimensiones. Algunos son más importantes para The Fresh Connection que otros. Y, para algunos, The Fresh Connection es una empresa más importante que para otros. Ambos hechos influyen en la relación. Como dispondrás de información detallada sobre todas las empresas que participan en la cadena de suministro de The Fresh Connection, asegúrate de que también tienes en cuenta ese aspecto.

Terminamos el capítulo 1 analizando las piezas del rompecabezas, los eslabones de la cadena de suministro. Recuérdese el concepto de logística integral, que consta de cuatro elementos diferentes:

- *Infraestructura física.* En el caso de The Fresh Connection, la red física es bastante sencilla, como puede verse en la figura 6.3. Las proveedoras envían los materiales a la empresa, que los procesa (mezcla y embotellado) y los envía a los clientes.
- *Mecanismos de planificación y control.* Tú y tu equipo debéis afrontar la tarea y la responsabilidad de definir los mecanismos de planificación y control adecuados, así como la forma en que tomaréis decisiones conjuntas. Tendréis que decidir qué información analizaréis, qué indicadores y objetivos estableceréis, cómo trabajaréis de manera alineada, etc.

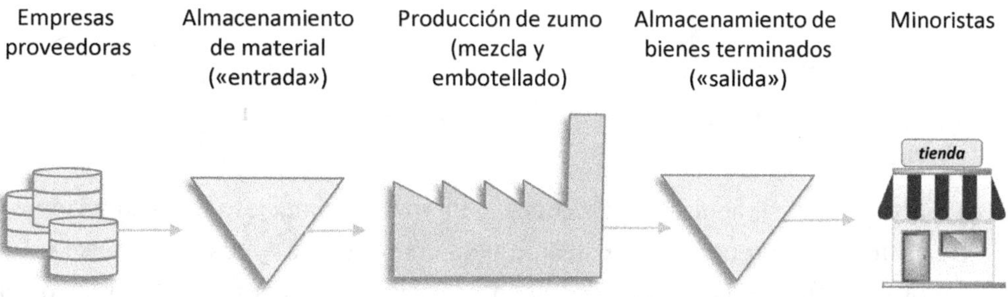

Figura 6.3. **La cadena de suministro de The Fresh Connection (lineal).**

- *Necesidades de información y sistemas posteriores.* Dispondrás del sistema ERP de la empresa. No podrás elegir otro sistema. Por suerte, ERP es muy abierto: todos los miembros del equipo tienen acceso a todas las partes del sistema. Cada uno puede ver todas las pantallas y acceder a todos los informes, incluidos los correspondientes a otras áreas funcionales. Sin embargo, solo puede tocar y modificar activamente las decisiones correspondientes a su propia función. Como la mayoría de los sistemas, ERP contiene una gran cantidad de datos. Algunos pueden ser relevantes y otros apenas se utilizarán. Quizás haya información que consideres importante, pero que no esté disponible o carezca del nivel de detalle deseado. Algo parecido ocurre en la vida real. Tendrás que apañártelas.
- *Organización de la organización.* Deberás dirigir una empresa que cuenta con una sola fábrica. La diferencia entre central y local carece de sentido en este contexto. Cada persona del equipo se responsabilizará de un área específica (ventas, operaciones, cadena de suministro, compras) y, de manera conjunta, tendréis que decidir cómo tratar las cuestiones que no están estrictamente relacionadas con una sola función, como la definición de la estrategia global y la coordinación interfuncional. Este último punto tiene mucho que ver con los mecanismos de planificación y control.

¿Qué pasa con The Fresh Connection?

Análisis inicial

Como has visto, The Fresh Connection se encuentra en un atolladero. Tu equipo conforma el nuevo consejo de administración. El objetivo está claro: dar la

---

EJERCICIO 6.1
Analizar la situación inicial

En las siguientes páginas se procederá a un análisis minucioso de la situación que, además de proporcionarte una primera impresión, te ayudará a conocer el entorno gráfico de la simulación y la información que tienes a tu disposición.

vuelta a los resultados financieros para que la empresa sea rentable. El proceso de reconversión empezaría, obviamente, por tener una visión muy clara de la situación actual. Gracias a vuestras observaciones, estaréis en condiciones de definir las acciones encaminadas a mejorar la situación.

En el apartado de Visita guiada, recursos web y juego de simulación empresarial que aparece al principio del libro, encontrarás el código de acceso al sistema desde el portal del juego. Dedica los primeros minutos a analizar la información correspondiente al papel que desempeñarás en el equipo (ventas, compras, operaciones, cadena de suministro). Te será muy útil para los pasos 1 a 4, que verás a continuación. Antes de iniciar el paso 5, reúne tus observaciones, conclusiones y sugerencias individuales, compáralas con las que hayan realizado tus compañeros y compañeras de equipo para definir un enfoque integrado. Ten en cuenta que la información que encontrarás en los informes de las diferentes pantallas representa el rendimiento de la empresa en los últimos seis meses.

Los cinco pasos que se presentan en este capítulo te ayudarán a conocer en profundidad la situación en la que se encuentra The Fresh Connection. Ten en cuenta que los pasos 2 a 5 también pueden aplicarse exactamente de la misma manera tras cada ronda de juego.

Paso 1: infraestructura y flujos de la cadena de suministro

En el capítulo 1 se ha hablado de los diferentes tipos de mapas con los que se representa la cadena de suministro y de su importancia a la hora de crear una visión clara de su estructura y funcionamiento. Toma una hoja de papel o abre una diapositiva nueva de PowerPoint y elabora un *mapa de flujo* de los materiales por la red de The Fresh Connection. Debe parecerse al que aparece en la figura 6.4, preparado por el equipo SuperJuice.

Tu mapa debe incluir los siguientes elementos:

- Cinco componentes y una empresa proveedora para cada componente.
- Un almacén de entrada de componentes, con un almacén externo de desbordamiento al lado por si el primero está lleno y siguen llegando nuevos materiales.
- Una línea de mezclado para mezclar los ingredientes del zumo.

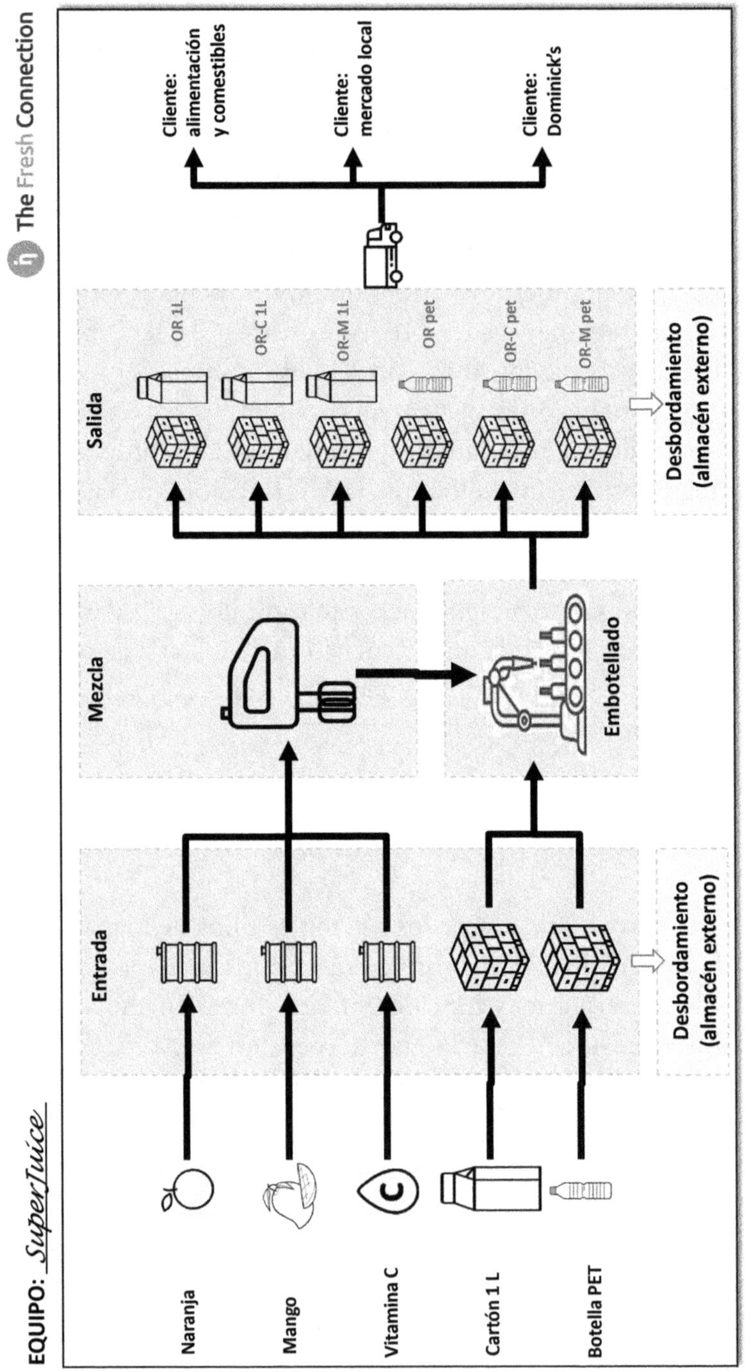

Figura 6.4. **Plantilla: cadena de suministro de The Fresh Connection (red).**

- Una línea de embotellado para envasar el zumo de la manera correcta: un envase de cartón de 1 litro o una botella de plástico de 330 ml.
- Un almacén de salida para productos acabados, con un almacén de desbordamiento externo al lado por si el primero está lleno y siguen llegando productos de la línea producción.
- Seis productos terminados (3 sabores × 2 tipo de envase = 6 números de referencia).
- Tres clientes.

Paso 2: ¿qué decisiones tomó el anterior equipo directivo?

Según Bob McLaren y el accionariado de la empresa, el anterior equipo directivo llevó a The Fresh Connection a la desastrosa situación actual por culpa de varias decisiones muy desafortunadas. Ha llegado el momento de analizar dichas decisiones y ver cómo han podido provocar unos resultados tan negativos. Ve a la pantalla propia de la función que desempeñas haciendo clic en la pestaña correspondiente y analiza la información que se encuentra en el panel dedicado a la toma de decisiones (figura 6.5).

Coloca los datos más relevantes en el mapa que creaste en el paso 1. Antes de hacerlo, echa un vistazo a la figura 6.6.

Figura 6.5. **Panel de la toma de decisiones.**

EQUIPO: *SuperJuice*

The Fresh Connection

Ventas	Gestión de la cadena de suministro	Operaciones	Ventas
Análisis por cliente:	Reservas de seguridad planificadas (componentes)	Capacidad del almacén de entrada (ubicaciones)	**Análisis por proveedora:**
Nivel de servicio acordado	Tamaños de lote previstos (componentes)	Capacidad del almacén de entrada (número de jornadas completas)	Ubicación del proveedor
Porcentaje de vida útil acordado	Existencias de seguridad planificadas (productos)	Número de turnos de embotellado	Plazo de entrega
Unidad comercial acordada	Intervalos de producción planificados por producto	Capacidad del almacén de salida (ubicaciones)	Fiabilidad de entrega acordada
Plazo de pedido acordado	...	Capacidad del almacén de salida (número de jornadas completas)	Unidad comercial acordada
Índice de contrato actual		...	Calidad de los componentes acordada
...			Índice de contrato actual
			...

Figura 6.6. Decisiones anteriores: elementos tomados de los paneles de decisión.

Ten en cuenta que, en el caso de ventas y compras, los elementos mencionados pueden diferir por cliente o proveedora, respectivamente, y habrá que analizarlos uno a uno.

Toda esta información deberá incluirse en el diagrama.

Paso 3: ¿qué consecuencias han tenido las decisiones del anterior equipo directivo?

Probablemente habrá una gran diferencia entre las decisiones que tomó el anterior equipo directivo y los resultados obtenidos. Por eso, habrá que analizar los frutos reales de las decisiones que hayáis tomado. Ve a la pantalla correspondiente al área que tienes a tu cargo y haz clic en el «0» de la columna con números que está a la izquierda. Accederás a los informes históricos de la ronda 0. Analiza la información de los informes que encontrarás allí (figura 6.7).

Aquí encontrarás diferentes informes que te proporcionarán una gran cantidad de información. Echa un vistazo para saber de qué datos dispones realmente. Coloca los elementos de información más relevantes en el diagrama que creaste en el paso 1. Sigue el ejemplo de la figura 6.8.

Ten en cuenta que, en el caso de ventas y compras, los elementos mencionados pueden diferir según se trate de un cliente o una proveedora, respectivamente, por lo que deben analizarse en función de cada cual.

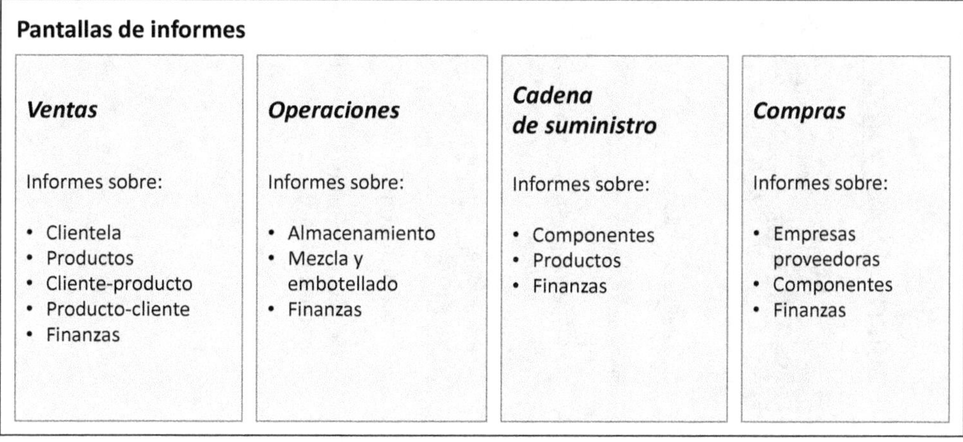

Pantallas de informes

Ventas	**Operaciones**	**Cadena de suministro**	**Compras**
Informes sobre:	Informes sobre:	Informes sobre:	Informes sobre:
• Clientela • Productos • Cliente-producto • Producto-cliente • Finanzas	• Almacenamiento • Mezcla y embotellado • Finanzas	• Componentes • Productos • Finanzas	• Empresas proveedoras • Componentes • Finanzas

Figura 6.7. **Pantalla de** *The Fresh Connection:* **parte del informe.**

EQUIPO: *SuperJuice*

The Fresh Connection

Ventas	Gestión de la cadena de suministro	Operaciones	Ventas
Análisis por cliente:	Niveles medios de existencias (componentes)	Índice de utilización del almacén de entrada	**Análisis por proveedora:**
Nivel de servicio acordado	Variabilidad de los niveles de existencias (componentes)	Desbordamiento de la utilización del almacén de entrada	Fiabilidad de las entregas realizadas
Porcentaje de vida útil acordado	Niveles medios de existencias (productos)	Mano de obra flexible de entrada (jornadas completas)	Índices de rechazo
Bonificaciones/sanciones (en euros)	Variabilidad de los niveles de existencias (productos)	Índice de utilización del almacén de salida	Volumen de compras (en euros)
Ventas por cliente (en euros)	Obsolescencia por producto	Desbordamiento de la utilización del almacén de salida	Demanda por semana (en unidades)
Demanda por cliente (en unidades)	Índice de utilización de la línea de embotellado	Mano de obra flexible de salida (jornadas completas)	...
...	...	Índice de utilización de la línea de embotellado	
		...	

Figura 6.8. Resultados anteriores: ejemplos de elementos que analizar en las pantallas de informes.

Paso 4: ¿qué ha pasado entre las decisiones y los resultados? El análisis de diferencias

Analiza las diferencias principales entre el rendimiento previsto y los resultados reales. Ya dispones de las aportaciones del paso 2 (decisiones anteriores) y del paso 3 (resultados anteriores), compiladas en el diagrama que creaste en el paso 1. Puedes formarte una opinión sobre dónde estarán los problemas más importantes. ¿Qué ha pasado y por qué?

En esta etapa, para obtener una imagen aún más completa, podrías crear además un mapa de flujo geográfico de la cadena de suministro de The Fresh Connection. Las clientes minoristas se encuentran en el mismo lugar que la empresa (los Países Bajos). La información sobre la ubicación de las proveedoras puede encontrarse haciendo clic en el símbolo ⓘ junto al nombre de una empresa proveedora en las pantallas de decisión de compra. Incluso puedes ajustar el grosor de las líneas entre The Fresh Connection y sus proveedoras en función de la cantidad de producto que fluye entre ambas.

Paso 5: ¿qué deberías hacer ahora? El plan de acción

Ahora junta tus aportaciones, observaciones y sugerencias individuales con las que tienen tus compañeros y compañeras de equipo. De este modo dispondréis de una visión completa y exhaustiva del rendimiento general de la empresa y de las posibles causas de las pérdidas actuales. Repasad el mapa y aclarad todas las dudas que puedan surgir al hilo de vuestras reflexiones.

- Subraya —en rojo, por ejemplo—, todos los elementos que te llamen la atención en cuanto a la discrepancia entre lo que ha pasado y lo que debería haber pasado.

EJERCICIO 6.2
Decidir el primer plan de acción para reflotar la empresa

Decide

Como último paso del trabajo inicial realizado para conocer la situación, ha llegado el momento de traducir sus conclusiones en acciones viables.

EQUIPO: *SuperJuice*

The Fresh Connection

Área funcional	Observaciones	Acciones propuestas
Ventas	Penalizaciones con todos los clientes Baja fiabilidad de las entregas …	Prometer menos servicio o aumentar el rendimiento (consultar con operaciones y con gestión de la cadena de suministro)
Operaciones		
Cadena de suministro		
Compras		

Figura 6.9. **Plantilla: observaciones del diagnóstico y acciones propuestas.**

- Para cada uno de los elementos identificados, ¿qué acciones concretas se te ocurren para mejorar la situación actual? Escríbelas y haz lo mismo para cada una de las áreas funcionales (ventas, operaciones, cadena de suministro y compras).

Asegúrate de centrarte siempre en *acciones concretas*. Uno de los errores más comunes que veo es prestar más atención a los resultados deseados en lugar detallar las medidas correctivas. Por ejemplo, si se percibe que los niveles de servicio alcanzados son demasiado bajos, no te refieras a la acción correctiva como «mejorar el nivel de servicio», porque de ese modo solo especificarás el resultado deseado sin detallar cómo lo conseguirás realmente (hay muchos pasos diferentes que se pueden dar para contribuir a la mejora de los niveles de servicio). En la figura 6.9 se muestra una plantilla que elaboró el equipo SuperJuice que puedes utilizar.

La jugabilidad de *The Fresh Connection*

El primer análisis de la situación inicial de la empresa ya está hecho. Estamos casi a punto de empezar. No obstante, antes de adentrarnos en la dimensión empresarial de la cadena de suministro de The Fresh Connection, echemos un vistazo al juego. Habitualmente, se disputa contra otros equipos de una misma escuela o universidad o de un mismo entorno profesional. La persona que actúa como instructora lo configura indicando las decisiones que pueden tomarse en cada ronda, siempre teniendo en cuenta los objetivos del programa de formación en el que se utiliza.

Hay, por tanto, una gran variedad de posibilidades de configuración. A veces, el juego se desarrolla en su totalidad en el aula, con la presencia activa de la persona responsable de la formación para explicar los conceptos y estar disponible para responder a las preguntas de los equipos. En otras ocasiones, se desarrolla fuera de horas lectivas, con una presencia parcial, en determinados momentos, para aclarar dudas o comentar impresiones. También son muy habituales los formatos mixtos. La decisión sobre cómo organizar un curso con *The Fresh Connection* compete por completo al equipo docente, que optará por un formato u otro en función del tiempo disponible y de los objetivos del curso, y normalmente lo comunicará al alumnado antes de empezar.

Cualquiera que sea el formato elegido, la secuencia de actividades es normalmente bastante similar, siguiendo más o menos el ciclo de aprendizaje de Kolb, tal y como se ha comentado en el prefacio:

1. Análisis en profundidad de la situación actual por parte del equipo.
2. Toma de decisiones y puesta en práctica de las mismas en la simulación.
3. Cierre de la ronda por parte del instructor para calcular los resultados.
4. Reflexión sobre los resultados, normalmente complementada con algunos ejercicios para conceptualizar las reflexiones.
5. Vuelta al paso 1 (análisis en profundidad), para la siguiente ronda.

Existen ciertos paralelismos entre los pasos anteriores y los que normalmente se realizan según los marcos de mejora continua, como el CAPD *(check-act-plan-do,* «comprobar-actuar-planear-hacer»). La principal diferencia radica en el paso 4, ya que obliga a realizar una reflexión explícita para analizar las acciones del equipo y las relaciones entre causas y efectos. Los participantes, así, pueden dar un paso atrás en la inmersión en el juego y observar lo que ha sucedido realmente de una manera algo más distanciada. Si se hace bien, debería animar a emprender un aprendizaje basado en una comprensión mucho más profunda de los factores en juego.

Si la composición del grupo lo permite, no sería raro que la persona responsable de la formación te pidiese por escrito esas reflexiones para que poder leerlas y darte su opinión. Recuerda que esas reflexiones y las decisiones a las que darán pie constituyen el verdadero aprendizaje.

Antes de pasar al apartado siguiente, conviene detenerse un poco en el proceso de toma de decisiones durante el juego: en las secciones dedicadas a las operaciones y la cadena de suministro, hay una serie de pestañas. Cada una representa una parte diferente del ámbito en el que deben tomarse dichas decisiones:

- Operaciones tiene pestañas para:
    - Almacén de entrada (recepción de mercancías y almacenamiento de componentes);
    - La mezcla de ingredientes.
    - El embotellado de zumos.
    - Almacén de salida (preparación de pedidos y envío).
- Cadena de suministro tiene pestañas para:
    - Componente (niveles de existencias de seguridad de la materia prima y tamaño de los lotes).

- Producción (período congelado en la planificación y programación de la producción).
- Producto *(stock* de seguridad de productos acabados y lotes de producción).

Básicamente, en cada una de esas pestañas hay que definir uno o más parámetros, que pueden ser modificados y luego guardados haciendo clic en el botón Guardar. Las decisiones (cambios de parámetros) que no se hayan guardado explícitamente no se implementarán, por lo que conviene asegurarse bien antes de proseguir. En las siguientes páginas y capítulos se mostrarán varias pantallas del juego ligeramente retocadas [y traducidas] para ilustrar conceptos relevantes. Aunque siempre cabe la posibilidad de que Inchainge modifique el diseño del juego, los contenidos serán siempre los mismos.

En Compras y Ventas, la toma de decisiones consiste en gran medida en negociaciones con empresas proveedoras y clientela, respectivamente. La negociación tiene lugar de manera individual con cada proveedora y con cada

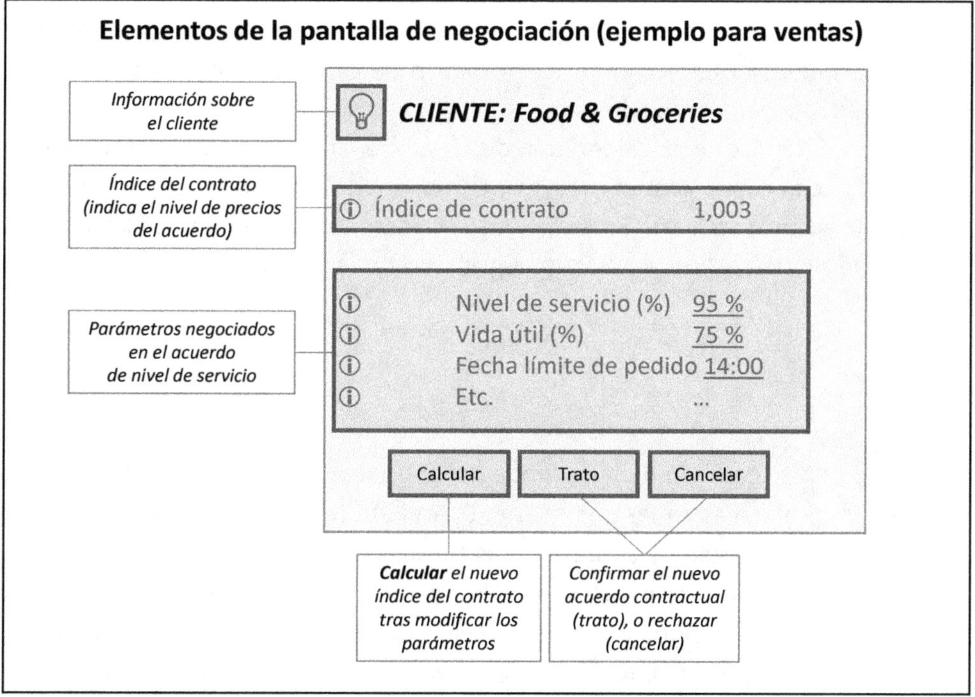

Figura 6.10. Ventana de negociación (ejemplo de la función de ventas).

cliente. Para iniciar una negociación, la persona al cargo solo tiene que pulsar el botón Sí en la pantalla de acuerdo de un cliente o proveedora concreto para acceder a la pantalla de negociación. Allí aparecerán los parámetros negociables del contrato, así como el índice del contrato, una indicación del precio que el cliente debe abonar a la empresa o la empresa a la proveedora.

Si el índice sube, el precio resultante es mayor; si baja, el precio es menor. Si se considera un cambio en un determinado parámetro del contrato, puede modificarse en el campo correspondiente de la pantalla de negociación y, a continuación, hacer clic en el botón Calcular. Al hacerlo, se mostrará el nuevo índice del contrato, de modo que quede clara la diferencia de precio. Si el nuevo precio es aceptable, al pulsar el botón Trato se pone en práctica (véase la figura 6.10).

El índice de contrato resultante en la compra se aplicará al precio básico de los componentes y el índice de contrato resultante en la venta, al precio de venta al por menor estándar. Estos dos precios básicos se encuentran en la pestaña de información. Por ejemplo, si los índices de contrato con los clientes son más bajos que los de sus proveedoras, esto no implica automáticamente incurrir en pérdidas, porque ambos índices se aplicarán a cifras diferentes.

Además, en el caso de las cuatro funciones, todas las decisiones pueden deshacerse, cambiarse y rehacerse tantas veces como quieras en una ronda. Los parámetros que se establecen en el momento de cerrar la ronda determinarán el cálculo de los resultados de esta.

Ten en cuenta que el calendario de *The Fresh Connection* se basa en días laborables (cinco por semana). Y lo mismo puede decirse para los plazos de entrega de las proveedoras. Si estos son superiores a una semana, se expresan en días laborables (un plazo de 30 días significaría seis semanas).

Resumen

En este primer capítulo de la segunda parte has conocido The Fresh Connection y los problemas en los que se encuentra. Con tu equipo habrás hecho un análisis pormenorizado y ahora tendrás tus ideas preparadas para realizar los cambios que consideres oportunos en la primera ronda de juego.

Nuestro viaje prosigue en los cuatro capítulos siguientes. Retomaremos las dimensiones empresarial, técnica y de liderazgo de la gestión de la cadena de suministro, así como la visión integral sobre la complejidad global, y las aplicaremos al caso de The Fresh Connection. A la hora de abordar cada cuestión, deberás analizar junto con tus compañeros y compañeras de equipo la situación actual y las posibles alternativas de mejora. Acto seguido, tendréis que decidir lo que debe implementarse. Todos los ejercicios seguirán explícitamente esta secuencia basada en el análisis y la decisión. Cada capítulo terminará con una reflexión final sobre las cuestiones que se han visto.

EJERCICIO 6.3
La forma como trabaja el equipo durante el juego

Reflexiona

Como equipo, ya habéis hecho un primer análisis de la situación y habéis definido vuestras ideas sobre las decisiones que deben tomarse nada más empezar el juego. De forma similar a los pasos 1 a 5 mostrados aquí, el análisis y la toma de decisiones que se desarrollan en los próximos cuatro capítulos serán recurrentes y se repetirán en cada ronda de juego. Habrá que tener en cuenta los resultados de la ronda anterior mientras se preparan las decisiones para la siguiente. Por lo tanto, antes de comenzar, no está de más que todos los miembros del equipo reflexionéis un poco sobre vuestras tareas y decidáis cómo organizaros, ya que luego no tendréis tiempo de hacerlo.

Ten en cuenta que la persona responsable de la formación te guiará a lo largo del juego y te ayudará a definir el enfoque de cada ronda. Los ejercicios que se presentan en estos capítulos te serán muy útiles. Tal como ocurre en la vida real, la empresa sigue su curso y las decisiones deberán actualizarse y tomarse constantemente, ajustándose siempre a los resultados anteriores. Sin embargo, no ocurre así con las estrategias corporativas y de la cadena de suministro –que solo se hará a nivel estratégico de vez en cuando–, ni tampoco con el diseño inicial del proceso general de toma de decisiones S&OP, que se elaboraría al principio y se implementaría y mejoraría gradualmente a medida que pasa el tiempo.

7

Gestionar la dimensión empresarial en la cadena de suministro

Con la información proporcionada en el capítulo anterior, la situación de The Fresh Connection ha quedado más clara. Ahora tendremos que analizar con más detalle ciertos aspectos relacionados con la dimensión empresarial de la cadena de suministro de la empresa. En la figura 7.1 pueden verse algunas cuestiones que ya se trataron en el capítulo 2. En los siguientes apartados nos centraremos en tres: la estrategia competitiva, la clientela y las propuestas de valor, y por último, la cadena de suministro y finanzas. Más adelante, en la tercera parte, dedicaremos más atención a las ventajas competitivas, los modelos empresariales y el entorno externo.

En conjunto, estos temas forman parte de las principales aportaciones para definir la configuración adecuada de la cadena de suministro, como ya sabemos por el concepto de logística integral (figura 1.2, pág. 47).

Estrategia competitiva

De momento, no podemos decir mucho sobre la estrategia competitiva de The Fresh Connection. Se puede suponer que sus zumos de fruta son de suficiente calidad como para competir con otras fabricantes del sector y que se ajustan a las expectativas de los distintos segmentos del mercado. De acuerdo con las estrategias de Porter, que ya vimos en el capítulo 2, y dejando de lado por el momento la estrategia de nicho para centrarnos en una basada en el liderazgo de costos (bajo costo) y otra de *diferenciación* consistente en una oferta de servicio

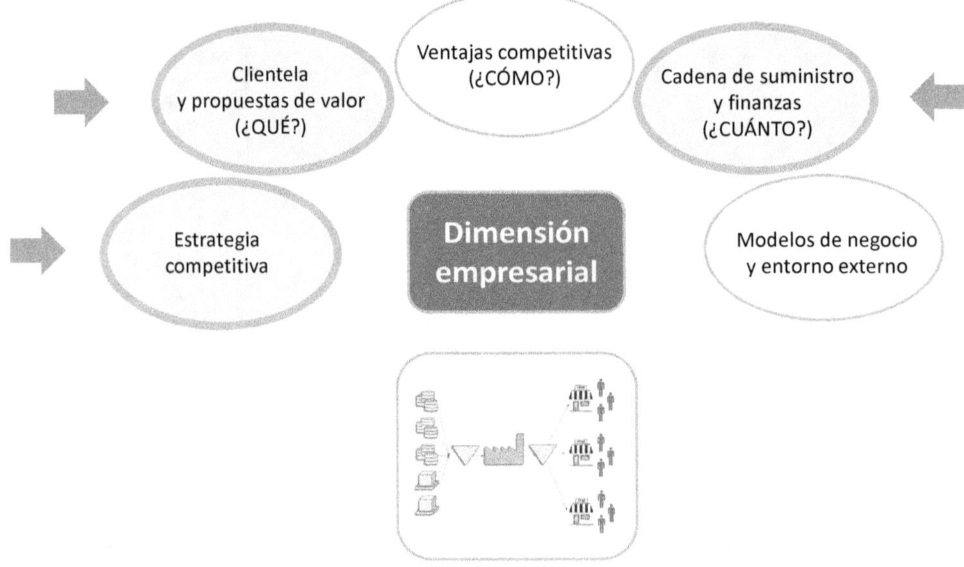

Figura 7.1. Cuestiones relacionadas con la dimensión comercial
de la cadena de suministro.

EJERCICIO 7.1
Decidir la estrategia competitiva

Analiza

Como no puedes realizar un verdadero análisis de mercado en esta fase, averigua si el equipo se decanta por alguna de las estrategias ya vistas, a saber: liderazgo en costos y excelencia operativa (bajo costo) o diferenciación e intimidad con el cliente (servicio completo y calidad). En caso afirmativo, determina las causas de tal preferencia.

Decide

Junto con el equipo, elige la estrategia competitiva que deseáis seguir: liderazgo en costos y excelencia operativa (bajo costo) o diferenciación e intimidad con el cliente (servicio completo y calidad).

y calidad superiores en términos de flexibilidad en los pedidos, fiabilidad en la entrega y frescura del producto. Según el marco de Treacy y Wiersema, hablaríamos de una estrategia de *excelencia operativa,* por un lado, con un claro enfoque en el bajo costo, y de otra estrategia centrada en la *intimidad con el cliente,* por otro, encaminadas a ofrecer un servicio completo sin estrés, de frescura superior y muy flexible a las peticiones de la clientela.

Como puede deducirse de lo anterior, la competencia no se basa tanto en el «producto principal» cuanto en el entorno del producto y el servicio, como se ha comentado en el capítulo 2. Si la empresa ofrece un servicio mejor o mayor, los clientes minoristas estarán dispuestos a pagar más dinero por litro de zumo y si el servicio es de menor calidad, pagarán menos.

Ten en cuenta que cualquiera de estas dos estrategias básicas garantiza unos buenos resultados en términos de retorno de la inversión (ROI) siempre y cuando la estrategia se implemente a fondo y esté respaldada por una estrategia de cadena de suministro bien alineada y coherente. Como señala también DeSmet (2018):

> Diferentes estrategias conducen a diferentes formas de alcanzar ese mismo objetivo. Los líderes de la excelencia operativa trabajarán con márgenes más bajos, pero lo compensarán con una mayor eficiencia del capital empleado. Los líderes de producto requieren más capital para atraer a la clientela hacia productos de gama alta, pero consiguen compensarlo con márgenes más elevados [...] Diferentes estrategias conducen a diferentes niveles de complejidad y cada una puede tener el mismo éxito.

Clientela y propuestas de valor

The Fresh Connection tiene tres clientes diferentes. Como probablemente ya sabrá la persona encargada de la vicepresidencia de ventas, estos tres clientes no son iguales. Son diferentes en cuanto a tamaño (número de tiendas y, por tanto, volumen de ventas en litros de zumo), ubicación y cuota de mercado. Pero también son diferentes por lo que respecta a sus propias estrategias competitivas. Algunos podrían seguir una estrategia de liderazgo en costos, o una estrategia de diferenciación, o incluso una estrategia de nicho hacia su clientela, en este caso las personas consumidoras del zumo. Si haces clic en el símbolo ⓘ que aparece junto al nombre de los clientes en las pantallas de ventas, encontrarás más información sobre cada cliente, las empresas minoristas.

EJERCICIO 7.2

Preferencias de la clientela y propuestas de valor

Analiza

Con cada cliente se negocian los mismos parámetros contractuales como parte del acuerdo de nivel de servicio, pero el valor de dichos parámetros puede variar mucho de un cliente a otro:

- Haciendo clic en el símbolo ⓘ que aparece junto a los nombres de cliente en sus respectivos resúmenes de contratos, abre el perfil de cada uno y compara las descripciones.
- Basándote en la información que encuentras en sus perfiles, ¿a qué parámetros contractuales sería más sensible cada uno? En la figura 7.2 encontrarás un resumen de los parámetros contractuales. ¿Qué condiciones contractuales serían más significativas para la consecución de las estrategias comerciales de cada uno de los clientes minoristas y por qué?

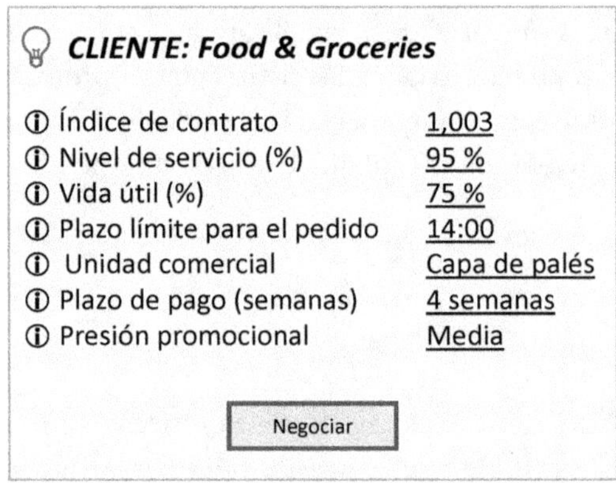

Figura 7.2. Pantalla de The Fresh Connection: parámetros del contrato de venta (ejemplo de un cliente).

Decide

En vista de esos datos, ¿qué propones?

Otro factor a tener en cuenta es que, debido a sus propias y diferentes estrategias competitivas, reaccionarán de manera distinta a las propuestas que les presentes durante las negociaciones de venta. Como en la vida real, cada una es probablemente sensible a diferentes elementos de los acuerdos de nivel de servicio. Por ejemplo, uno de sus clientes podría estar dispuesto a pagar un 4 % más por litro de zumo si le promete un aumento del 2 % en el nivel de servicio, mientras que otro podría estar dispuesto a pagar solo un 1 % más por el mismo aumento, simplemente porque está menos interesado en ello, ya que quizás encaja menos con su propia estrategia competitiva.

Cadena de suministro y finanzas

Como habrás visto, hay una pestaña llamada Finanzas en el sistema ERP de *The Fresh Connection* en la que encontrarás la situación financiera de la empresa (figura 7.3).

En cuanto a los estados financieros, nos centraremos en cuatro conceptos que se destacaron en el capítulo 2:

- *Ganar y gastar (cuenta de resultados).* En la parte central izquierda del diagrama aparecen los elementos de la cuenta de resultados, tanto los ingresos como los gastos. La información permite analizar en detalle cómo se construye la cuenta de resultados. La columna con la comparación entre

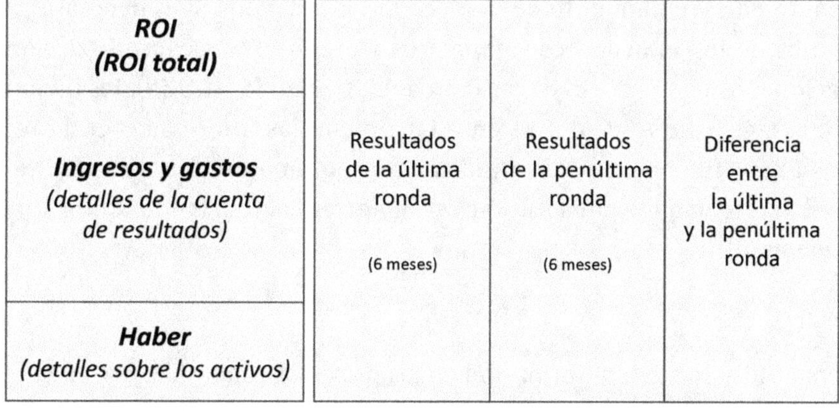

Figura 7.3. **Pantalla de** *The Fresh Connection:* **estados financieros.**

los dos últimos ejercicios ofrece una visión clara de las decisiones tomadas y de los resultados financieros obtenidos.

- *Debe y haber (balance).* En el resumen financiero de The Fresh Connection, la parte del debe y el haber se centra en el activo del balance y no en el pasivo. Bob McLaren y el accionariado de The Fresh Connection quieren que dediques tu tiempo y tus esfuerzos a reorientar el negocio mientras ellos se encargan de los aspectos financieros. Por eso aparecen los activos fijos y la maquinaria (PPE), los inventarios y la inversión resultante debido a los plazos de pago.
- *Capital circulante.* Debido a la forma en que está estructurado el estado financiero en The Fresh Connection, y a que en términos de balance la

---

EJERCICIO 7.3
Cómo interpretar el estado financiero y el ROI

Analiza

Estudia con atención el estado financiero para familiarizarte con su contenido. La mayoría de las líneas de la declaración financiera están directamente relacionadas con las decisiones de los diferentes roles del juego. Repasa la declaración línea por línea e intenta establecer un vínculo entre estos elementos y las posibles decisiones del juego que puedan estar relacionadas con ellos.

¿Cuáles son los elementos de la declaración financiera que tienen más impacto en el rendimiento de la inversión alcanzado? Si es necesario, repasa algunos de los indicadores financieros tratados en el capítulo 2, como los relacionados con el costo de las mercancías vendidas (COGS), los inventarios, el PPE, etc. ¿Qué te dice esto en relación con las prioridades en la toma de decisiones? También puedes utilizar un programa de visualización de datos para hacerte una idea de la situación financiera actual (en la figura 7.4 tienes un ejemplo).

Decide

¿Cómo utilizarías esta información en las próximas rondas de juego?

atención se centra en los activos, más que en los pasivos, hay una gran superposición entre el balance y los elementos del capital circulante. Como se ha indicado en el punto anterior, las existencias y la inversión resultante debido a los plazos de pago se encuentran en el estado financiero bajo el epígrafe correspondiente a las inversiones.

- *Retorno sobre la inversión (ROI).* En la línea superior del estado financiero se encuentra el ROI. Se trata de un indicador de rendimiento realmente potente, que combina el resultado de la cuenta de resultados con el de las inversiones para ofrecer una visión global del rendimiento de la empresa. Este indicador también puede compararse objetivamente entre diferentes equipos, ya que todos juegan exactamente con las mismas circunstancias del mercado.

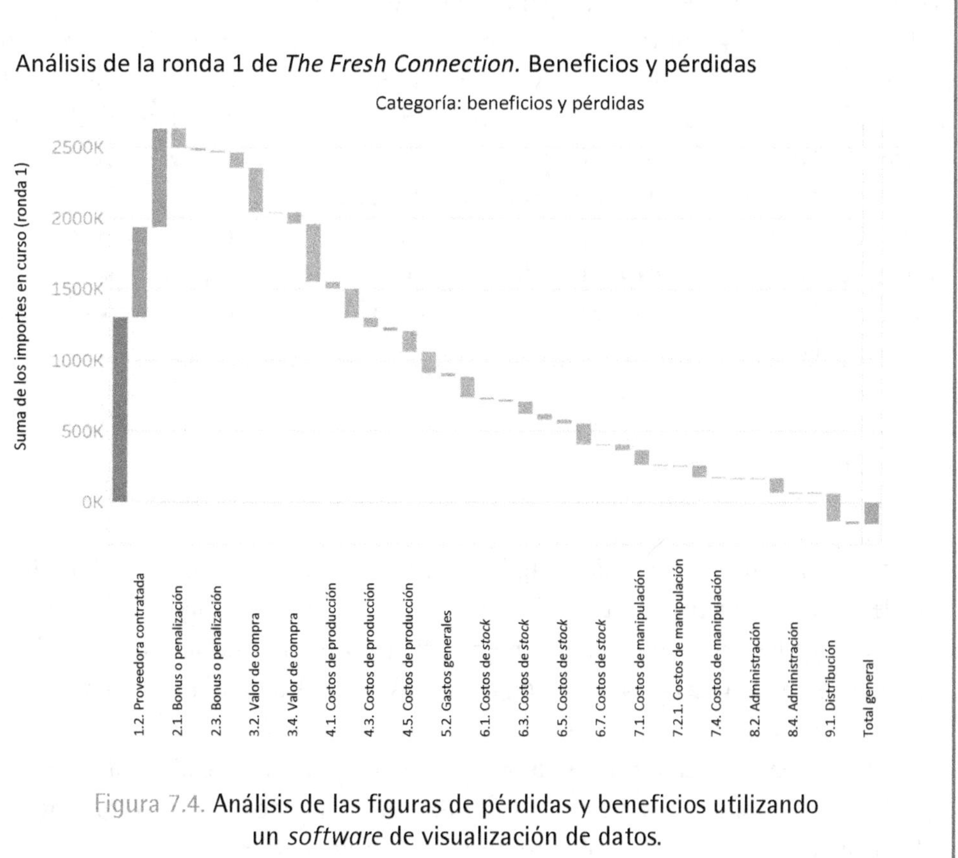

Figura 7.4. Análisis de las figuras de pérdidas y beneficios utilizando un *software* de visualización de datos.

Conviene empezar cada ronda de juego volviendo al estado de cuentas y comprobando las diferencias entre las dos últimas rondas jugadas. Junto con el resto del equipo, deberías comprender cada una de las diferencias que aparecen, línea por línea, ya que todas están relacionadas con las decisiones que habéis tomado en la ronda anterior. Por ejemplo, si yo estuviera mirando el resumen tras terminar la segunda ronda y fuese a la línea donde dice *Ubicaciones de palés en el almacén de materias primas* y figurase una cantidad de 80.000 en el asiento correspondiente a esa ronda y otra de 100.000 en la anterior, y en la columna *Diferencia* la cantidad de −20.000, debería explicar por qué la cantidad de dinero gastada en las ubicaciones de palés en el almacén de materias primas se ha reducido en 20.000. ¿Qué decisión se tomó durante la segunda ronda para ocasionar esta reducción? Dado que las decisiones sobre las ubicaciones de los palés son responsabilidad exclusiva de quien se responsabiliza de las operaciones en The Fresh Connection, esa persona sería la más indicada para responder a la pregunta.

En este ejemplo, como sabemos que una ubicación de palés tiene un costo de 200 al año, o 100 por ronda, y la reducción del dinero gastado ha sido de 20.000, habremos reducido el número de ubicaciones de palés en el almacén en 200. La persona al frente de operaciones debería confirmarlo. Y así tendrías que proceder con cada línea del resumen financiero.

Asimismo, debe tenerse en cuenta que, en la versión básica de *The Fresh Connection,* el costo del capital se fija en un 15 % anual, es decir, un 7,5 % por ronda, un dato muy relevante para el cálculo de los costos de los intereses sobre el valor de las acciones.

Resumen

Con esto llegamos al final de la aplicación de la dimensión empresarial de la cadena de suministro a The Fresh Connection, en la que se han tratado con más detalle los temas que aparecen en la figura 7.5 en gris. Algunos se verán de nuevo en la tercera parte, al igual que los temas que aparecen en blanco en la figura 7.5.

El viaje para aprender a gestionar los fundamentos de la cadena de suministro continuará ahora en el capítulo 8, con la aplicación de la dimensión técnica de la cadena de suministro a The Fresh Connection.

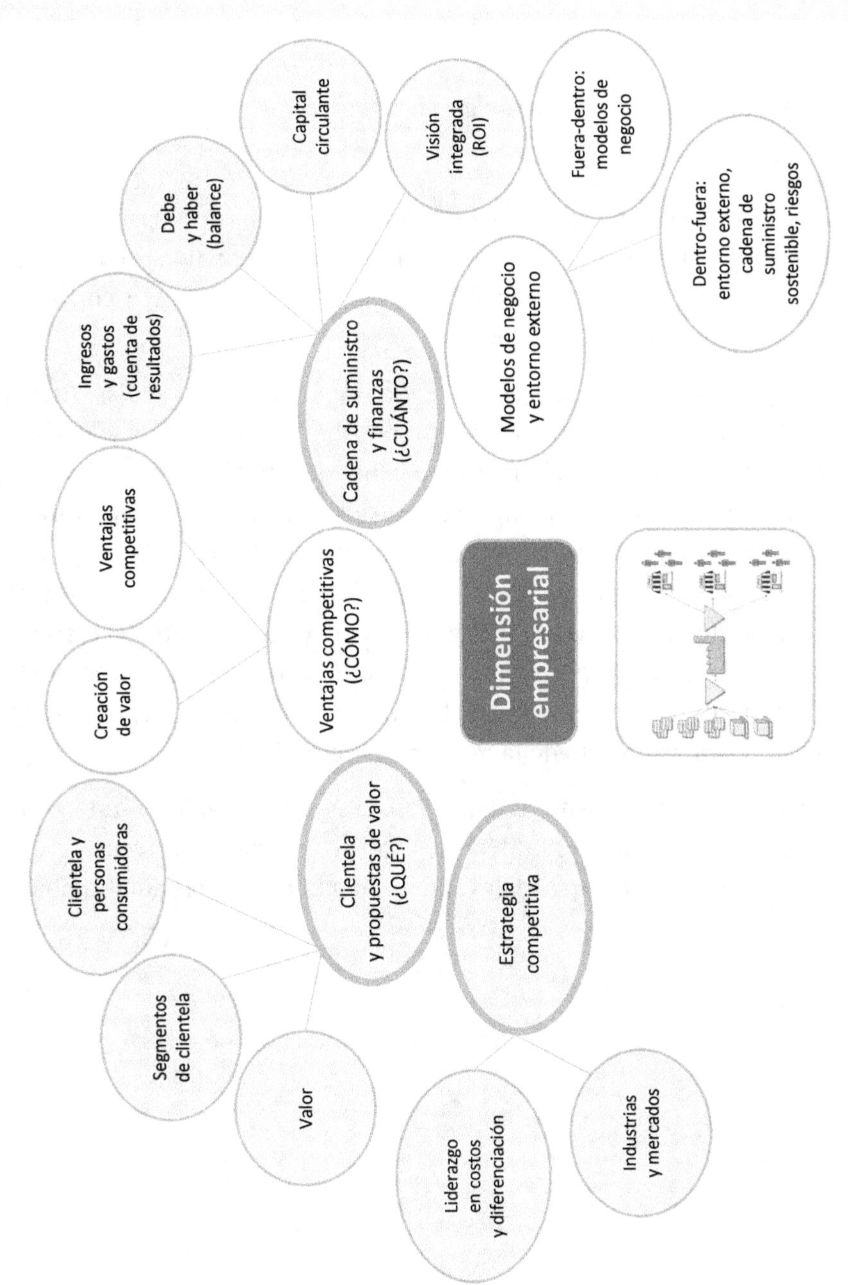

Figura 7.5. **Elementos propios de la dimensión empresarial de la cadena de suministro, aplicados a The Fresh Connection.**

EJERCICIO 7.4
Sobre las cuestiones tratadas en el capítulo 7

Reflexiona

Para cerrar adecuadamente el capítulo y seguir los principios del ciclo de aprendizaje basado en la experiencia, repasa cada una de las cuestiones de la figura 7.5 y reflexiona sobre lo que has aprendido. En concreto, céntrate en lo siguiente:

- *La aplicación de los conceptos teóricos en situaciones reales:* ¿hasta qué punto están claros los conceptos?, ¿qué consecuencias se derivan de su aplicación?, ¿cambiarías algo la próxima vez?
- *El proceso de análisis y toma de decisiones:* ¿cómo se ha organizado la toma de decisiones?, ¿hasta qué punto estaba clara la secuencia de decisiones?, ¿en qué medida el proceso ha sido eficiente?, ¿se ha perdido tiempo en discusiones que no eran estrictamente necesarias?
- *El comportamiento del equipo:* ¿hasta qué punto se ha implicado todo el mundo?, ¿qué ha pasado en el caso de que no fuera así?, ¿qué se ha hecho para afrontarlo de la mejor manera posible?

Obviamente, la historia no termina aquí. El siguiente capítulo trata sobre la aplicación de la dimensión técnica al juego. No obstante, recuerda que todos los aspectos empresariales siguen siendo relevantes aquí también.

8

Gestionar la dimensión técnica de la cadena de suministro

En este capítulo retomaremos muchos de los temas que se expusieron en el capítulo 3 al explorar los fundamentos de la dimensión técnica de la cadena de suministro. Ha llegado el momento de aplicarlos en *The Fresh Connection* para que descubras los numerosos retos que supone su aplicación en la vida real (figura 8.1).

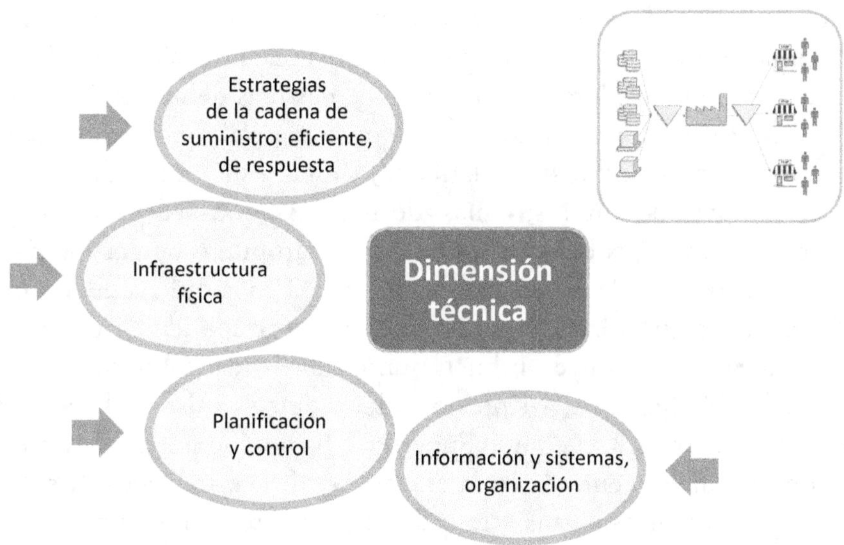

Figura 8.1. Cuestiones relacionadas con la dimensión técnica de la cadena de suministro.

De acuerdo una vez más con el concepto global mostrado anteriormente, trataremos aquí la estrategia de la cadena de suministro, los aspectos de la infraestructura física, la planificación y el control, y los sistemas de información.

Estrategias de la cadena de suministro

Cadenas de suministro eficientes o con capacidad de respuesta

En la primera parte, abordamos las distintas estrategias para la cadena de suministro y las cuestiones subyacentes a la elección de una u otra en una situación determinada. La previsibilidad y la volatilidad son muy importantes para la elección de la estrategia de la cadena de suministro, siendo «eficiente» y «sensible» los extremos más utilizados del espectro. También dijimos que, en aras de la argumentación, nos ceñiríamos a la aplicación de uno de los extremos del espectro durante el juego para que ambos queden realmente y sirvan, en cierto modo, como los límites dentro de los cuales pueden situarse también todas las demás estrategias.

En el capítulo anterior, se optó por una estrategia corporativa: o bajo costo o diferenciación, según el modelo de Porter, o excelencia operativa o intimidad con el cliente, según el modelo de Treacy y Wiersema. En ambos casos, la segunda opción se ajusta a ciertos aspectos de la labor de The Fresh Connection, sobre todo por lo que respecta a la calidad y el servicio (frescura y flexibilidad). La estrategia corporativa elegida da pie, obviamente, al trabajo en las diferentes áreas funcionales y nos llevará a adoptar medidas más definidas. La estrategia global determinará, por ejemplo, el enfoque comercial, que conducirá a una mayor o menor previsibilidad y volatilidad, y estas a su vez nos llevarán a una tipología de cadena de suministro más adecuada. Así que ha llegado el momento de tomar la estrategia corporativa elegida como punto de partida para determinar los detalles de la estrategia que se aplicará en la cadena de suministro.

Las decisiones que aparecen en la figura 8.2 corresponden a una configuración del juego. Constituye un buen punto de partida, sobre todo a la hora de definir los elementos del tipo de cadena de suministro elegido. En el ejemplo de la figura 8.2, el equipo SuperJuice ha optado por una estrategia de cadena de suministro centrada en la eficiencia y los costos bajos. Las decisiones que se han tomado en cada área indican ya la dirección que debe seguir el equipo. Por ejemplo, al desarrollar una estrategia de cadena de suministro de bajo costo, los niveles de servicio prometidos a la clientela deben situarse en el extremo inferior, tal como indica la flecha que apunta hacia abajo. Del mismo modo, piensan que los plazos de pedido acordados deben estar en el extremo inferior. Y así sucesivamente.

Al terminar la tabla, el equipo dispondrá de un plan más específico para la aplicación de la estrategia elegida. De ese modo, todos los miembros del equipo tomarán decisiones en sus respectivas áreas sin apartarse de la estrategia general. En cierto modo, con esta actividad ya habrás preparado el escenario para algunos de los aspectos que se tratarán con más detalle en los próximos apartados.

Antes de continuar, conviene realizar dos observaciones sobre la tabla que pueden extrapolarse a cualquier cadena de suministro de la vida real. Son las siguientes:

- El equipo ha confeccionado la tabla a partir de lo que sabe en ese momento. Como en la vida real, es posible que deba ponerla a prueba mediante el ensayo y el error antes de disponer de una versión final sólida. Tal vez algunas flechas cambien y apunten en una dirección distinta o tal vez se eliminen por completo debido a los conocimientos que se obtengan durante el juego. No pasa nada: eso ocurre en las mejores empresas. Al iniciarse un nuevo proyecto, hay una fase inicial de descubrimiento en el que cambian muchos elementos. No hay que preocuparse por ello. Solo hay que mantener el mapa estratégico actualizado a medida que se avanza.

EJERCICIO 8.1
Tipo de cadena de suministro y estrategia a seguir

Analiza

En función de la estrategia corporativa elegida (liderazgo en costos o diferenciación), ¿cuál sería el tipo cadena de suministro correspondiente: eficiente (bajo costo) o receptiva?

Decide

A partir de tu respuesta a la pregunta anterior, determina la dirección de las acciones específicas por área funcional mediante una plantilla como la que aparece en la figura 8.2.

EQUIPO: *SuperJuice*   **ESTRATEGIA:** *Bajo costo*   The Fresh Connection

Ventas	Gestión de la cadena de suministro	Operaciones	Compras
Nivel de servicio ↓	*Stock* de seguridad Componentes	Turnos de trabajo	Plazo de entrega
Plazo máximo de pedido ↓		Ubicación de los palés	Fiabilidad de las entregas
Regla de la escasez	*Stock* de seguridad Productos acabados	Jornada completa	
Vida útil	Lotes de producción	SMED	Unidad comercial
Unidad comercial	Lotes de compra	Aumentar la velocidad	
Plazos de pago	Período de congelación	Hora de entrada	Selección de proveedoras
		Mantenimiento	Condiciones de pago
		Resolver bloqueo	Calidad de los componentes
		Inspección de las materias primas	Modalidad de transporte

Figura 8.2. Plantilla: la estrategia corporativa en la acción de la cadena de suministro. SMED: siglas en inglés de *single-minute exchange of die*, técnica de cambio de matriz en menos de 10 minutos.

- El extremo inferior de la tabla es orientativo: muestra una flecha, no un número. Las cifras pueden incluso variar entre clientes, proveedoras y productos, y formarán parte del ajuste durante la aplicación real. También en la vida real, ese ajuste fino formará parte de cualquier implementación y llevará algún tiempo antes de quedar realmente claro (otro ejemplo de ensayo y error). Probablemente, al final del juego estarás en una posición mucho mejor para afirmar a qué rango de valores se refiere realmente una flecha descendente, porque la experiencia de la toma de decisiones en las distintas rondas y los resultados correspondientes te lo habrán demostrado.

En el siguiente apartado haremos un análisis más detallado de los diferentes elementos de la cadena de suministro. Pero antes, hagamos un rápido repaso al tema de los datos y los informes.

Los promedios matan

Aunque los datos, en un sentido estricto, tienen que ver más con la información y los sistemas —como se verá al final de este capítulo—, conviene reparar en ciertos detalles ahora. Ya que en los próximos apartados basaremos muchos de nuestros análisis en los datos que proporcionan los informes de *The Fresh Connection,* es importante comprender bien lo que esos datos representan en realidad. Conviene distinguir con claridad entre los números que representan un total y los números que representan una media, y saber en todo momento si esos totales representan, por ejemplo, o bien un total absoluto o bien una media semanal o semestral (una ronda). El símbolo ⓘ, además de proporcionar información sobre el elemento del informe al que acompaña, especifica también si el dato en cuestión se trata de un total o de una media.

En el caso de las medias, es importante preguntarse cuál ha sido el comportamiento en torno a la media. En esto se centran también ciertos métodos desarrollados para la mejora de la calidad, como el Six Sigma. Al igual que en la vida real, los datos exactos subyacentes no siempre son visibles; tenemos que hacer algunas suposiciones. Pero primero veamos una noción muy básica de los promedios, fácil de entender pero con enormes implicaciones. En las seis cifras siguientes, la demanda media por mes en todo el período de un año es la misma: 100 unidades al mes. Esto se calcula fácilmente: la demanda total en un año, dividida por el número de meses, da la demanda media por mes (figura 8.3).

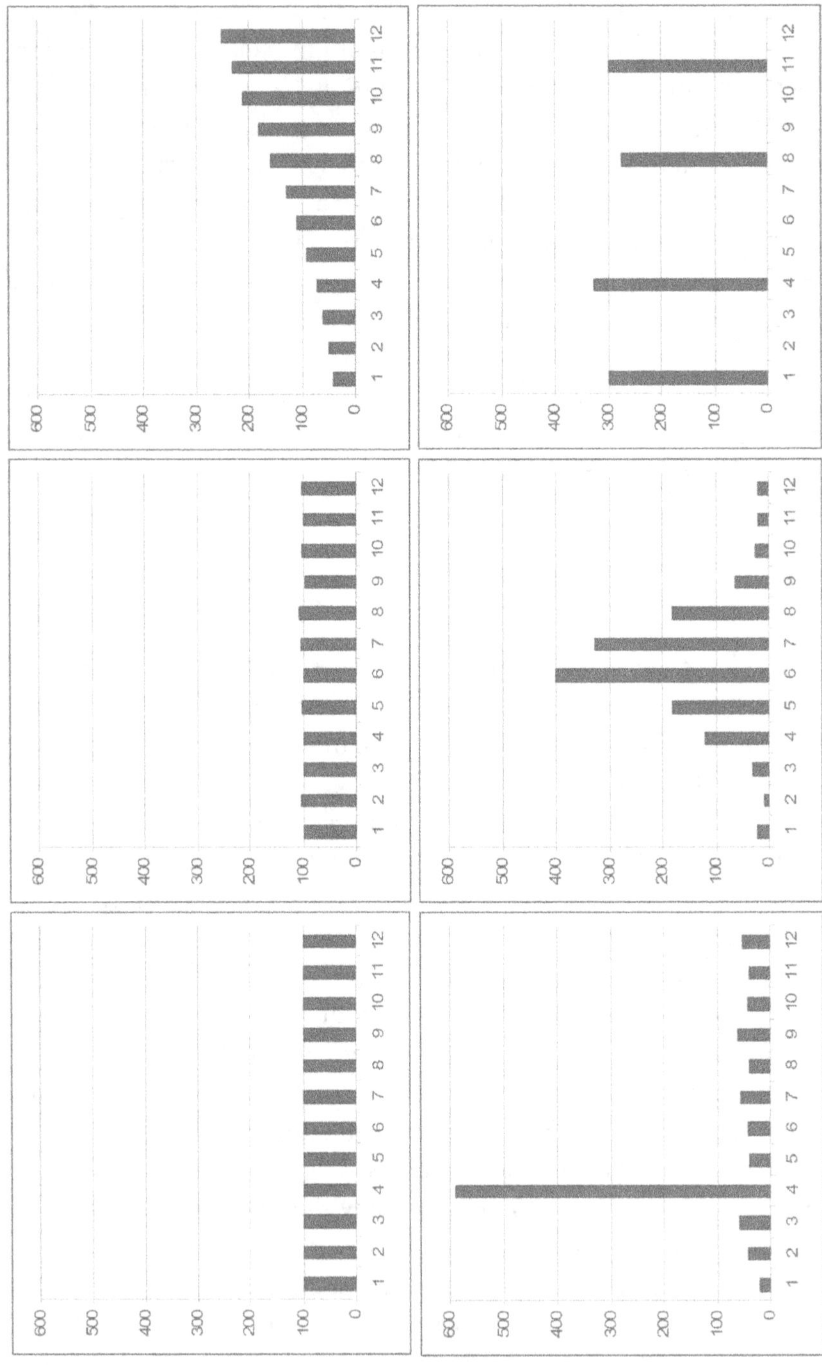

Figura 8.3. Demanda media de 100 unidades al mes.

Sin embargo, la situación real es totalmente distinta en cada caso, lo que lleva, por ejemplo, a tomar decisiones muy diferentes en cuanto a las compras, la producción y las existencias o incluso a prever las tendencias futuras. Por lo tanto, siempre hay que manejar los promedios con cuidado, ya que pueden acabar con su rendimiento futuro si se interpretan de forma incorrecta. Los promedios son datos interesantes y útiles, pero no muestran la imagen completa, sino solo una parte. Una media, por ejemplo, no refleja las fluctuaciones mayores o menores, ni detecta las tendencias al alza o a la baja, ni advierte de lo que se conoce como «valores atípicos» (ocasiones excepcionales y puntuales).

En relación con The Fresh Connection, la mayoría de los promedios que se presentan en los informes responden a un patrón subyacente, como se muestra en el gráfico central de la figura 8.3. Se trata de una distribución normal en forma de campana, la conocida curva de Gauss, tan habitual en estadística básica. Sin entrar en detalles, quedémonos por ahora con el mensaje de que la mayoría de las medias de los informes que proporciona el juego mostrarán una curva subyacente similar, lo que significa, a grandes rasgos, que aproximadamente la mitad de los valores han estado por debajo de la media y la otra mitad, por encima.

Así, por ejemplo, aunque la media de seis meses de vida útil alcanzada (es decir, lograda) expresada en los informes de ventas de los clientes aparezca bien en comparación con el valor acordado con el cliente, debes tener en cuenta que esa media no se ha alcanzado en varias ocasiones y que en realidad la vida útil ha sido muy inferior —es decir, que no se ha cumplido lo acordado con el cliente— y que solo en algunos casos se ha logrado una vida útil superior a la media. En este ejemplo concreto, puede contrastarse la vida útil alcanzada con la cantidad de productos obsoletos, tal y como se aprecia en el informe de ventas de productos, para comprobar el impacto potencial y extraer las conclusiones oportunas.

Veamos ahora en detalle los elementos de la dimensión técnica de la cadena de suministro.

Infraestructura física

A la hora de tratar los diferentes aspectos de la infraestructura física, debe destacarse una vez más la importancia de la visión global, holística. En las páginas siguientes abordaremos paso a paso varios conceptos. Los trataremos aquí por separado y de forma secuencial, pero entendiendo que guardan una profunda interrelación y que deberían tratarse más bien de forma iterativa antes que puramente secuencial, como parte de un ejercicio global más amplio.

Productos: características físicas de los componentes

En la situación inicial, *The Fresh Connection* trabaja con cinco componentes diferentes, todos con características muy distintas. Su carácter perecedero no es realmente un problema: la pulpa de fruta, por ejemplo, posee una vida útil de

---

EJERCICIO 8.2
Las características de los componentes y su gestión

Analiza

Elabora un breve informe sobre los cinco componentes que The Fresh Connection utiliza para fabricar su actual cartera de productos. La plantilla que elaboró el equipo SuperJuice (figura 8.4) te servirá de guía. Una parte de la tabla está relacionada con las características físicas de los componentes y otra con su uso en términos de producción o volumen de ventas. La información correspondiente para rellenar la tabla se encuentra en parte en la pestaña Información y, en parte, en el informe de componentes, al que se accede a través de la pantalla del área de compras. Ten en cuenta que las cifras que encontrarás dependen de la configuración de tu juego y del rendimiento actual de tu equipo.

Como verás, estos cinco componentes son muy distintos por lo que respecta al tamaño, el valor, las cantidades utilizadas y el dinero gastado. Piensa en cómo puedes utilizar estos conocimientos para gestionarlos de forma más eficiente y eficaz, y establecer prioridades inteligentes. Piensa en la utilización del espacio de almacenamiento, los modos de transporte, las unidades comerciales, el tamaño de los lotes en las compras, la capacidad disponible en las empresas proveedoras, etc. ¿Cuáles son tus conclusiones? Añade una columna a la tabla y anótalas en la celda correspondiente a cada componente.

Decide

¿Qué propondrás a la vista de estos resultados?

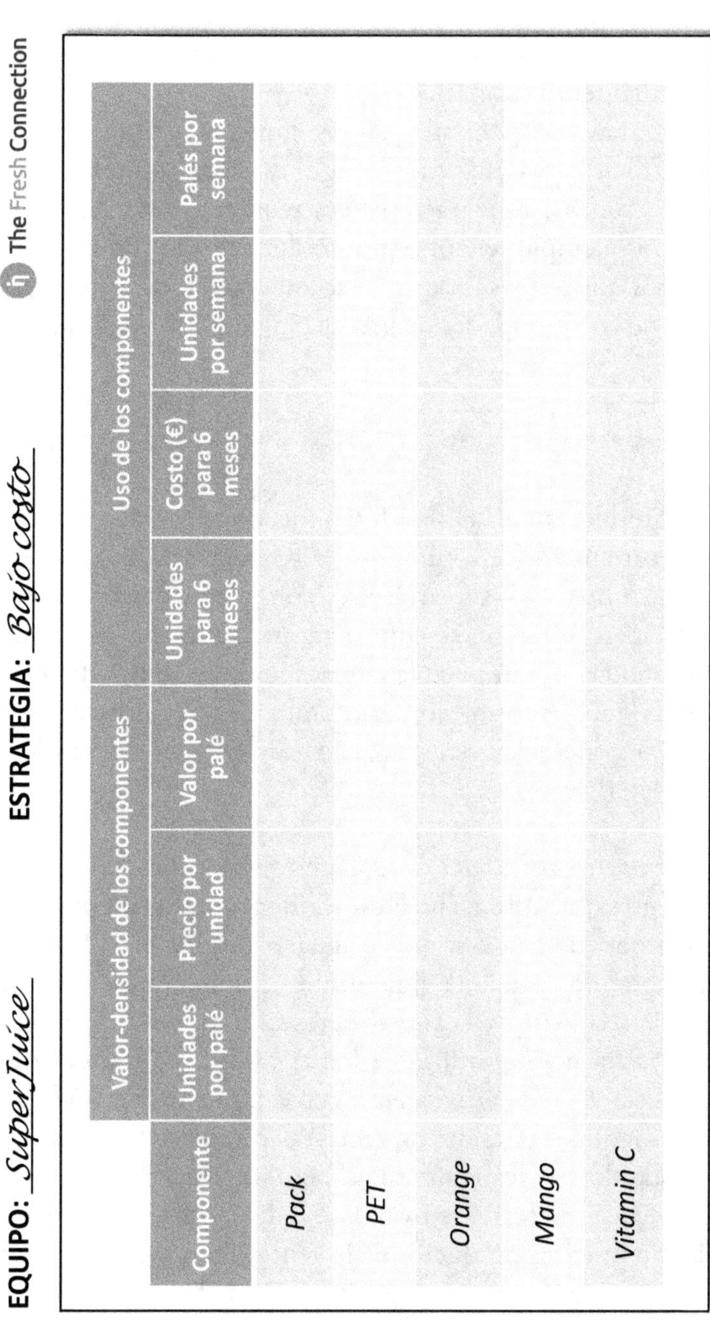

Figura 8.4. **Plantilla: características de los componentes.**

dos rondas (es decir, un año) y los materiales de envasado, algo más. Además, los materiales no se consideran mercancías peligrosas que requieran un transporte o almacenamiento especial.

Sin embargo, hay componentes sólidos, líquidos, grandes, pequeños... Algunos son baratos y otros, más caros. Algunos se utilizan en grandes cantidades y otros no. Todas estas características requieren una gestión inteligente. Recordemos, por ejemplo, el concepto de densidad de valor del capítulo 3 y las implicaciones que tiene su uso en la segmentación de los componentes y la diferenciación de las prioridades de gestión (figura 3.5, pág. 90).

Productos: características físicas de los productos acabados

La cartera de productos de The Fresh Connection, en la situación de partida, consta de seis productos (seis números de referencia): tres sabores diferentes, que se venden en dos tipos de envases diferentes. Evidentemente, todos contienen líquido, pero ninguno se considera mercancía peligrosa. La fragilidad no tiene importancia ni tampoco la complejidad de la lista de materiales, disponible en la pestaña Información. Sin embargo, hay dos características que merecen especial atención en este caso, la naturaleza perecedera y los volúmenes físicos de los materiales.

- *Naturaleza perecedera (vida útil).* Como se ha indicado anteriormente, los componentes que utiliza The Fresh Connection tienen una vida útil larga. Sin embargo, en cuanto se añade agua a la pulpa de la fruta, el producto recién elaborado tiene una vida útil mucho menor, de tan solo 20 semanas. Ese dato constituye la *vida útil técnica.* Una vez superada, el producto ya no es técnicamente utilizable (en el caso del zumo de fruta, ya no se puede beber). La *vida útil comercial,* en cambio, expresa el tiempo durante el cual se mantiene el valor comercial del producto. A veces, los productos siguen estando técnicamente bien, pero al aparecer nuevas ediciones del producto en el mercado, su valor se reduce drásticamente. Como suele ocurrir con muchos productos de la venta al por menor, la vida comercial se determina mediante una negociación con el cliente minorista.

  El vicepresidente de ventas de The Fresh Connection negocia con cada cliente una vida útil para los productos. En consecuencia, la vida útil restante de cualquier caja o botella enviada al cliente nunca puede ser inferior a esa vida útil concreta acordada. Como puede verse, no tiene nada que ver con la duración del zumo. Cuanto más tiempo de conservación se prometa al cliente, más estará dispuesto a pagar, ya que lo tendrá más tiempo y, por tanto, más oportunidades de vender el producto en sus tiendas.

La cuestión posee gran importancia para la dimensión técnica de la cadena de suministro: cuanto más tiempo de conservación tenga que dar a mi cliente, menos tiempo tendré entre la mezcla y el embotellado de los ingredientes y la distribución. En otras palabras, si ofrezco una vida útil larga, la configuración de mi cadena de suministro debe ser relativamente más rápida para que eso sea factible. Tal decisión influirá en la gestión del inventario, de los lotes de producción, de las opciones de capacidad de producción y de máquinas, etc. Más adelante, en la sección dedicada a la planificación y el control, se tratará este tema.

- *Volúmenes físicos.* El segundo aspecto relevante en relación con las características físicas de los productos acabados es su volumen físico. Aunque las diferencias no son tan grandes como en el caso de los componentes, los productos acabados también tienen diferentes tamaños físicos (por ejemplo, expresados en el número de cajas de cartón de 1 litro o de botellas de PET de 300 ml que caben en un palé). Además, podría tener sentido echar un vistazo a los volúmenes en litros de zumo vendidos y producidos, por ejemplo, por ronda, para ponerlo en la perspectiva del número de palés por números de referencia. Estos datos son importantes a la hora de definir las unidades comerciales, los tamaños de los lotes en la producción (intervalos de producción) y los niveles de las existencias de seguridad, que a su vez repercuten en, por ejemplo, la capacidad de almacenamiento y la capacidad de producción. Retomaremos la cuestión más adelante, en el apartado sobre planificación y control.

Como se desprende de los aspectos mencionados, las características del producto tienen un impacto importante en los aspectos físicos de la cadena de suministro, así como en algunos de los parámetros de planificación.

Push/pull: *punto de desacoplamiento entre cliente y pedido*

Recuperemos el diagrama que muestra los puntos de desacoplamiento de los pedidos de los clientes (CODP; figura 3.6, pág. 94). Aunque la cadena de suministro de The Fresh Connection no es cien por cien idéntica a la del diagrama, su configuración podría caracterizarse como CODP 2, fabricación contra inventario central (MTS, *make to central stock)*. Dado que esta elección no puede ser cuestionada en el juego básico, la daremos por supuesta y volveremos a tratar el tema en la tercera parte.

Instalaciones: almacenamiento y producción

Las principales instalaciones de la cadena de suministro de The Fresh Connection son la fábrica y los dos almacenes (uno para componentes y otro para productos acabados). Para el almacenamiento de los componentes líquidos existe

---

EJERCICIO 8.3
Capacidad de producción y de almacenamiento

Analiza

Antes de decidir si conviene cambiar la capacidad de almacenamiento o producción, tendrás que analizar a fondo la situación de la capacidad existente:

- Consulta los informes de operaciones de almacenamiento (en la pestaña Bodega de almacenamiento) y de mezcla y embotellado. Intenta comprender bien lo que dicen los diferentes parámetros y gráficos. Haz clic en el símbolo ⓘ correspondiente si algún término no está claro.
- ¿Cómo interpretas la situación? ¿Se ha infrautilizado la capacidad? ¿Quizá había escasez e capacidad? ¿En qué medida se han dado? ¿A qué se ha debido? Piensa en los patrones y volúmenes de los flujos de entrada, en los patrones y volúmenes de los flujos de salida, así como en la propia capacidad disponible. ¿Cuáles podrían ser las causas de tales patrones?
- ¿Cuáles han sido las consecuencias de la infrautilización de la capacidad? ¿Y las consecuencias de la escasez de capacidad? ¿Qué debería hacerse para optimizar la situación y ser más eficiente y eficaz?

Decide

De acuerdo con tus conclusiones, ¿qué propones?

también el patio de tanques, que se utiliza cuando estos componentes se suministran en camiones cisterna. También podemos añadir otros nodos o *hubs* de la red: las empresas proveedoras y la clientela. Esta última o, más correctamente, los almacenes centrales de que dispone cada cliente, están situados relativamente cerca del lugar donde fabrica The Fresh Connection para facilitar una entrega rápida. La ubicación de las proveedoras figura en el perfil de cada una, así como

---

EJERCICIO 8.4
Cambios en la capacidad de producción y de almacenamiento

Analiza

La capacidad de almacenaje tanto de entrada como de salida de mercancías implica dos elementos diferentes: espacio y personas. En las pantallas del área de operaciones encontrarás la información siguiente:

- ¿Cuál es el costo anual de una persona (equivalente a jornada completa) que trabaja en el almacén? ¿Qué porcentaje de aumento de la capacidad disponible le proporcionaría una persona más? Recuerda que una ronda de juego representa seis meses, es decir, medio año. La mayoría de las cifras de los informes representan los totales o las medias de una ronda.
- ¿Cuál es el costo por año de una ubicación de palés en los almacenes propios de The Fresh Connection?
- ¿Cuál es el costo por día de una ubicación de palés en el almacén de desbordamiento aledaño?

La capacidad en la fase de mezcla de la producción consiste básicamente en la máquina mezcladora y sus costos asociados. Al hacer clic en el símbolo ⓘ junto al nombre de la máquina, aparecerá su ficha técnica. Revísala. Si la configuración incluye la opción de cambiar de máquina, examina sus especificaciones, así como el costo y la capacidad. Debes tener en cuenta los puntos fuertes y débiles de cada una en los términos siguientes:

- Capacidad/velocidad.
- Flexibilidad/tiempo de cambio o limpieza/tamaño mínimo del lote.
- Costos de funcionamiento.
- Inversión.

¿En qué casos cualquiera de las máquinas disponibles constituiría una alternativa razonable?

La capacidad de embotellado implica la capacidad de la máquina, el número fijo de operarios al cargo y el número de turnos de trabajo. Todos esos datos figuran en la información disponible. Revísala y analiza las cuestiones siguientes:

- ¿Cuántas personas son necesarias para hacer funcionar la máquina? Por tanto, ¿cuál es el costo de mano de obra asociado a un turno adicional de funcionamiento? ¿Cuánta capacidad extra daría ese turno adicional?
- Capacidad total.
- Costes fijos de explotación.
- Flexibilidad en cuanto a los tiempos de cambio por fórmula (receta) o tipo de envase.
- Tolerancia a diferentes calidades de botellas y cartones.
- Eficiencia en términos de pérdidas de productividad en la puesta en marcha.
- Inversiones.

¿En qué casos cualquiera de las máquinas disponibles sería una alternativa atractiva?

La capacidad de embotellado también puede verse influida por la realización de proyectos de mejora, como el mantenimiento preventivo, la formación para «resolver averías», el aumento de la velocidad y la acción SMED *(single-minute exchange of die,* cambio de matriz en menos de diez minutos). Comprueba los costos asociados, así como los beneficios esperados de cada uno.

¿En qué casos alguno de los proyectos de mejora opcionales se convertiría en una alternativa atractiva?

Revisa la información financiera y comprueba los componentes de costo asociados a los temas mencionados para ver cuánto representan de los costos totales de las operaciones. Ahora estás en condiciones de realizar un análisis costo-beneficio bastante completo para diferentes escenarios. ¿Cuáles son tus conclusiones al respecto?

Decide

De acuerdo con tus conclusiones, ¿qué propones?

en el resumen de los acuerdos de compra, y puede ser cuestionada en cuanto se decida cambiar de proveedora.

La decisión estratégica de la ubicación de la fábrica y los almacenes propios de The Fresh Connection, así como de sus almacenes de desbordamiento, previstos para aquellas situaciones en que los almacenes principales estén completamente llenos, no se cuestionará en la configuración estándar del juego, aunque también la trataremos en la tercera parte. Sí puede ponerse en duda, en cambio, el tamaño de los almacenes en cuanto se refiere al espacio físico, así como su capacidad en términos de recursos humanos, y la capacidad de las máquinas para mezclar y embotellar. Exploremos un poco más estos aspectos para saber cuál es la situación.

El ejercicio anterior aporta una imagen clara de la situación de la capacidad. Sin embargo, esto es solo una parte del panorama. Hay que entender bien la situación actual y tener muy claro cómo se puede aumentar o disminuir la capacidad y qué implicaciones acarrean esos cambios. Veamos estas cuestiones con más detalle.

Transporte

En el caso de The Fresh Connection, y tal como sucede en la vida real, el transporte está determinado geográficamente. En el caso de esta empresa, el servicio a los clientes se realiza sobre todo por carretera, dada la proximidad física. La situación cambia con las proveedoras: no tiene sentido plantearse una entrega desde China por camión. Algunas empresas proveedoras, sin embargo, plantean varias alternativas. Puedes ver esta información en la ventana de negociación en las pantallas de compras. Junto al modo de transporte, habrá una lista desplegable con las opciones disponibles (figura 8.5). Si lo deseas, puedes seleccionar otro modo y guardarlo. El plazo de entrega de la proveedora cambiará de acuerdo con el nuevo modo de transporte elegido.

En el perfil de la proveedora que aparece al pulsar el símbolo ☿ situado junto al nombre, encontrarás los costos asociados al modo de transporte elegido actualmente. Si se selecciona y guarda otro modo, y se abre de nuevo el perfil, aparecerán los nuevos costos de transporte para compararlos con los anteriores (figura 8.6). El modo de transporte puede cambiarse en cualquier momento antes de cerrar la ronda de juego.

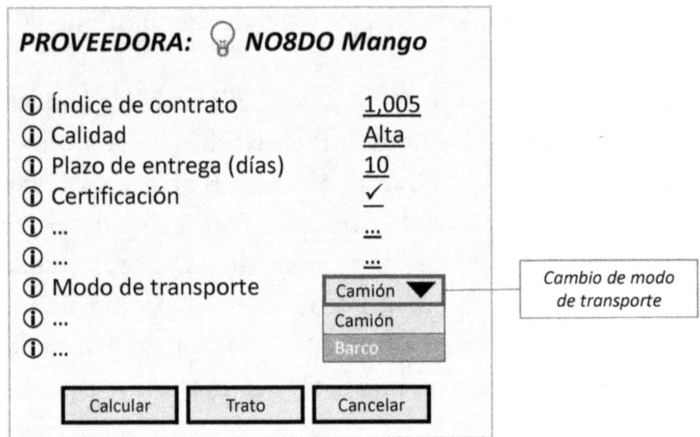

Figura 8.5. Pantalla: cambio del modo de transporte para los envíos de una empresa proveedora.

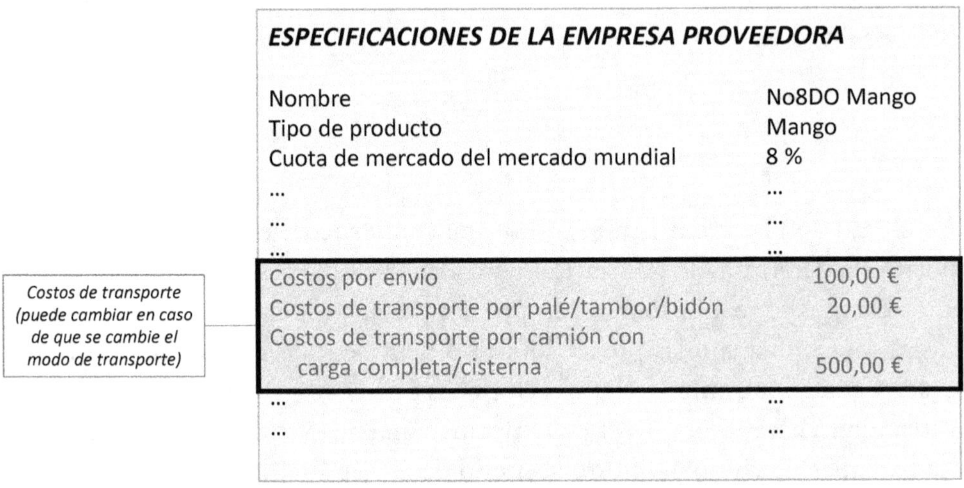

Figura 8.6. Pantalla: perfil de la empresa proveedora, incluyendo los costos de transporte asociados a la modalidad elegida.

Externalización y colaboración

Parte de las decisiones sobre la infraestructura física tienen que ver con «hacer o comprar». The Fresh Connection ha tomado este tipo de decisiones, aunque de forma bastante sencilla. La empresa no posee ninguna plantación de fruta ni tiene capacidad para fabricar envases. La integración vertical no se tendrá en cuenta durante el juego. Sin embargo, el trato con las proveedoras plantea otras opciones.

Las características de los componentes determinan las prioridades que se adoptan en el abastecimiento, el transporte y el almacenamiento, así como en la relación con las proveedoras. Como puedes imaginarte, algunos componentes pueden ser más importantes que otros y el suministro requiere una relación distinta con sus proveedoras.

Para completar el cuadro, debemos contemplar otra cuestión que antes hemos visto de pasada: la importancia del tamaño. Evidentemente, cada equipo directivo decidirá si conviene mantener una relación estratégica con una proveedora determinada. Pero eso no quiere decir que esa proveedora esté dispuesta a

---

EJERCICIO 8.5
Prioridades de los componentes y proveedoras

Analiza

Repasa el marco de Kraljic que se mostró en el capítulo 3 (figura 3.7, pág. 99) y analiza los diferentes componentes que utiliza The Fresh Connection. Observa cuánto dinero gasta en cada uno, así como la importancia que tienen en la combinación total de productos que vende.

A continuación, analiza las distintas empresas proveedoras de cada componente e intenta evaluar la complejidad del mercado. ¿Cuántas proveedoras alternativas hay? ¿Cuáles son sus características? ¿Hay grandes diferencias entre unas y otras?

Teniendo en cuenta los datos anteriores, ¿cómo situarías los distintos componentes en el marco? ¿Cuáles son los más estratégicos?

¿Qué te dice lo anterior sobre la forma en que tratarías con las diferentes proveedoras, desde la compra en condiciones de igualdad hasta la cooperación muy estrecha y el desarrollo conjunto?

Decide

De acuerdo con tus conclusiones, ¿qué propones?

EJERCICIO 8.6
Características de las proveedoras

Analiza

Una vez hayas determinado cuáles son las empresas proveedoras estratégicas con las que te interesa estrechar la relación, haz clic en el símbolo ⓘ que aparece junto a su nombre o junto a la palabra *Info* que verás mientras buscas en el mercado. Lee el perfil e intenta determinar la importancia que podrías tener para ellas. ¿Qué datos te dicen algo al respecto?

Repite la operación con las demás proveedoras que trabajan con un mismo componente. ¿Cómo lo ves?

¿Podrás establecer una cooperación más estrecha y emprender un desarrollo conjunto con las posibles proveedoras estratégicas?

Decide

De acuerdo con tus conclusiones, ¿qué propones?

---

asumir esa responsabilidad. El hecho de que tenga una gran importancia para tu empresa no significa que piense lo mismo de la tuya.

Por lo tanto, además de la segmentación de proveedoras que ya has realizado, deberás examinar con detenimiento a las empresas que te interesan especialmente.

Diseño de la red

No vamos a cuestionar la estructura actual de la red de The Fresh Connection en este momento. Ya la veremos en la tercera parte. De momento, nos bastará con analizar la base de empresas proveedoras.

Después de haber examinado en este capítulo una serie de aspectos muy relevantes relacionados con la infraestructura física, dejaremos la cuestión por el momento. La retomaremos en la tercera parte. Ahora nos centraremos en la siguiente área de atención en nuestro concepto global de la cadena de suministro: la planificación y el control.

EJERCICIO 8.7

La red de flujos geográficos

Analiza

En el capítulo 6 pudiste ver cómo se realiza un mapa de red. Si, por cualquier razón, no llegaste a completarlo, este podría ser un buen momento para dibujar la red geográfica de la cadena de suministro de The Fresh Connection. Tan solo deberás centrarte en la ubicación de la empresa, así como de sus proveedoras. También puedes considerar la posibilidad de utilizar el grosor de las líneas que conectan a esta con sus proveedoras como expresión del volumen o las frecuencias de los flujos que se dan y añadir incluso los plazos de entrega a lo largo de las líneas.

¿Qué conclusiones puedes sacar de este mapa?

Decide

De acuerdo con tus conclusiones, ¿qué propones?

Planificación y control

Antes de profundizar en ambas cuestiones, es preciso destacar una vez más la importancia que entraña la adopción de un punto de vista global y holístico a la hora de analizar la cadena de suministro. En los siguientes apartados se abordan paso a paso una serie de conceptos distintos que, al igual que hemos ido viendo a lo largo del libro, están estrechamente ligados. Aunque se tratarán por separado y de manera secuencial, no están aislados. Todo encajará al final del capítulo, cuando se aborde el proceso general de S&OP/IBP.

Incertidumbre y variabilidad

Una vez definida la infraestructura física, podemos estudiar las decisiones que deben tomarse dentro de la red de la cadena de suministro, es decir, nuestro marco general de planificación y control. Como viste en el ejercicio 3.7 (pág. 106), primero examinaremos las fuentes de incertidumbre para ver cómo abordar la previsión, los inventarios y la producción. En el capítulo 3 lo vimos de forma bastante genérica. Ha llegado el momento de aplicar el mismo concepto al caso concreto de The Fresh Connection.

EJERCICIO 8.8
La incertidumbre y la variabilidad

Analiza

Utiliza los informes disponibles por cada una de las cuatro áreas funcionales, así como las diferentes decisiones que pueden tomarse. Empieza por el lado del mercado de la cadena de suministro de The Fresh Connection y ve subiendo hacia el lado de la oferta de la cadena. Puedes utilizar una plantilla como la que elaboró el equipo SuperJuice (figura 8.7).

Analiza paso a paso el grado de incertidumbre que encuentras en los informes y gráficos. Aunque los conceptos de variabilidad e incertidumbre no son idénticos, como se muestra en el capítulo 3, en este caso también podrías incluir la variabilidad en tu análisis.

Intenta determinar qué ocurre; aunque algunas de las causas de la incertidumbre o la variabilidad pueden ser externas, como el comportamiento autónomo de la clientela, otras pueden ser inducidas por las decisiones tomadas por el equipo que gestiona The Fresh Connection, como la decisión de participar o incentivar más o menos promociones.

Intenta determinar, para cada causa, la mejor manera de abordar la incertidumbre o la variabilidad. Ten en cuenta que no son necesariamente malas: en algunos casos, pueden ser simples consecuencias de decisiones estratégicas tomadas por la propia empresa y quizá la reducción o la eliminación de la incertidumbre y la variabilidad no fuese la mejor solución.

Decide

Aunque probablemente aún no tengas la imagen completa, traduce los resultados de este primer paso del análisis en posibles decisiones sobre las acciones que deberás tomar y llévalas a los pasos siguientes antes de tomar las decisiones finales.

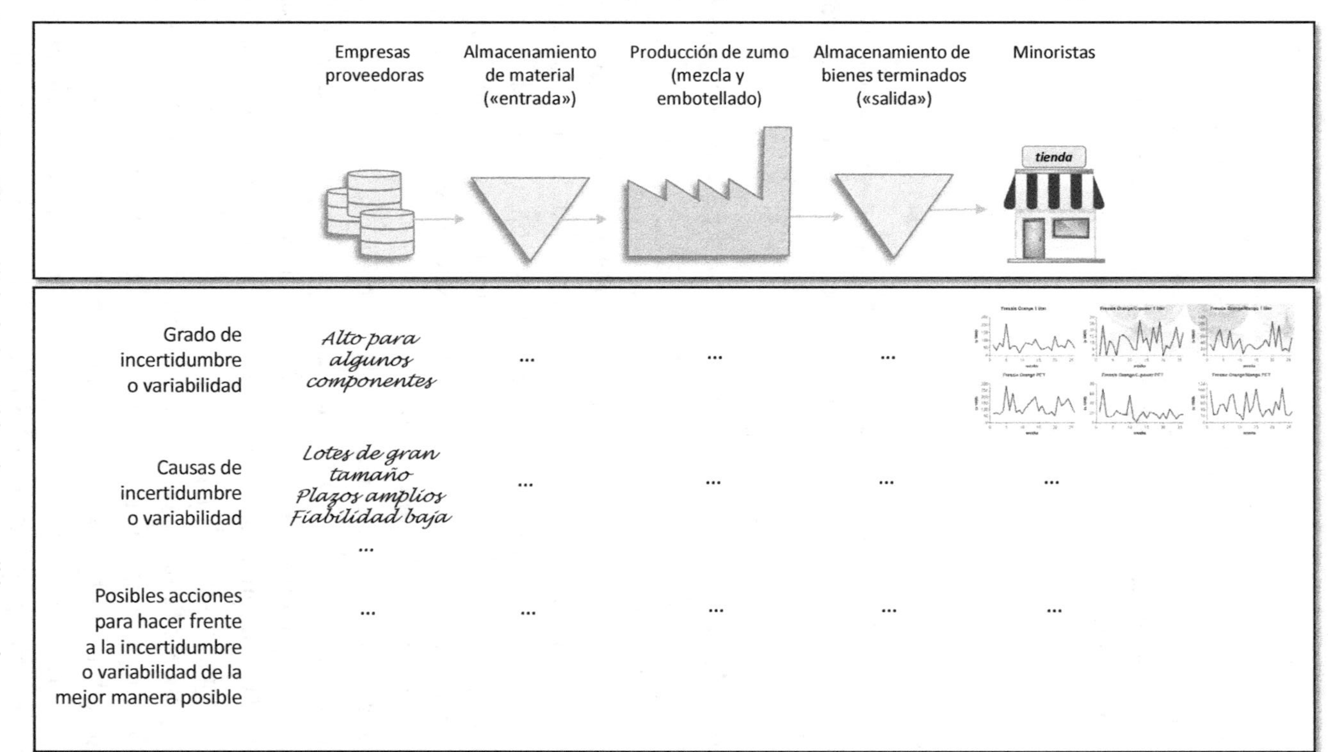

Figura 8.7. Plantilla: análisis de incertidumbre y posibles acciones.

Ahora que tenemos una idea más clara de los grados de incertidumbre y variabilidad con los que debemos lidiar, veamos las implicaciones que tienen en el proceso de la demanda a la oferta *(demand to supply,* D2S), uno de los principales de la cadena de suministro. Nos centraremos en las cinco claves, que ya analizamos en el capítulo 3 (figura 3.10, pág. 105): previsión de la demanda del mercado, planificación de la capacidad, planificación y programación de la producción, producción y calidad, y gestión de inventarios.

Primera clave para el proceso D2S: previsión de la demanda del mercado

La previsión es una actividad fundamental, ya que proporciona un punto de partida para las decisiones previas sobre producción, almacenamiento y transporte. Su impacto será muy distinto en función de la incertidumbre y la variabilidad. Una mejor previsión no afecta a la variabilidad, pero, según las causas de esta, puede reducir la incertidumbre.

La previsión también incide en las ventas. La persona a cargo de esta área debe informar a su colega del área de operaciones sobre los posibles cambios en los volúmenes de ventas previstos. Cuando se toman decisiones sobre promociones o carteras de productos, por ejemplo, deberá pensarse en los efectos que tendrán en las compras, las operaciones y la cadena de suministro, sobre todo por lo que respecta a la capacidad de producción, la capacidad de almacenamiento, los niveles de existencias de seguridad, etc. Por ejemplo, los ajustes del *stock* de seguridad en The Fresh Connection se expresan en semanas, basándose en las cifras de demanda semanal previstas.

Vamos a recorrer el ciclo de previsión paso a paso.

El primer paso consiste en mirar al pasado en términos de ventas realizadas, así como de rendimiento de las entregas. Veamos primero las ventas pasadas. En la mayoría de las configuraciones básicas de *The Fresh Connection,* existe un determinado volumen de ventas de referencia (el tamaño del mercado). Este volumen es prácticamente el mismo en cada ronda de juego, lo que significa que la cantidad total de zumo en litros en una ronda es estable. Dentro de esta cantidad total semestral en litros puede existir mucha variabilidad día a día y semana a semana, por lo que la demanda total semestral puede ser estable, pero no plana.

Ahora debemos analizar también los resultados de las entregas anteriores, es decir, cómo hemos cumplido lo prometido. Esto debería llevar a conclusiones sobre el margen de mejora de las promesas, o la necesidad de hacerlas menos agresivas.

Para el segundo paso, deberás manejar toda la información ya disponible sobre las tendencias externas futuras del sector, el mercado o la demanda, así como las decisiones que se tomaron en el pasado pero que aún no se han aplicado, como la introducción de nuevos productos, nuevos canales o nuevos sectores geográficos. Dejaremos este tema por el momento. Lo recuperaremos en la tercera parte.

El siguiente paso, el tercero, consistiría en desarrollar posibles escenarios futuros, basados en el análisis histórico anterior complementado con la información disponible. Dichos escenarios pueden incluir cambios en la cartera de productos —por ejemplo, a causa de la eliminación de un producto por un mal rendimiento de los márgenes o de los problemas operativos con la SKU en particular— o bien

---

EJERCICIO 8.9
Rendimiento de las ventas

Analiza

Tomando como punto de partida las condiciones contractuales negociadas con cada cliente, define qué indicadores clave de rendimiento (KPI) expresan mejor el rendimiento en cada una de las condiciones acordadas.

En los diferentes informes de ventas, analiza tu rendimiento actual en función de esos KPI.

¿Qué diferencias ves entre lo prometido y lo cumplido? ¿Qué magnitud tienen? ¿Cuáles han sido las consecuencias de estos desfases?

Las diferencias entre lo prometido y lo entregado normalmente pueden solucionarse mejorando el rendimiento de las entregas o reduciendo las promesas, o mediante una combinación de ambas. ¿Qué opciones te parecen más factibles?

Analiza también en detalle los resultados financieros por producto y cliente en términos de tasa de contribución, márgenes, etc.

Decide

¿Qué conclusiones extraes de estos análisis? Aunque probablemente no dispongas todavía de una visión completa, traduce los resultados de este primer paso en posibles decisiones sobre las acciones a tomar y tenlas en cuenta antes de tomar la decisión final.

considerar la participación en más promociones con uno o más de los clientes minoristas, tratando de impulsar las ventas de zumo de esa manera.

Ambas decisiones tendrán un impacto en la cantidad total de ventas de zumo en litros (positivo o negativo), y en el caso de más o menos promociones, el grado de variabilidad también puede verse afectado: aunque el efecto neto de las promociones en las ventas es positivo, más promociones crean picos de ventas más altos, seguidos de períodos lentos más largos (figura 8.8).

Por último, el cuarto paso consistiría en decidir el escenario elegido y crear una previsión final, que puede compartirse con los colegas del equipo de dirección de la empresa. La previsión se realiza a través de la pestaña de previsión, como se muestra en la figura 8.9. En esta pantalla, el vicepresidente de ventas puede indicar por cada uno de los productos de la cartera, en pasos de más o menos un 5 %, el aumento o la disminución de las ventas previstos en la siguiente ronda.

Ahora, todos los miembros del equipo de gestión de The Fresh Connection pueden consultar la previsión actualizada en la misma pantalla que usa la

---

EJERCICIO 8.10
Escenarios de ventas

Analiza

Con las aportaciones de los pasos anteriores, más las opciones que brindan las promociones y la cartera de productos, desarrolla escenarios para la demanda futura, con el fin de cerrar la brecha abierta entre la promesa y la entrega. Evalúa la respuesta de la clientela, en términos del índice de contratos, a los cambios que contemplas. Calcula el aumento o la reducción de ingresos que implican esas decisiones.

Si es posible, incluye en la configuración específica del juego la posibilidad de realizar más o menos promociones, de ejercer una mayor o menor presión promocional y de cambiar la cartera de productos. ¿Cuáles son las repercusiones financieras que esperarías de estas decisiones? Calcúlalas.

Decide

¿Cuáles son tus conclusiones sobre las diferentes opciones que has examinado? Decide qué escenario te gusta más.

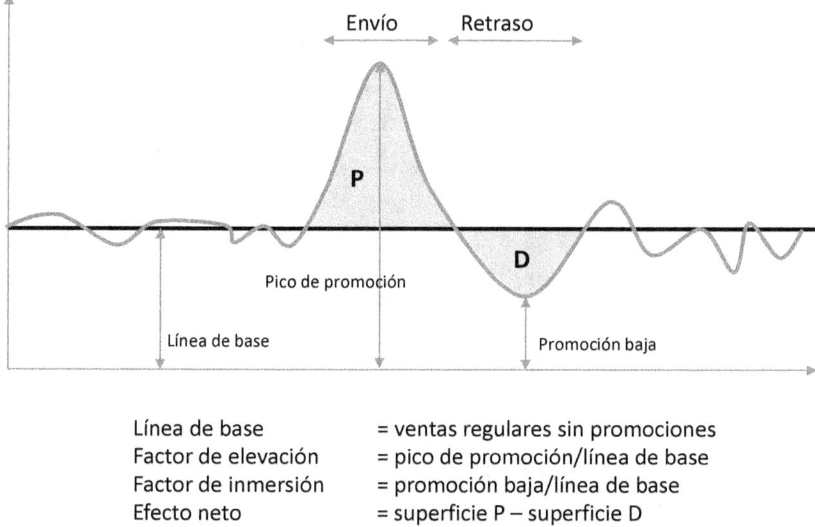

Línea de base	= ventas regulares sin promociones
Factor de elevación	= pico de promoción/línea de base
Factor de inmersión	= promoción baja/línea de base
Efecto neto	= superficie P – superficie D

Figura 8.8. Efecto de las promociones de ventas.

Previsión de productos

Producto	ⓘ Demanda semanal	ⓘ Aumento/disminución (%)		ⓘ Previsión
Fressie Orange 1 litro	67.400	(–) 0 %	(+)	67.400
Fressie Orange/Mango 1 litro	42.200	(–) +5 %	(+)	44.310
Fressie Orange/C-Power 1 litro	11.400	(–) 0 %	(+)	11.400
...				...
...				...
...				...

Figura 8.9. Pantalla: ventana de previsión.

persona encargada de las ventas. Además, quien esté al cargo de la cadena de suministro puede procesarla con la herramienta de intervalos de producción para analizar la optimización de dichos intervalos. Encontrarás más información sobre esta herramienta más adelante, en el apartado «Tercera clave para el proceso D2S: planificación y programación de la producción».

Existen dos indicadores de rendimiento ampliamente utilizados para medir el grado de error o de precisión de una previsión: el MAPE y el BIAS. Ambos pretenden expresar la fiabilidad de la previsión, aunque de forma ligeramente diferente:

- **MAPE** (siglas de *mean absolute percentage error,* «error porcentual medio absoluto») mide la falta de fiabilidad de la previsión. Se determina especificando el error de previsión absoluto (demanda real menos demanda prevista) *en función de una semana.* La suma de los errores de previsión de todas las semanas se divide entonces por la suma de la demanda de cada semana. Un MAPE del 0 % es el ideal, pues indica que la demanda ha sido igual a la previsión. Pero si el MAPE es alto, la diferencia entre la previsión y la realidad es grande y la previsión aparentemente no es fiable. Como la previsión en The Fresh Connection se hace sobre un total de seis meses, la demanda prevista por semana es simplemente la demanda media por semana basada en el total previsto. El MAPE será entonces mayor en caso de que haya más variabilidad en la demanda por semana (es decir, mayor diferencia entre la demanda media prevista y los picos y los valles de la demanda).

- **BIAS,** palabra inglesa para «sesgo», se calcula evaluando la previsión después de la ronda anterior frente a la demanda real de la ronda actual, es decir, basándose *en los totales semestrales.* El sesgo es la diferencia relativa entre estos componentes. En otras palabras, es la previsión total de seis meses menos la demanda real total de seis meses dividida por la demanda. Según esta definición, un BIAS positivo significa que la previsión fue mayor que la demanda, y un BIAS negativo, que la previsión fue menor que la demanda. Tanto los BIAS positivos como los negativos pueden dar lugar a problemas. Uno positivo provoca un aumento de las existencias,

---

EJERCICIO 8.11

Conclusiones de los pasos anteriores y previsión de ventas

Analiza

Vuelve a las conclusiones que tomaste en los pasos anteriores y comprueba que tus conclusiones finales son lo bastante sólidas como para seguir adelante.

Decide

Basándote en las ideas de los tres primeros pasos, decide ahora tu previsión final para cada número de referencia único.

ya que la necesidad prevista es superior a las ventas reales, así como un aumento del costo de inventario y del potencial de productos obsolescentes. Un sesgo negativo, por el contrario, puede conducir a una baja cobertura del inventario y dar pie a una mala prestación de servicios.

Tras completar la ronda y calcular los resultados, puede comprobarse el rendimiento de las previsiones MAPE y BIAS en los informes de ventas. Si se desea, también puede generarse un informe personalizado haciendo clic en *Analysis* en la lista de informes. Antes pueden establecerse varios parámetros para ajustar los datos al tipo de informe deseado (figura 8.10). Cada área de gestión puede crear su propio informe de acuerdo con los parámetros que se consideren oportunos.

Antes de cerrar esta sección sobre las previsiones, debe tenerse en cuenta que *una previsión es una información; no una profecía que se cumpla por sí misma.* En otras palabras, una previsión alta no conducirá necesariamente a un aumento de las ventas. El proceso es precisamente al revés: la persona al frente de las ventas contempla una serie de decisiones y posibles efectos externos del mercado que podrían afectar a los volúmenes de ventas. La previsión se utiliza para informar a los demás miembros del equipo de esos cambios.

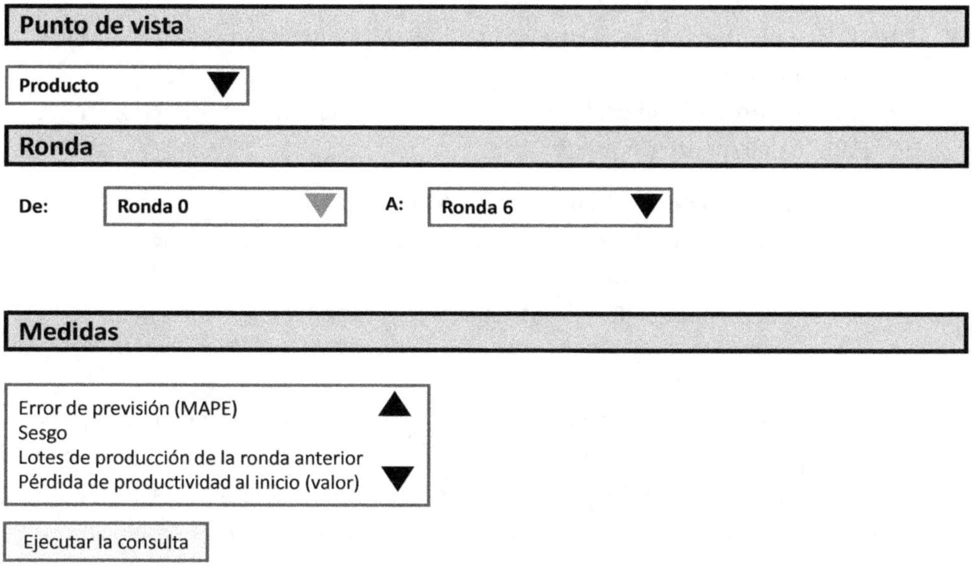

Figura 8.10. **Pantalla: generador de informes personalizados (en la opción *Analysis*).**

Segunda clave para el proceso D2S: planificación de la capacidad

Teniendo en cuenta la versión más reciente de la previsión, tanto en términos de volúmenes como de volatilidad, la persona que se encarga de las operaciones puede acometer los cambios necesarios para ajustar la capacidad de almacena-

---

EJERCICIO 8.12

La previsión de ventas: cambios de capacidad

Analiza

Tomando como punto de partida el estado actual de la capacidad (escasez o exceso de capacidad de producción y almacenamiento tanto de entrada como de salida), hay que examinar detenidamente la previsión de ventas por SKU.

Si no hay cambios en la previsión de ventas, la atención puede centrarse en la optimización de la utilización de la capacidad disponible existente. Con respecto a la estrategia corporativa y de la cadena de suministro definida, ¿qué acciones propondrías para optimizar la utilización de la capacidad, ya sea aumentando la flexibilidad o la eficiencia?

En el caso de una previsión modificada:

- ¿En qué porcentaje se prevé que suban o bajen las ventas por SKU?
- ¿Cuántos litros de zumo implica eso?
- ¿Cuál es el impacto previsto en la variabilidad de la demanda (aumento o disminución)?
- ¿Cuáles son las implicaciones frente a la capacidad disponible existente para los elementos siguientes?

  - Almacenamiento de entrada: espacio y personas.
  - Mezcla y embotellado: utilización de la maquinaria y número de turnos, proyectos de mejora.
  - Almacenamiento de salida: espacio y personal.

Decide

De las distintas posibilidades de cambio de capacidad de almacenamiento y producción, analizadas anteriormente, ¿qué acciones propondrías para ajustar la capacidad disponible y que coincidiese con los volúmenes de venta previstos y la variabilidad de forma rentable? ¿Qué argumentos a favor de tu elección presentarías en caso de que Bob McLaren te pregunte al respecto?

miento de entrada, la capacidad de mezcla y embotellado, y la capacidad de almacenamiento de salida. Dado que solo hay una planta de fabricación, no habrá que repartir la demanda a diferentes centros de producción.

En relación con la evaluación inicial de la situación actual de la capacidad disponible, así como de los costos y beneficios asociados a la realización de cambios en la capacidad disponible, el análisis puede ampliarse ahora examinando las ventas futuras previstas, tal como se ha hecho anteriormente en este capítulo en el apartado de instalaciones.

Tercera clave para el proceso D2S: planificación y programación de la producción (lotes y períodos de congelación)

En el capítulo 3 se trataron los conceptos de tamaño de los lotes de producción y el período de congelación con referencia a la planificación y la programación de la producción. En cuanto al período de congelación, dejamos que la cuestión de la implementación se alinee con la estrategia elegida: eficiente o receptiva. En tales circunstancias, debe pensarse siempre en lo que tiene sentido y hacer todo lo posible por optimizar la duración exacta del período de congelación dentro de la estrategia elegida.

EJERCICIO 8.13
Cambios en la maquinaria

Analiza

Recuerda los análisis anteriores sobre la situación de la capacidad actual, los cambios previstos en el volumen y la variabilidad, así como las medidas que has sugerido para solucionarlos. Si optases por una segunda máquina para mezcla o para embotellado, ¿qué productos asignarías a cada máquina y por qué?

¿Cuál sería la nueva utilización prevista de la capacidad de las máquinas elegidas? ¿Qué conclusiones extraes?

Decide

¿Qué ajustes, si fuera preciso, propondrías en la próxima ronda?

En términos de planificación y programación detallada de la producción, cuando se dispone de varias máquinas para la mezcla o el embotellado, es necesario decidir qué número de referencia único se asignará a las máquinas. Por ejemplo, cada una podría tener un enfoque operativo distinto (eficiencia o flexibilidad), diferenciando así entre la producción de gran volumen y los lotes más pequeños. Obviamente, esto solo es útil si la capacidad total de la maquinaria y la inversión total están justificadas por el volumen total de la demanda.

El tamaño de los intervalos de producción también tiene importancia dentro del contexto de la planificación y la programación de la producción. Analicemos su situación actual en la empresa y el impacto resultante.

Al igual que la capacidad de producción y almacenamiento puede verse afectada por los cambios en la variabilidad de la demanda y los volúmenes de

---

EJERCICIO 8.14
Cambios en los intervalos de producción

Analiza

Ve a la pantalla correspondiente a la cadena de suministro que especifica los intervalos de producción actuales. ¿Por qué se han configurado los parámetros de esa manera? ¿Se ha diferenciado entre los intervalos de los distintos números de referencia únicos? ¿Por qué o por qué no?

Consulta los informes de la cadena de suministro sobre los productos terminados *(Product)*. ¿Cuál es la situación con respecto a los niveles de inventario y los niveles de servicio en las líneas de pedido?

Pasa al informe de operaciones sobre la mezcla y el embotellado. ¿Cómo han influido los ajustes de los parámetros de los intervalos de producción en la capacidad de las máquinas de la línea de embotellado?

Volviendo a los pros y los contras mencionados en el capítulo 3 en relación con el tamaño de los lotes de producción, y teniendo en cuenta la estrategia elegida para la cadena de suministro, ¿en qué medida las decisiones tomadas hasta ahora han dado los resultados esperados?

Decide

¿Qué ajustes, si fuera preciso, propondrías en la próxima ronda?

Figura 8.11. **Pantalla: apertura de la herramienta de intervalos de producción.**

demanda, algo similar ocurrirá con los intervalos de producción. Dependiendo de la configuración exacta en el juego, podrías utilizar la herramienta de intervalos de producción, a la que se accede haciendo clic en el símbolo que se muestra en la figura 8.11.

Gracias a la herramienta de intervalos de producción, la cadena de suministro puede modelar diferentes escenarios, cambiando los ajustes de los intervalos de producción y calculando los impactos tanto en los costos de producción como en la capacidad global de embotellado. La herramienta funciona de forma bastante lineal, sin tener en cuenta el grado de variabilidad de la demanda, las averías de las máquinas o el tiempo dedicado al mantenimiento preventivo. No obstante, proporciona información muy útil para la comparación de diferentes escenarios que la cadena de suministro pueda tener en mente. La figura 8.12 muestra el aspecto de la herramienta de intervalos de producción y los pasos que pueden seguirse para utilizarla correctamente.

La herramienta de intervalos de producción es, ante todo, una herramienta de apoyo a la toma de decisiones, como se verá un poco más adelante, casi al final de este capítulo. Se trata de un simulador que muestra los efectos que se obtienen al cambiar ciertos parámetros. El análisis puede ayudar a tomar una decisión; en este caso, sobre qué intervalos de producción elegir. Sin embargo, la herramienta no toma ninguna decisión ni tampoco la pone en práctica. Eso debería hacerlo la persona al cargo y en las pantallas correspondientes.

La primera columna numérica de la herramienta de intervalos de producción muestra el volumen de ventas previsto para cada producto. Esa información procede directamente de la pantalla de previsión que habrá preparado quien se ocupe de las ventas. Si la previsión aún no se ha actualizado, la persona responsable de la cadena de suministro podría estar analizando una información errónea.

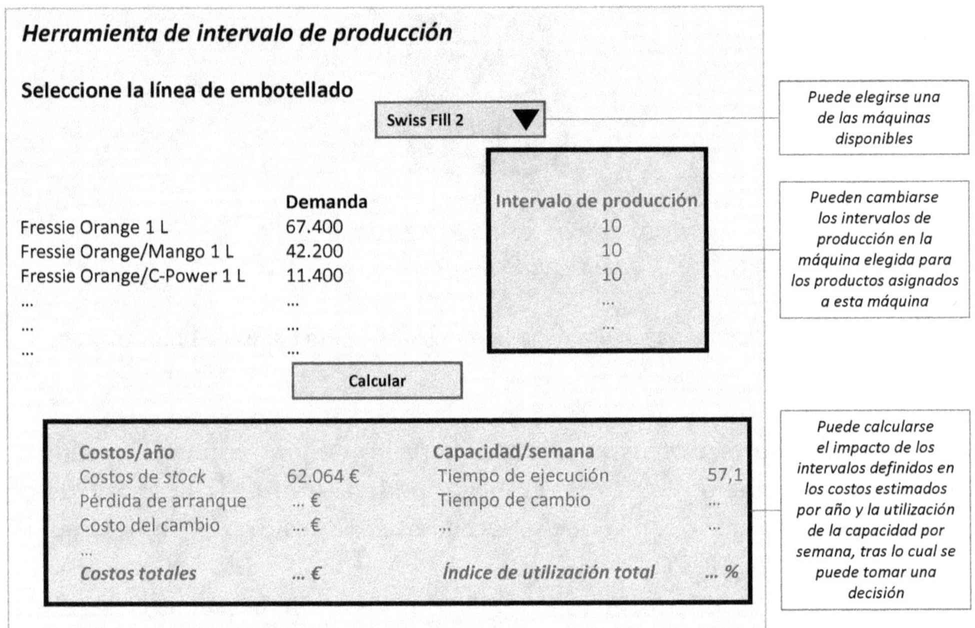

Figura 8.12. Pantalla: uso de la herramienta de intervalos de producción (referidos a coste financiero del *stock*, ubicaciones de palet con componentes, ubicaciones *overflow*, componentes, ubicaciones de palet con producto terminado, ubicaciones *overflow* de producto terminado, coste de destrucción de producto expirado).

EJERCICIO 8.15

Cambios mediante la herramienta de intervalos de producción

Analiza

De acuerdo con la configuración actual de los intervalos de producción, la capacidad y la situación de los costos, así como la estrategia elegida para la cadena de suministro, analiza los posibles escenarios con la herramienta de intervalos de producción. Asegúrate de que trabajas con las previsiones más recientes antes de tomar una decisión definitiva.

¿Qué concluyes a partir de estos análisis?

Decide

¿Qué harías a continuación? ¿Qué argumentos de peso pondrías sobre la mesa si Bob McLaren te pidiera que defendieras tus opciones?

Cuarta clave para el proceso D2S: producción y calidad

Esto nos lleva a la siguiente clave en el proceso D2S: la producción y la calidad. Algunos de los pasos de ejecución en la producción tienen aspectos operativos muy claros del día a día que son menos visibles en la mayoría de las configuraciones básicas del juego (huelgas, absentismo, clima, tráfico y algunos otros a los que volveremos en la tercera parte). Sin embargo, hay otros aspectos de la producción que tienen una clara relación con las decisiones tácticas tomadas en las compras, las operaciones o la cadena de suministro.

Como se comentó en el capítulo 3, uno de los principales indicadores utilizados para expresar los contratiempos en la producción es el cumplimiento del plan de producción.

EJERCICIO 8.16
El cumplimiento del plan de producción

Analiza

Abre el informe de mezcla y embotellado en la pantalla de operaciones y comprueba el nivel de cumplimiento del plan de producción. Si es del 100 %, la producción se ajusta al plan establecido.

Si el cumplimiento del plan de producción ha sido inferior, ¿a qué podría deberse? Al igual que en el debate sobre la capacidad de producción, habría que examinar la variabilidad e incertidumbre de los patrones de flujo de salida de la producción, la variabilidad e incertidumbre de los patrones de flujo de entrada en la producción y el rendimiento del inventario entre ambos, así como la capacidad de producción disponible y la utilización real de la capacidad en relación con el volumen y la variabilidad de la demanda. Todos estos aspectos pueden influir en el cumplimiento del plan de producción y, dado que cada uno corresponde a un área funcional diferente, habrá que consultar distintos informes para obtener una imagen global clara. Empieza por el extremo inferior y ve subiendo, identificando los indicadores relevantes en cada paso de la cadena de suministro, área por área. Puedes utilizar la plantilla que se muestra en la figura 8.13, del equipo SuperJuice, que, como se puede ver, experimentó un cumplimiento del plan de producción del 72 %.

¿Qué consecuencias ha tenido, en última instancia, el cumplimiento del plan de producción por lo que respecta a las entregas a clientela? ¿Y en el rendimiento

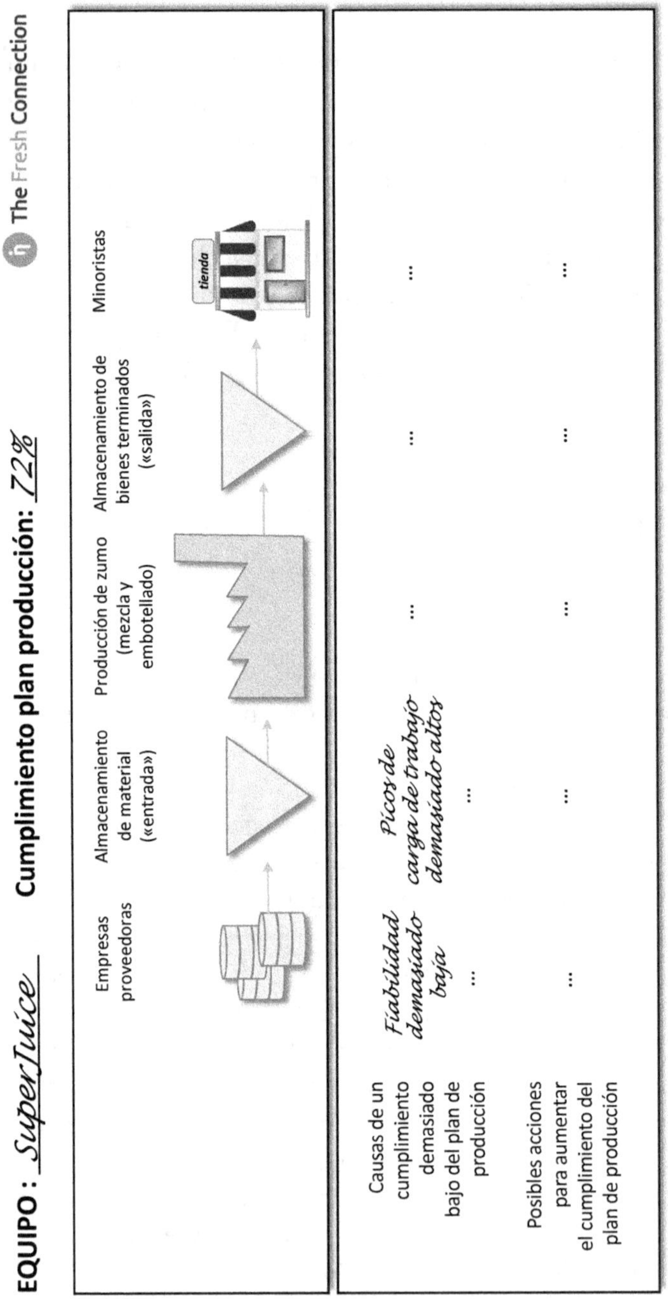
EQUIPO : SuperJuice
Cumplimiento plan producción: 72%
The Fresh Connection
Empresas proveedoras
Almacenamiento de material («entrada»)
Producción de zumo (mezcla y embotellado)
Almacenamiento de bienes terminados («salida»)
Minoristas
tienda
Causas de un cumplimiento demasiado bajo del plan de producción
Fiabilidad demasiado baja
Picos de carga de trabajo demasiado altos
Posibles acciones para aumentar el cumplimiento del plan de producción

Figura 8.13. Plantilla: análisis del cumplimiento del plan de producción.

interno en términos de eficiencia y eficacia? ¿Cuáles de estos aspectos pueden cuantificarse y cuál ha sido su impacto? Estas cifras deberían proporcionar una visión clara sobre el grado de urgencia que se requiere para solucionarlo.

Decide

¿Qué acciones propondrías para mejorar el cumplimiento del plan de producción? Intenta cuantificar los costos de estas acciones y evalúa cómo compensan las implicaciones negativas de la escasa adherencia hasta el momento. ¿Cuál es tu conclusión? ¿Cómo avanzar?

Quinta clave para el proceso D2S: gestión de inventarios (reposición)

En el capítulo 7 se examinó con más detalle el impacto financiero de las existencias, tanto por lo que respecta a los intereses que deben pagarse como por su consideración de activo que aparece en el balance y que, por lo tanto, incide en el indicador central del retorno de inversión. Recupera las notas que tomaste al hilo de aquellas páginas. Te servirán como punto de partida para lo que se explicará a continuación.

Antes, sin embargo, recordemos los principales conceptos clave que ya se vieron en el capítulo 3. La figura 3.12 (pág. 112) muestra la gráfica en forma de dientes de sierra correspondiente a la gestión de inventarios.

Veamos primero la lógica de la gestión de inventarios y cómo se integra en The Fresh Connection.

Para el *inventario de productos terminados,* se sigue una política *(R,S).* El período de revisión *R* se fija en la duración del intervalo de producción. De este modo, si el intervalo de producción de un determinado producto es de cinco días, la revisión para este producto tendrá lugar cada cinco días. El nivel de pedido *S* (expresado en días) se define como el *stock* de seguridad de ese producto al que se suma el intervalo de producción y el período de congelación especificado. Esa cantidad en días se multiplica por la demanda prevista por día para expresar *S* como cantidad de producto. Esta cantidad *S* se compara entonces con el inventario económico para definir el lote de producción exacto que se necesita. También debe tenerse en cuenta el tamaño mínimo del lote de la máquina utilizada. Si fuese mayor que el lote de producción necesario desde el punto de vista del inventario, el tamaño de lote mínimo de la máquina será el factor dominante.

Para el *inventario de componentes,* se sigue una política *(R,s,S)*. El período de revisión *R* se fija en una semana. El inventario de componentes se comprueba una vez por semana para saber si debe realizarse un pedido de reaprovisionamiento. El punto de reposición *s* se define como el nivel de *stock* de seguridad (que cubre la incertidumbre), más el plazo de entrega de la proveedora (el *stock* puente). El nivel de pedido *S* se define como el punto de pedido de reposición *s*, más el tamaño del lote de componentes especificado por el gestor de la cadena de suministro. Al igual que en el caso de los productos acabados, esta cantidad *S* debe compararse con el inventario económico para definir la cantidad exacta que debe pedirse. Otra cosa que debe tenerse en cuenta en este caso es la unidad comercial negociada con la empresa proveedora por la persona responsable de compras. Si esta unidad comercial fuese mayor que el tamaño del lote de componentes, como se desea desde el punto de vista del inventario, la unidad comercial negociada será el factor dominante.

EJERCICIO 8.17
Stocks *de componentes*

Analiza

En el apartado «Planificación y control» del capítulo 3 se mostró un análisis de las posibles fuentes de incertidumbre en el suministro. Revisa las notas que tomaste entonces y comprueba los gráficos referidos a la evolución de las existencias de componentes –las encontrarás en el informe correspondiente de la cadena de suministro–, así como el KPI del porcentaje de disponibilidad de componentes.

Por lo que respecta al rendimiento, ¿hasta qué punto la incertidumbre identificada y la disponibilidad de componentes alcanzada justifican los niveles de *stock* de seguridad elegidos?

En cuanto a los costos, ¿cuáles han sido los costos asociados a los niveles elegidos de existencias de componentes? Desde un punto de vista global, ¿parecen justificados los costos por el rendimiento alcanzado?

Decide

¿Cómo puedes optimizar aún más el proceso?

Ten en cuenta las políticas de inventario elegidas en *The Fresh Connection*. En el juego, al menos con la configuración actual, no puede modificarse *(R,S)* ni *(R,s,S)* para los productos terminados ni para los componentes, respectivamente.

Intentemos desglosar las políticas de inventario mencionadas para poder tomar decisiones tangibles en el juego. La persona encargada de la cadena de suministro decide el tamaño del lote de componentes, así como el *stock* de seguridad correspondiente. Ambos parámetros forman parte de la política *(R,s,S)*. La herramienta de simulación calcula automáticamente la cantidad de *stock* puente por componente en función de los plazos de entrega de las proveedoras elegidas. La decisión, en este caso, compete a quien se encargue de las compras.

Ahora echemos un vistazo al inventario de productos terminados. En este caso, la persona a cargo de la cadena de suministro decide los intervalos de producción para cada referencia, así como la duración del período de congelación

---

EJERCICIO 8.18
Stocks *de productos acabados*

Analiza

En el apartado «Planificación y control» del capítulo 3 también se analizaron las posibles fuentes de incertidumbre que afectan a la demanda y la producción. Al igual que en el ejercicio anterior, revisa tus notas y comprueba los gráficos de desarrollo de existencias referidos a los productos acabados, así como los KPI de cada número de referencia único para los niveles de servicio en las líneas de pedido y el porcentaje de productos obsoletos.

Por lo que respecta al rendimiento, ¿en qué medida se justifican los niveles de *stock* de seguridad adoptados en virtud de la incertidumbre, los niveles de servicio y el porcentaje de productos obsoletos alcanzados?

En cuanto a los costos, ¿cuáles han sido los costos asociados a los niveles de inventario de productos? Desde un punto de vista global, ¿consideras que esos costos son adecuados dado el rendimiento alcanzado?

Decide

¿Cómo puedes optimizar aún más el proceso?

y los niveles de existencias de seguridad para cubrir la incertidumbre de la demanda y la posible incertidumbre causada por el rendimiento de la producción. Todos estos parámetros forman parte de la política *(R,S)*.

Procesos O2C y P2P: condiciones de pago

Como última reflexión, más orientada a los flujos financieros tal y como se tratan en los procesos *order to cash* (O2C) y *purchase to pay* (P2P), veamos el impacto financiero de la variabilidad y la incertidumbre, y en particular los aspectos que se refieren a las cuentas a pagar y a las cuentas a cobrar que normalmente se encuentran en el balance de la empresa. Dado que, en el caso de The Fresh Connection, no se dispone de un balance separado, el resultado

---

EJERCICIO 8.19
Condiciones de pago

Analiza

> *P2P:* en el perfil de cada proveedora, comprueba cuándo empiezan a contar los plazos de pago (por ejemplo, en el momento del pedido o en el momento de la entrega). Asimismo, comprueba el plazo de entrega de cada proveedora, además de las incertidumbres que puedan repercutir en la entrega real de los componentes que se realicen.

> *O2C:* dado que la entrega es al día siguiente –en el caso de que el producto solicitado esté disponible en el almacén–, el plazo de pago real es bastante sencillo.

En vista de todo ello, se comprende mejor la necesidad de financiar el lapso de tiempo que transcurre entre el gasto y la recepción (el ciclo de tesorería, del que se habló en el capítulo 2). ¿Para qué clientes y proveedoras, respectivamente, es más urgente disponer de financiación? Asimismo, a la hora de estudiar el ciclo de conversión de efectivo, habrá que tener en cuenta el tiempo de almacenamiento y producción de los componentes y los productos acabados. Esa parte queda recogida en la plantilla de plazos de pago a clientes (figura 8.14).

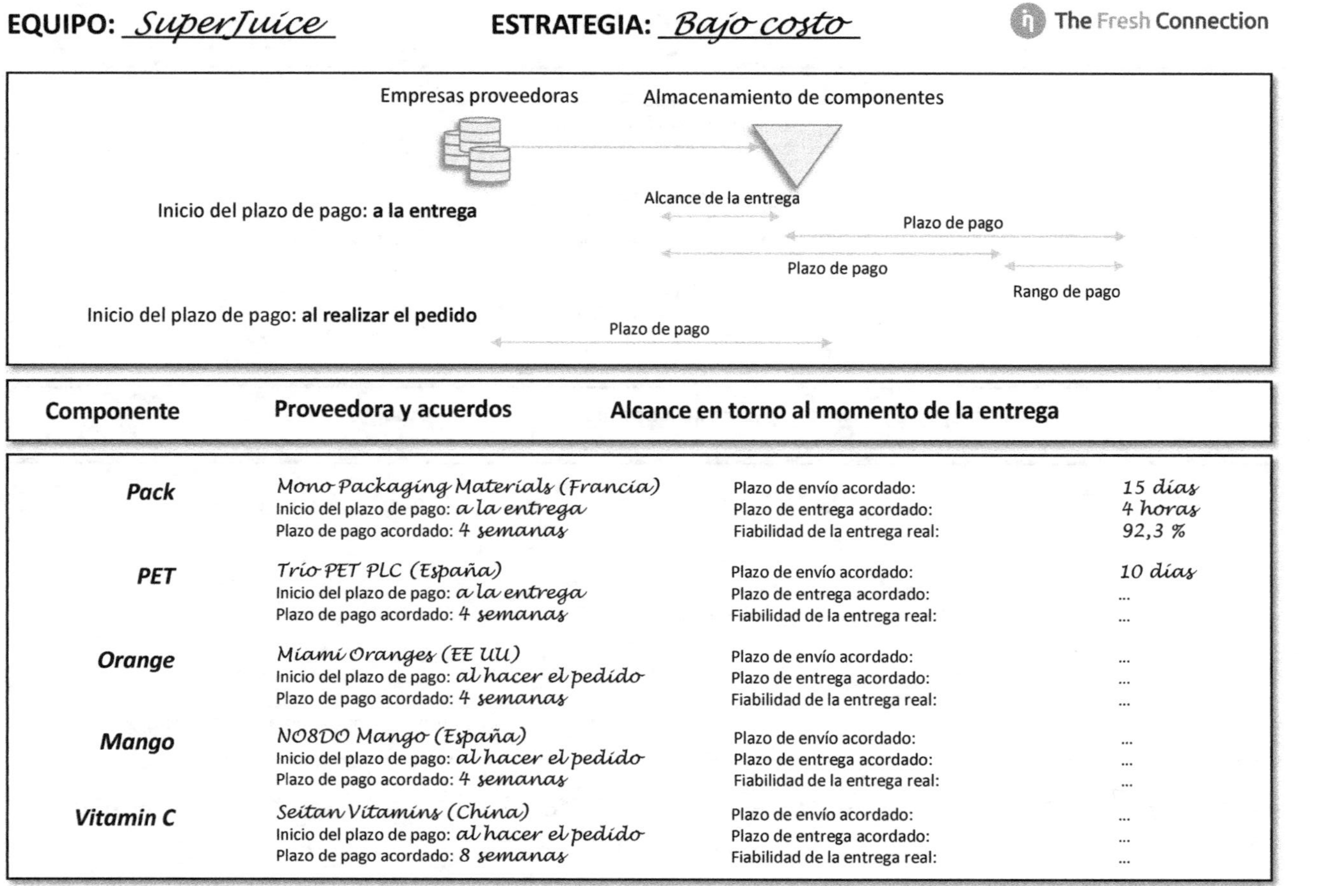

Figura 8.14. **Plantilla: análisis de las condiciones de pago a empresas proveedoras.**

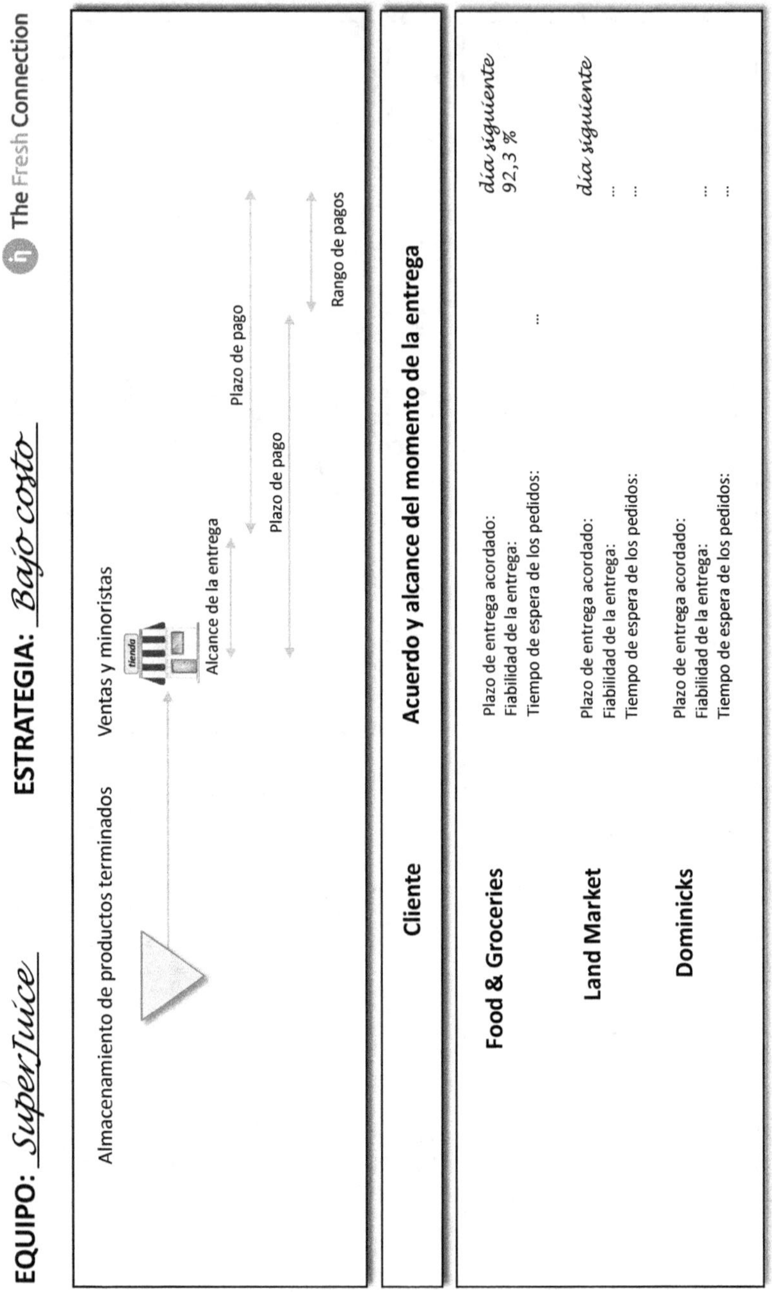

EQUIPO: *SuperJuice*   **ESTRATEGIA:** *Bajo costo*   The Fresh Connection

Cliente	Acuerdo y alcance del momento de la entrega	
Food & Groceries	Plazo de entrega acordado:	*día siguiente*
	Fiabilidad de la entrega:	92,3 %
	Tiempo de espera de los pedidos:	...
Land Market	Plazo de entrega acordado:	*día siguiente*
	Fiabilidad de la entrega:	...
	Tiempo de espera de los pedidos:	...
Dominicks	Plazo de entrega acordado:	
	Fiabilidad de la entrega:	...
	Tiempo de espera de los pedidos:	...

Figura 8.15. **Plantilla: análisis de las condiciones de pago de las ventas.**

Ve al informe financiero. En el apartado de inversión, comprueba la inversión total debida a las condiciones de pago, que es el resultado de los acuerdos de condiciones de pago con proveedoras y clientela. Comprueba también el importe de los intereses pagados en los últimos seis meses. Tal y como aparecen estos en el informe financiero, se refieren únicamente a la financiación de las condiciones de pago. Los intereses pagados en relación con el importe de las existencias de componentes o productos acabados se mencionan en el apartado de costos de *stock*. Ahora tienes un punto de partida para establecer prioridades en la gestión de los plazos de pago.

Por lo que respecta a la inversión o el costo financiero (intereses), y en relación con la mejora del rendimiento global de la inversión, ¿en qué medida están justificados los cambios en las condiciones de pago, ya sea para un determinado cliente o una proveedora específica?

Comprueba cómo han afectado los cambios en las condiciones de pago a esos clientes y proveedoras (figura 8.15). ¿Hasta qué punto acusan las variaciones de precio y de condiciones de pago? ¿En qué medida compensan las ganancias en los intereses pagados o en la inversión total? ¿Cómo inciden en el ROI global?

Decide

¿Qué propones? ¿Por qué?

combinado de las cuentas a pagar y a cobrar lo encontrarás bajo el epígrafe *Payment terms* (condiciones de pago), en el apartado dedicado a la inversión que figura en el informe sobre el estado financiero. Las plantillas que se reproducen en las figuras 8.14 y 8.15 te serán de gran utilidad en los siguientes ejercicios.

Información y sistemas

Antes de terminar el análisis de la dimensión técnica de la cadena de suministro, volvamos un momento a la información y los sistemas. Una vez determinada la infraestructura física y diseñados los procesos de planificación y control para gestionar los flujos que suben y bajan por la infraestructura, debemos determinar qué datos alimentarán los procesos y qué sistemas informáticos suministrarán esa información.

Figura 8.16. **Cuadro de mando de KPI creado con un *software* de visualización de datos.**

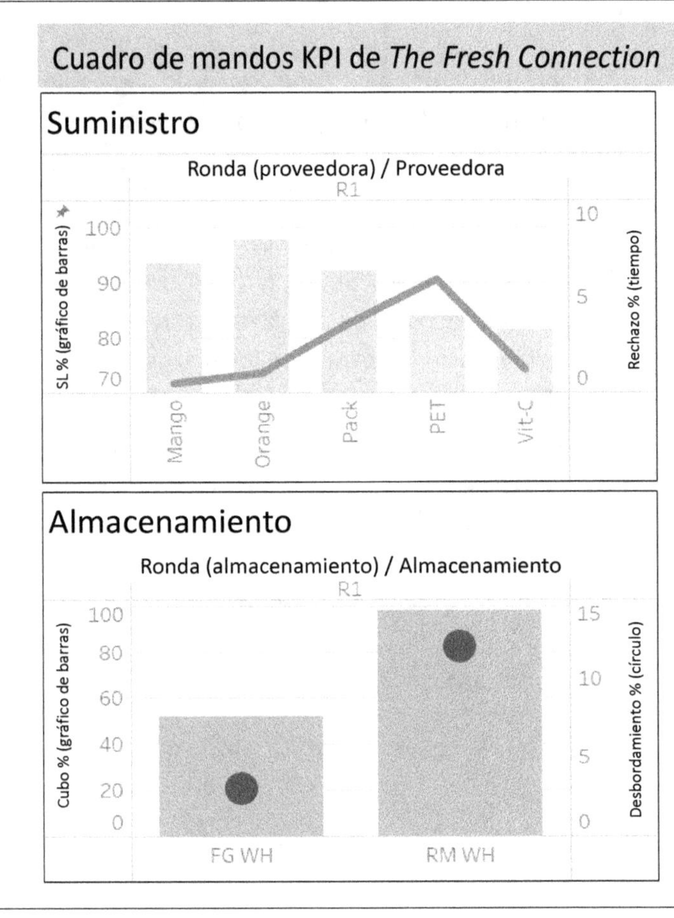

Sistema ERP, informes y disponibilidad de datos

En cierto modo, *The Fresh Connection* dispone de su propio sistema ERP. Las pantallas muestran información sobre las áreas funcionales relevantes y las decisiones que tienen lugar en cada una. Asimismo, contiene una serie de informes predefinidos, que también existen en la vida real y que suelen preparar expertos con herramientas de minería de datos y *business warehousing*. Como ya se ha comentado brevemente en este capítulo –concretamente en el apartado dedicado a las previsiones–, *The Fresh Connection* también contiene un generador de informes personalizado que permite visualizar indicadores de rendimiento específicos (por ejemplo, en una vista de varias rondas; figura 8.10).

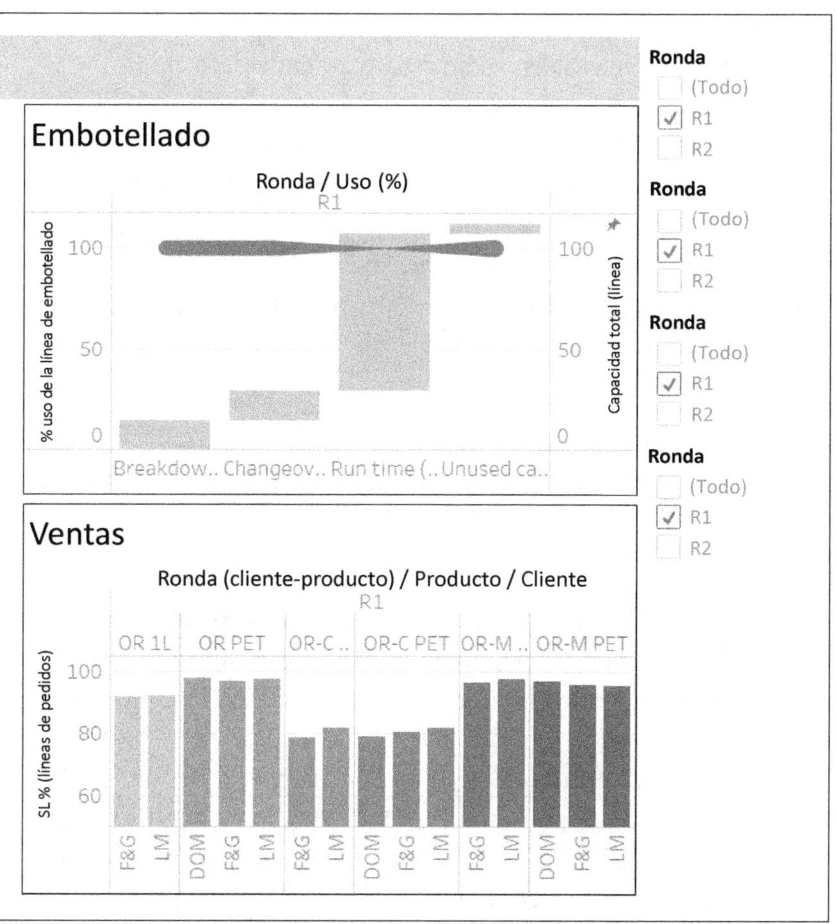

Como en cualquier situación de la vida real con casi cualquier tipo de *software*, el sistema del juego contiene una gran cantidad de información. Al principio abruma un poco, sobre todo a la hora de entender bien qué hay disponible en todos estos informes y en qué formato. Sin embargo, es bastante simple y sencillo. De nada valen las excusas. ¡Bienvenido a tu primer día de trabajo! Cuanto antes sepas lo que hay y lo que no, mejor.

Al mismo tiempo, a pesar de la enorme cantidad de datos disponibles, también puedes llegar a la conclusión de que todavía falta algo o que el formato no es el que preferirías o que el nivel de detalle no es el que deseas. De nuevo, se trata de una situación perfectamente normal que encontrarás en cualquier empresa que utilice ese tipo de sistemas. Asegúrate de dedicar el tiempo suficiente a buscar los datos, saber de qué dispones o no, y comprender qué limitaciones puede haber y cuál es la mejor manera de aprovecharla en su análisis y toma de decisiones.

Sin duda, te llevará algún tiempo conocer todos los entresijos, posibilidades y limitaciones del sistema, así como las posibles soluciones que puedan ser necesarias para sacar el máximo partido a los datos disponibles. El tiempo que se necesite y el éxito que se obtenga dependerán simplemente del grado de implicación, conocimientos y experiencia, además de los apoyos que se tenga. Aunque el equipo se haya organizado al azar, sin tener en cuenta las cualidades de sus integrantes, depende de ti el tiempo y la atención que dedicarás a estos menesteres.

Sistemas de apoyo a la decisión y herramientas de análisis y visualización

En el juego, deberás crear tus propios sistemas de apoyo a la toma de decisiones. Puedes basarlos en Excel o, si dispones de las licencias o permisos correspondientes, podrías emplear el *software* de planificación disponible en tu centro de formación o de trabajo.

No obstante, la herramienta de intervalos de producción, que se vio en el apartado dedicado a la planificación y la programación de la producción (figura 8.12), plantea ciertas peculiaridades. Como recordarás, esta herramienta permite modelar diferentes escenarios y comparar los resultados con criterios de costo y capacidad como base para la toma de decisiones. Cualquier herramienta de apoyo a la toma de decisiones, por muy avanzada que sea, nunca libera a la persona usuaria de su responsabilidad final de ejecutar una decisión. Aunque se aplique una sugerencia de un sistema de planificación, ya sea de forma automatizada o manual, todo dependerá de una persona que decide que esa sugerencia es adecuada y aceptable.

Con la tecnología avanzando a un ritmo cada vez más rápido, hay mayor disponibilidad de herramientas a precios razonables que permiten crear visualizaciones de datos con fines analíticos de forma relativamente sencilla (figura 8.16). Tableau, IBM Watson Analytics o Microsoft Power BI, entre otras, proporcionan interesantes capacidades en este sentido (Baker, 2018). Si tienes acceso a alguna de estas herramientas, *The Fresh Connection* te ofrece la posibilidad de probarlas y usarlas en tu provecho durante el juego.

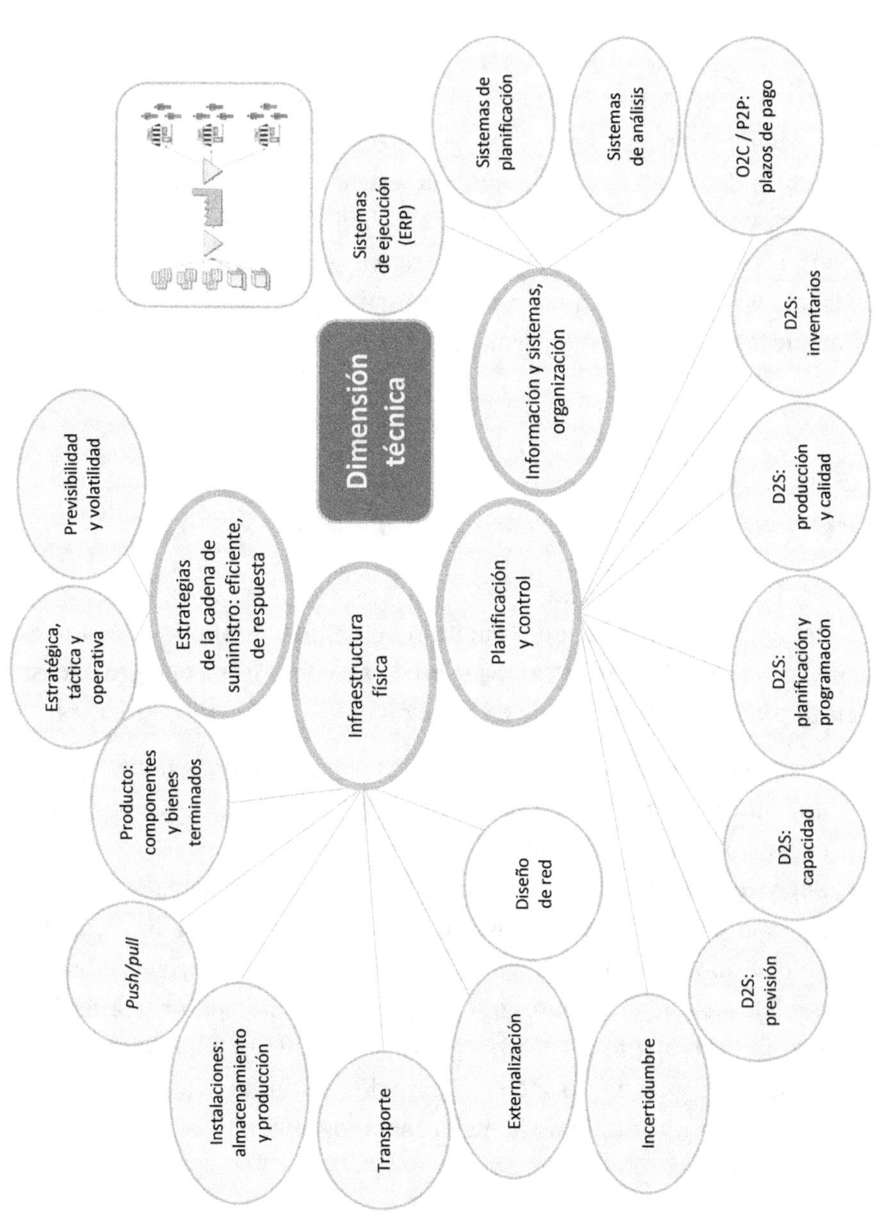

Figura 8.17. **Aspectos relacionados con la dimensión técnica de la cadena de suministro aplicados a The Fresh Connection hasta ahora.**

Resumen

Con este capítulo, finaliza la aplicación de la dimensión técnica de la gestión de la cadena de suministro a The Fresh Connection. Para hacerlo, hemos seguido la secuencia del capítulo 3. A lo largo de estas páginas, se han visto aspectos relacionados con la infraestructura física, la planificación y el control, y la información y los sistemas, así como algunas cuestiones organizativas. Se han tratado en detalle todos los epígrafes que aparecen de color gris en la figura 8.17. Algunos, además de los que se muestran en blanco, volverán a tratarse en la tercera parte.

EJERCICIO 8.20
Sobre las cuestiones tratadas en el capítulo 8

Reflexiona

Antes de dar por terminado el capítulo, repasa las cuestiones que aparecen en la figura 8.17 y reflexiona sobre lo aprendido. En concreto, piensa en tu proceso de aprendizaje en relación con los aspectos siguientes:

- *La aplicación de los conceptos teóricos en situaciones reales:* ¿hasta qué punto están claros los conceptos?, ¿qué consecuencias se derivan de su aplicación?, ¿cambiarías algo la próxima vez?
- *El proceso de análisis y toma de decisiones:* ¿cómo se ha organizado la toma de decisiones?, ¿hasta qué punto estaba clara la secuencia de decisiones?, ¿en qué medida el proceso ha sido eficiente?, ¿se ha perdido tiempo en debates que no eran estrictamente necesarios?
- *El comportamiento del equipo:* ¿hasta qué punto se ha implicado todo el mundo?, ¿qué ha pasado en el caso de que no fuera así?, ¿qué se ha hecho para afrontarlo de la mejor manera posible?

Después de estas reflexiones finales, ha llegado el momento de pasar al capítulo siguiente, en el que veremos cómo puede aplicarse la dimensión de liderazgo en este juego.

9

Gestionar la dimensión de liderazgo de la cadena de suministro

En este capítulo retomaremos la dimensión de liderazgo de la gestión de la cadena de suministro y la aplicaremos a la gestión de The Fresh Connection. Los contenidos que se verán a continuación se basan en los conceptos que aparecen en el capítulo 4 de la primera parte, si bien en este caso nos centraremos en la gestión del rendimiento, la fijación de objetivos, la gestión de las partes interesadas y las funciones y la dinámica del equipo (figura 9.1).

Medición del rendimiento y establecimiento de objetivos

Los indicadores y los objetivos son instrumentos poderosos a la hora de influir en el comportamiento de las personas y lograr que se muevan en la dirección deseada, de ahí que se tengan en cuenta a la hora de tratar el liderazgo. Para entender en qué punto se encuentra el rendimiento actual de la empresa y evaluar qué acciones correctivas serían necesarias, habrá que establecer indicadores clave de rendimiento (KPI) claros. Dado que muchas de esas decisiones corren a cargo de los expertos en cada área, no es raro que, en un gran número de empresas, se establezcan KPI por áreas funcionales. Más adelante se discutirá la idoneidad de ese método. Por ahora, centrémonos en esos KPI funcionales.

Como ya se ha mencionado brevemente, definir los KPI por área funcional no garantiza en absoluto que se consiga una colaboración interfuncional. Por

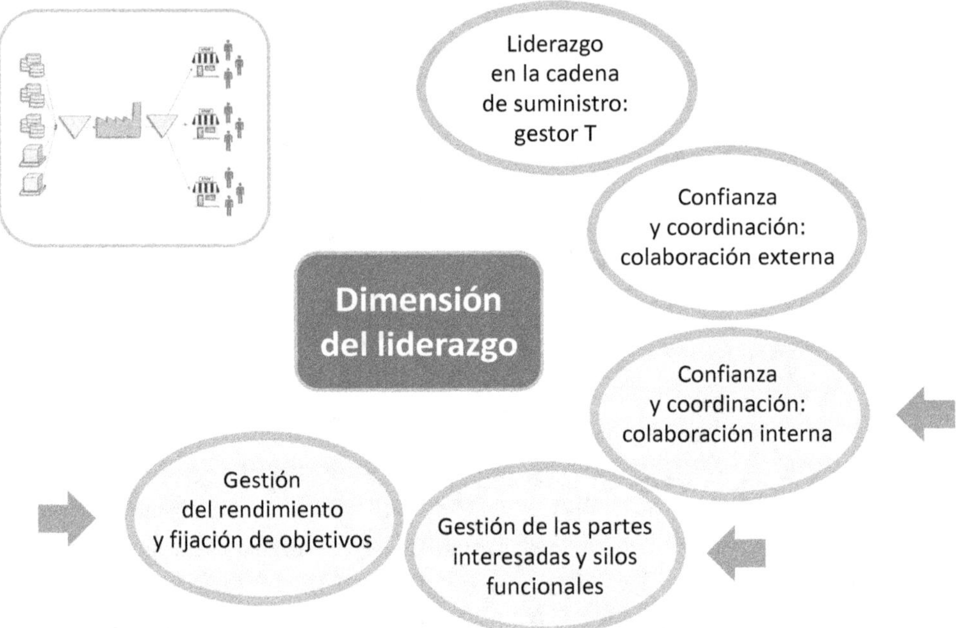

Figura 9.1. Cuestiones relacionadas con la dimensión de liderazgo de la cadena de suministro aplicadas a The Fresh Connection.

lo tanto, es importante tener esto en cuenta a la hora de diseñarlos. Hay que hacerlo de manera que se asegure la alineación interfuncional de la mejor manera posible. Ahora bien, ¿en qué medida los KPI funcionales, como parte del cuadro de mando global de KPI, estimulan la colaboración y la alineación y permiten que la empresa en su conjunto avance en la dirección correcta en lugar de que cada área vaya en una dirección distinta?

Si los indicadores clave de rendimiento se han diseñado correctamente, deberían estar hasta cierto punto bien alineados o al menos no plantear conflictos entre unos y otros. Sin embargo, podría darse un paso más allá en el concepto de «buen alineamiento». Además de los KPI estrictamente funcionales, que pueden utilizarse para evaluar el rendimiento individual, también podrían plantearse otros de carácter interfuncional. Bastaría con unos cuantos, pensados con el claro objetivo de estimular activamente la coordinación interna. Tal vez algunos de los KPI que acabas de definir como KPI funcionales posean esas características, pero no tiene por qué ser así necesariamente. De hecho, los in-

EJERCICIO 9.1
KPI por área funcional

Analiza

Tomando como punto de partida la estrategia elegida para la cadena de suministro (de bajo costo o de respuesta), piensa en tres o cinco KPI significativos para las personas responsables de ventas, compras, operaciones y gestión de la cadena de suministro.

Volviendo al capítulo 4, ¿en qué medida crees que se ajustan al criterio SMART? Sopesa bien la pregunta, ya que debes evaluar si son aceptables, realistas y aportan algo constructivo a la hora de evaluar si la estrategia elegida se ha aplicado con éxito.

En cuanto a los KPI elegidos por área funcional, analiza si les afecta alguna decisión y, en el caso de que así sea, indica cuáles. ¿En qué medida son importantes? ¿Hay alguna decisión que no contemplen los KPI? Si es necesario, reconsidera los KPI.

Decide

Establece un conjunto significativo de KPI por función.

EJERCICIO 9.2
Coordinación y cuadro de mando de KPI funcionales

Analiza

Estudia cada uno de los KPI de la lista y comprueba si, al ponerlos en práctica, alguno contradice o entorpece el desarrollo de otro. Asegúrate de que no se plantean problemas entre áreas. Si así fuera, deberás reconsiderar todos los KPI.

A continuación, asigna un valor objetivo a cada uno de los KPI de la lista.

Decide

Elabora un cuadro de mando de KPI global que incluya tres KPI de cada área, así como sus correspondientes objetivos.

¿Cómo utilizarás los KPI y los objetivos a lo largo del juego?

dicadores funcionales deberían relacionarse sobre todo con las decisiones dentro de esa área funcional.

Una última reflexión antes de pasar a la confianza y la coordinación: ya has pensado en los KPI significativos en el contexto de la estrategia elegida (cadena de suministro). En el juego, hay una opción para comprobar las clasificaciones (botón en la esquina superior derecha). Además de ver las clasificaciones de los equipos en función del ROI, ya sea por rondas o en general, también puedes observar las clasificaciones individuales por rondas, en función de los siguientes KPI:

- *Ventas:* ingresos (cuanto más ingresos, mejor).
- *Operaciones:* costo de las operaciones (cuanto más bajo, mejor).
- *Cadena de suministro:* inventarios (cuanto más bajos, mejor).
- *Compras:* costo de las compras (cuanto más bajo, mejor).

En primer lugar, se puede afirmar que estos KPI se utilizan mucho en las empresas, a menudo relacionados con incentivos financieros (sistemas de bonificación). En otras palabras: se recompensa a las personas por empujar en la dirección de los objetivos asociados a estos KPI.

EJERCICIO 9.3
Uso de los KPI interfuncionales

Analiza

Intenta definir entre cuatro y cinco KPI verdaderamente interfuncionales, que estén directamente influenciados por las decisiones de dos o más áreas funcionales. Puedes utilizar las matrices de las figuras 3.9 (pág. 103) y 3.14 (pág. 118) como punto de partida e incorporar tu propia experiencia con el juego. Establece un objetivo para cada uno y asegúrate de que son SMART.

Decide

¿Cómo usarás estos KPI interfuncionales de forma productiva junto con el resto del equipo a lo largo del juego?

En segundo lugar, teniendo en cuenta que se trata de KPI muy utilizados, ¿en qué medida se adecuan a las estrategias de la cadena de suministro de bajo costo y capacidad de respuesta? ¿Tienen sentido en ambos casos?

En tercer lugar, tras cada ronda de juego, comprueba hasta qué punto los líderes individuales, según las clasificaciones por función, también forman parte de los equipos con mejor rendimiento en términos de ROI. ¿Qué te dice esto?

Gestión de las partes interesadas: silos funcionales

Más allá de la mera medición del rendimiento individual de cada miembro del equipo, habrá que tener en cuenta otra cuestión. Cada miembro del equipo ha asumido una función distinta y, a estas alturas, ya tiene cierta experiencia al respecto. Las siguientes reflexiones se refieren a los silos funcionales, de los que se habló en el capítulo 4.

EJERCICIO 9.4
La especialización funcional

Analiza

¿En qué medida la especialización que implica tener una persona dedicada a cada función ha dado lugar a una curva de aprendizaje específica para cada función? ¿Ha mejorado la participación dentro de cada silo?

¿En qué medida la especialización funcional ha empeorado la situación de los silos funcionales? ¿Ha creado tensiones si una persona de una función intenta decir a otra de otra función qué decisiones debe tomar? ¿Ha dado pie a malentendidos debido a que no todos los miembros conocen la función que desempeñan sus compañeros y compañeras?

Decide

¿Cuál es la mejor manera de aprovechar las ventajas de la especialización funcional y, al mismo tiempo, de limitar el posible impacto negativo de los silos en el equipo?

Confianza y coordinación: colaboración interna y rendimiento del equipo

Medir el rendimiento constituye el primer paso necesario para saber dónde se está y tener una base para decidir qué debe hacerse a continuación. Sin embargo, los KPI no harán todo el trabajo. En cuanto las personas empiezan a trabajar juntas para conseguir resultados, entra en juego la dimensión humana de los equipos. Con independencia de la función y las responsabilidades de cada miembro del equipo, podemos hablar de los roles que asume cada persona.

El término *rol* se refiere a cómo se comportan los individuos cuando se juntan en un equipo. Por ejemplo, unas personas tomarán la iniciativa y harán que el equipo avance, otras se encargarán de mantenerlo bien cohesionado y otras buscarán información relevante que compartirán con sus compañeros y compañeras. El carácter de cada cual influye mucho en este aspecto y la combinación puede ser más o menos equilibrada. Aunque existe un amplio debate académico sobre la cuestión —y en el que no todo el mundo está de acuerdo—, al parecer, cuanto más equilibrado esté un equipo, más posibilidades habrá de que el rendimiento sea mejor.

Evidentemente, también existe otra dimensión relacionada con los caracteres, que en conjunto generan una mezcla más o menos estable o explosiva dentro de un equipo. El concepto de *dinámica de equipo* se contempla evaluando, por ejemplo, el buen ambiente y el ritmo de trabajo. En los siguientes pasos utilizaremos dos breves y sencillos cuestionarios elaborados por Management Worlds, Inc. (reproducidos con la debida autorización).

EJERCICIO 9.5
La orientación de las tareas del equipo

Analiza

Utilizando la plantilla de la figura 9.2, evalúa el rendimiento de tu equipo desde el punto de vista de la tarea en cuestión. Conviene que cada miembro del equipo lo haga individualmente.

EQUIPO: _SuperJuice_   **ESTRATEGIA:** _Bajo costo_   The Fresh Connection

Evaluación del equipo: Tareas

T1   **¿Hay una dirección y unos objetivos claros?**

1   2   3   4   5   6   7

Las metas y los objetivos se entienden claramente y se aceptan.   Las metas y los objetivos no están claros. Pocos miembros se sienten implicados.

T2   **¿Todos los miembros del equipo entienden lo que debe hacer cada cual?**

1   2   3   4   5   6   7

Las funciones, las responsabilidades y las asignaciones son claras y se aceptan. Hay una buena división del trabajo.   Las funciones y responsabilidades no están claras ni se han asignado. El equipo no trabaja a fondo.

T3   **¿Cómo se organiza y se lleva a cabo el trabajo?**

1   2   3   4   5   6   7

Los procedimientos de trabajo conjunto son organizados y eficientes. El equipo es creativo y flexible.   Los procedimientos de trabajo son escasos o ineficaces. El equipo es rígido y no experimenta.

T4   **¿Hasta qué punto se planifica bien y se encauza el esfuerzo de manera adecuada?**

1   2   3   4   5   6   7

Las acciones y decisiones se planifican con antelación, previendo problemas y alternativas. Los datos se organizan y se equilibran los detalles con el panorama general.   El tiempo de planificación es limitado y el trabajo se gestiona a corto plazo. Los datos están dispersos, desorganizados; son demasiado detallados o demasiado vagos.

T5   **¿Cómo se toman las decisiones en equipo?**

1   2   3   4   5   6   7

Se busca y se pone a prueba el consenso. Se establece un enfoque para la toma de decisiones y la exploración de problemas. Se exploran los desacuerdos.   No hay un enfoque unánime para la toma de decisiones o la resolución de problemas. Las decisiones se retrasan, se toman por casualidad o por defecto.

Figura 9.2. Plantilla: análisis de la dimensión _tarea_ del liderazgo.

EJERCICIO 9.6
Orientación y relación de equipo

EQUIPO: *SuperJuice*   **ESTRATEGIA:** *Bajo costo*   The Fresh Connection

Evaluación del equipo: Relaciones

R1   ¿Cómo valorarías la calidad de la participación de los miembros del equipo?

1   2   3   4   5   6   7

Todos los miembros del equipo participan y aportan opiniones e ideas. Se escuchan y valoran las diferentes opiniones y puntos de vista.

La participación es limitada. Unos pocos miembros deciden. Algunos miembros son pasivos o incluso apáticos a la hora de aportar opiniones e ideas.

R2   ¿Cuál es el grado de confianza y apertura entre los miembros del equipo?

1   2   3   4   5   6   7

Los miembros del equipo pueden hablar y discutir con los demás. Los problemas, los conflictos y las preocupaciones se tratan de forma abierta y respetuosa.

Hay poca confianza entre los miembros del equipo. Se evitan los conflictos. La comunicación es reservada, cerrada o demasiado diplomática.

R3   ¿Cómo se gestiona el liderazgo en el equipo?

1   2   3   4   5   6   7

El liderazgo es compartido. Todos los miembros participan y son influyentes.

El liderazgo es autocrático y directo. Dominio de uno o pocos miembros.

R4   ¿Hasta qué punto se da importancia a los sentimientos?

1   2   3   4   5   6   7

Los sentimientos son una aportación valiosa y compartida entre los miembros del equipo.

Los sentimientos se ocultan o se ignoran. No se consideran útiles.

R5   ¿Os divertís?

1   2   3   4   5   6   7

Los miembros se sienten bien trabajando juntos. Se celebran los éxitos y se aprende de los errores. Unos toques de humor aportan energía.

Los miembros del equipo no disfrutan trabajando juntos. El equipo es demasiado serio y apenas se celebra nada.

Figura 9.3. **Plantilla: análisis de la dimensión equipo del liderazgo.**

Analiza

Utilizando la plantilla de la figura 9.3, evalúa el rendimiento de tu equipo desde el punto de vista de la relación que se establece entre los miembros. A ser posible, habrá que realizar el ejercicio individualmente.

EJERCICIO 9.7
Tarea, relación y rendimiento del equipo

Analiza

Usa la plantilla de la figura 9.4 para expresar los resultados de los dos cuestionarios anteriores en un gráfico combinado que recoja todas las evaluaciones.

En el caso de que se hubiesen rellenado los cuestionarios varias veces, pueden incorporarse los resultados al gráfico para plasmar mejor esa evolución a lo largo del tiempo.

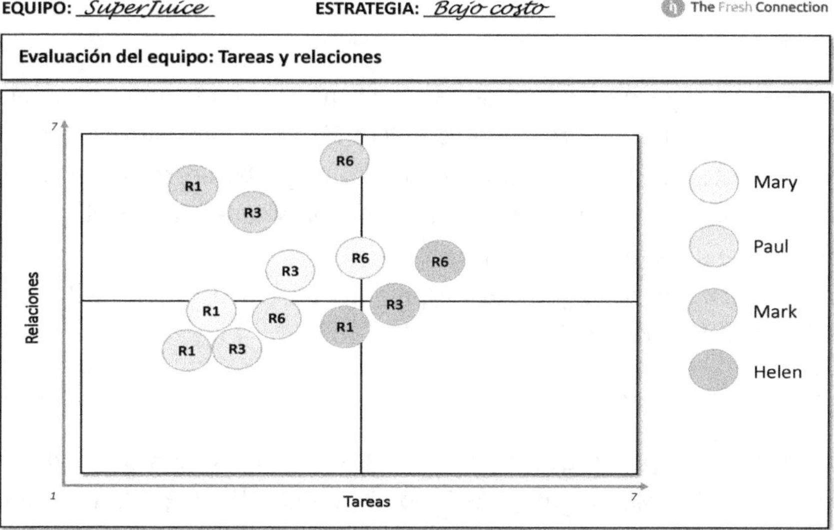

Figura 9.4. Plantilla: análisis de las dimensiones tarea y equipo del liderazgo.

Decide

¿Cuáles son las conclusiones que tú y el equipo habéis extraído? ¿Qué haréis?

Para llevar un poco más lejos la reflexión, los miembros del equipo podrían completar los cuestionarios en varias ocasiones, al terminar cada ronda, para estudiar la evolución a lo largo del juego.

Confianza y coordinación: colaboración externa y transparencia

En el capítulo 4 se abordó brevemente la confianza y la coordinación, considerada entonces como parte de la dimensión de liderazgo. Ambas permiten establecer relaciones especiales con clientela y proveedoras para ir más allá de la estricta compra y venta. Se mencionó como ejemplo el inventario gestionado por la proveedora (VMI). En algunas configuraciones del juego, el equipo directivo de The Fresh Connection también puede considerar

---

EJERCICIO 9.8
El VMI

Analiza

Repasa los criterios que se explicaron en el capítulo 3 y el capítulo 4 al hablar de la segmentación de proveedoras y del VMI, respectivamente. Asimismo, repasa tus observaciones en el ejercicio 3.5 (pág 102) acerca de la subcontratación y la colaboración. ¿Para qué proveedors considerarías el VMI o los proyectos de desarrollo? ¿Por qué?

En la misma línea, ¿a qué clientes propondrías el VMI? ¿Por qué?

¿Qué conclusiones se derivan de todo esto?

Decide

¿Qué decisiones, por lo que se refiere a los proyectos de desarrollo o a la aplicación de la VMI, has adoptado? No olvides que The Fresh Connection es una empresa de tamaño medio con recursos limitados. Solo podrá acometer tres proyectos de este tipo como máximo. Además, cabe la posibilidad de que clientes y proveedoras los rechacen. Si así fuera, se os notificará al comienzo de la siguiente ronda, después de que hayáis propuesto la colaboración, y no se cargará ningún costo.

la posibilidad de proponer estos proyectos de mejora. En esos casos, existen dos posibilidades:

- *Proyectos de desarrollo con proveedoras:* para cada empresa proveedora se puede especificar si se desea aplicar un proyecto de estas características. Cada uno, con una duración determinada, tiene asociado un determinado costo de proyecto (la información sobre su importe puede encontrarse en el sistema). Este tipo de programa mejora el rendimiento de las proveedoras y facilita la certificación de sus procesos de producción. La fiabilidad de las entregas y la calidad de los materiales entregados también mejoran, y su índice de emisiones disminuye.
- *VMI con proveedoras y clientela:* al aplicarlo, el control de las existencias de los respectivos componentes se transmite a la proveedora en cuestión y esta garantiza la existencia de existencias suficientes (en el caso del VMI con los clientes de la empresa, esta es la proveedora; en el caso del VMI con las proveedoras, la empresa es el cliente). Los límites de control de los niveles de existencias deben ser especificados ahora por el cliente, donde los límites superior e inferior indican el margen disponible para la proveedora para dirigir los niveles de existencias. Los niveles de *stock* de seguridad y los tamaños de lote fijados por la persona responsable de la cadena de suministro quedan anulados por estos límites superior e inferior. Además, el VMI tiene un costo de proyecto recurrente asociado. En el juego, el VMI no puede emplearse para proveedoras alternativas.

Gestión de las partes interesadas directas

En el escenario específico de The Fresh Connection, la mayoría de los agentes internos directamente implicados en lo que sucede en la gestión del flujo de mercancías forman parte del equipo que participa en el juego de simulación. También hay personas indirectamente interesadas, pero ya hablaremos de ellas más adelante. Ahora tenemos que prestar atención a alguien verdaderamente importante. Bob McLaren ha vuelto y quiere algunas respuestas (figura 9.5).

Informar bien es una habilidad importante, sobre todo a la hora de apoyar la gestión eficaz de las partes interesadas. La manera de informar a los demás, lo que les dices exactamente y cómo se lo dices, creará un punto de partida desde el que acometerás los siguientes pasos del proceso. Se requiere una buena dosis

Figura 9.5. ¡Ha vuelto Bob McLaren!

de empatía para entender qué información le interesa a tu público, así como un poco de creatividad para que tu informe sea atractivo y fácil de entender. No en vano, quienes lean tu informe probablemente dispongan de poco tiempo y deberán captar el mensaje con rapidez. Además, puede que no estés presente en ese momento y quizá no te den la oportunidad de explicarte.

EJERCICIO 9.9
Recapitulación y elaboración de un informe para el propietario de la empresa

Analiza

Utilizando la plantilla que aparece en la figura 9.6 y que desarrolló el equipo SuperJuice, reflexiona sobre la experiencia acumulada en todas las rondas que has jugado hasta ahora y elabora un informe para Bob McLaren.

Decide

¿En qué elementos te centrarás a la hora de crear el informe? Asegúrate de que es preciso, directo, claro y comprensible.

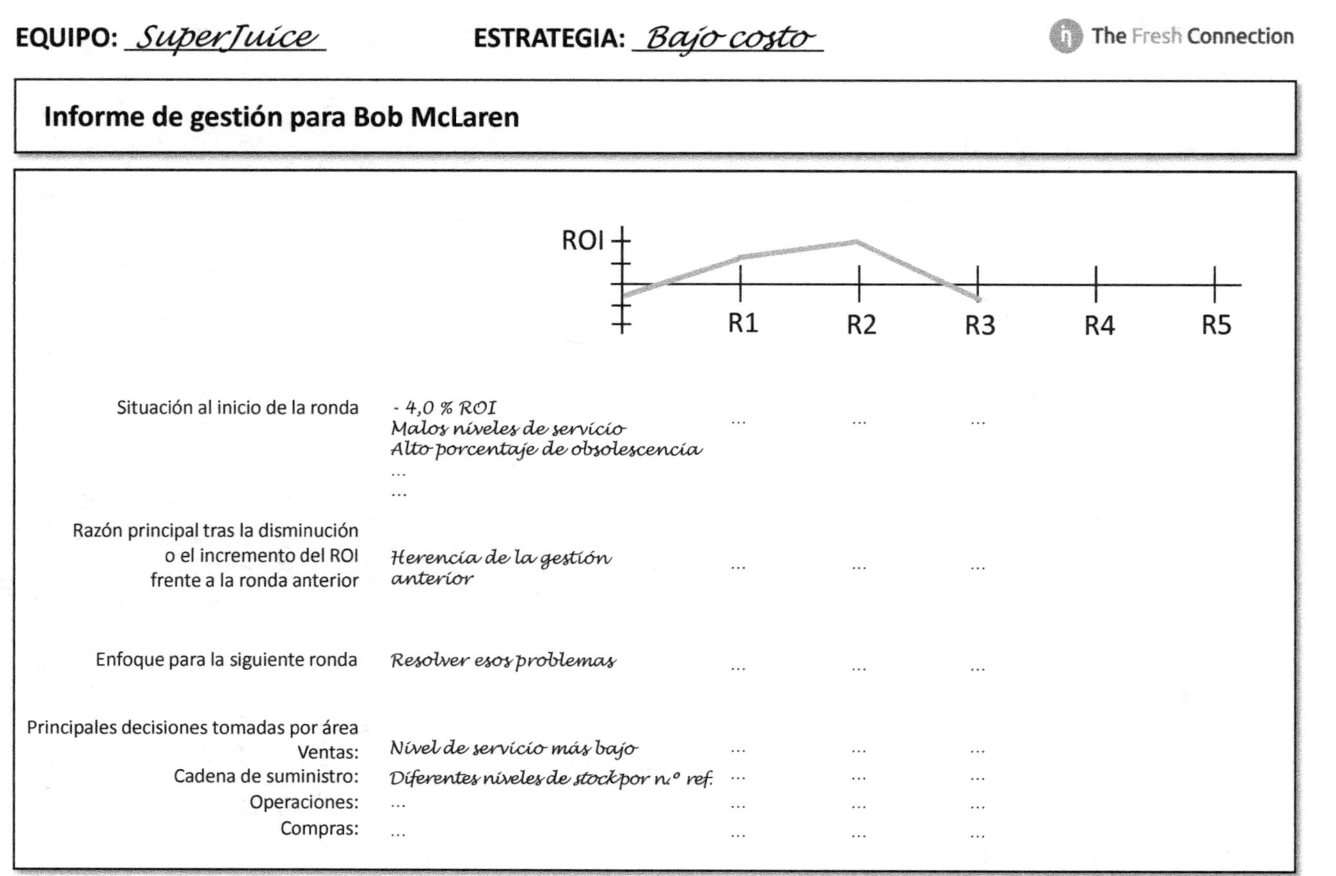

Figura 9.6. **Plantilla: informe para Bob McLaren.**

Resumen

Hemos visto cómo puede aplicarse la dimensión del liderazgo a la cadena de suministro de The Fresh Connection. La medición del rendimiento nos ha permitido influir en el comportamiento tanto de las partes interesadas internas y externas, como entre los miembros del equipo. También ha dado buenos resultados a la hora de afrontar otras cuestiones como la colaboración externa y la transparencia. Antes de dar el capítulo por terminado, hemos dedicado también algo de tiempo a ver cómo deberían cursarse unos informes específicos al propietario de la empresa.

En la figura 9.7 se indican en gris los epígrafes que se han tratado con detalle. Algunos, junto con los que aparecen en blanco, se verán de nuevo en la tercera parte.

EJERCICIO 9.10
Sobre las cuestiones tratadas en el capítulo 9

Reflexiona

Para concluir debidamente el capítulo, y ateniéndonos a los principios del aprendizaje basado en la experiencia, revisa las cuestiones que aparecen en la figura 9.7 y reflexiona sobre lo que has aprendido. En concreto, piensa en los siguientes aspectos:

- *La aplicación de los conceptos teóricos en situaciones reales:* ¿hasta qué punto están claros los conceptos?, ¿qué consecuencias se derivan de su aplicación?, ¿cambiarías algo la próxima vez?
- *El proceso de análisis y toma de decisiones:* ¿cómo se ha organizado la toma de decisiones?, ¿hasta qué punto estaba clara la secuencia de decisiones?, ¿en qué medida el proceso ha sido eficiente?, ¿se ha perdido tiempo en debates que no eran estrictamente necesarios?
- *El comportamiento del equipo:* ¿hasta qué punto se ha implicado todo el mundo?, ¿qué ha pasado en el caso de que no fuera así?, ¿qué se ha hecho para afrontarlo de la mejor manera posible?

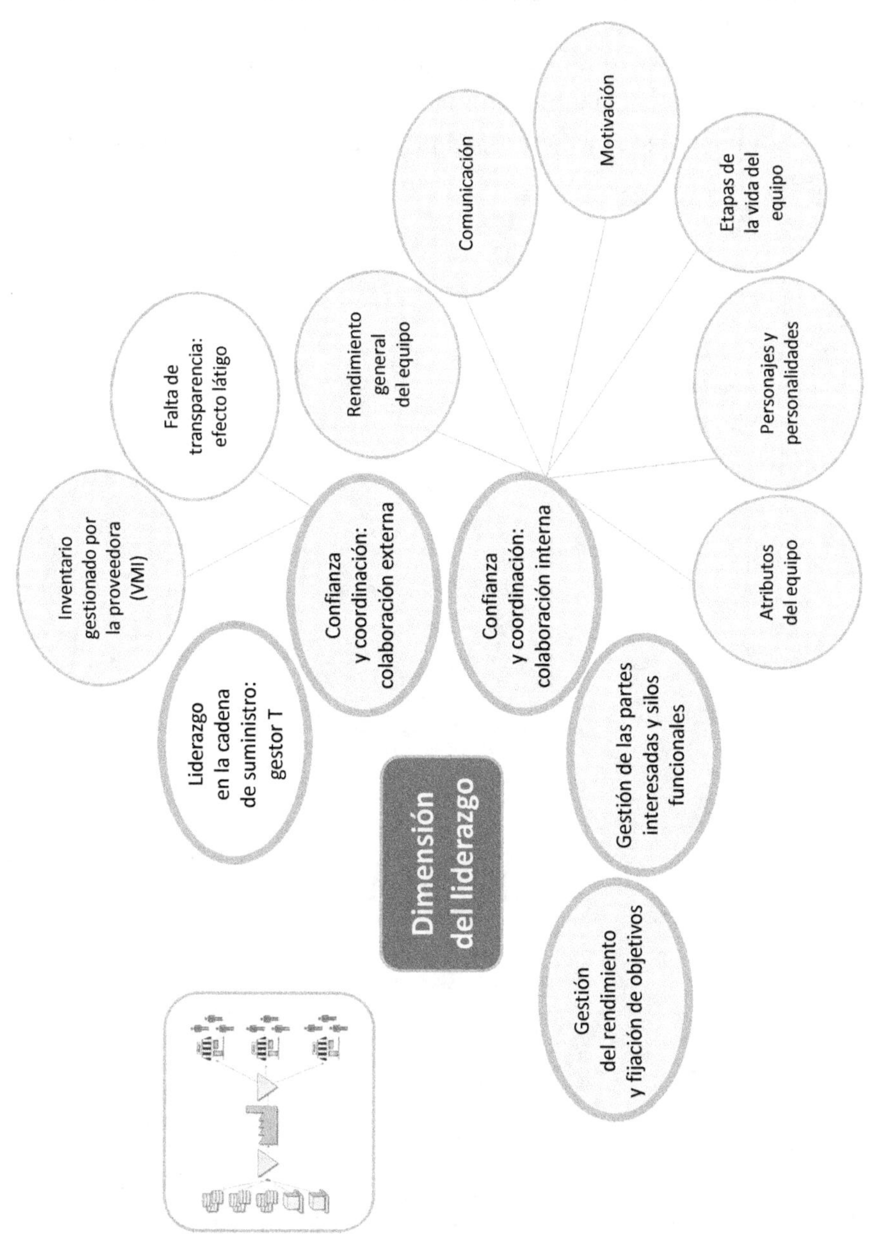

Figura 9.7. **Aspectos relacionados con la dimensión de liderazgo de la cadena de suministro aplicados a The Fresh Connection hasta ahora.**

En el próximo capítulo terminaremos nuestro viaje de aprendizaje volviendo por un momento a la complejidad que implica la combinación de la dimensión empresarial, la dimensión técnica y la dimensión del liderazgo, así como de sus numerosos elementos, un proceso que requiere un gran esfuerzo de alineación.

10

Sencillo, pero no fácil (3). Complejidad y alineamiento

En los capítulos anteriores, al hilo del juego *The Fresh Connection,* hemos podido aplicar los principales conceptos que atañen a las dimensiones empresarial, técnica y de liderazgo de la cadena de suministro. Ha llegado el momento de reflexionar sobre nuestra capacidad para manejar esos conceptos fundamentales.

Una revisión de las estrategias de la cadena de suministro

Volvamos por un momento al ejercicio 3.1 (pág. 92) y a la plantilla que se muestra en la figura 8.2 (pág. 192), ambos centrados en la aplicación de la estrategia corporativa en la cadena de suministro. Reflexiona sobre las consecuencias que han tenido tus decisiones. ¿Hasta qué punto has definido y has aplicado correctamente la estrategia elegida para la cadena de suministro, ya sea de bajo costo o de respuesta? ¿Has revisado tus elecciones iniciales a lo largo de las distintas rondas de juego? Como se dijo en el capítulo 8, en la vida real, la adaptación y el ajuste continuos de las estrategias forman parte de su aplicación.

Ahora toma la misma plantilla de la figura 8.2 e intenta definir las acciones de la cadena de suministro de acuerdo con la estrategia que descartaste. Si, al igual que el equipo SuperJuice, elegiste la estrategia de bajo costo, elabora las acciones relacionadas con la estrategia de respuesta y viceversa. Probablemente otros equipos hayan optado por una estrategia distinta. No estará de más que, tras completar la tabla, intercambiéis impresiones y compartáis y contrastéis vuestras experiencias y puntos de vista.

Complejidad

En esta segunda parte se han tratado muchos conceptos. Algunos quizá requieran más trabajo y reflexión que otros, pero espero que, a estas alturas, la mayoría te resulten relativamente sencillos. De hecho, ese era el objetivo al terminar la primera parte y la aplicación de esos conceptos de forma práctica con el juego *The Fresh Connection* debería haberlo conseguido.

EJERCICIO 10.1
Las interdependencias por área funcional

Analiza

Con la ayuda de la plantilla que elaboró el equipo SuperJuice (figura 10.1), enumera las cinco decisiones más importantes que debe tomar la persona responsable de cada departamento.

Describe el modo en que cada una de estas decisiones tendría un impacto en otro departamento funcional. Justifica cada una de tus respuestas.

EQUIPO: *SuperJuice*   **ESTRATEGIA:** *Bajo costo*   The Fresh Connection

Si cambio...	Influiré...	Porqué...
Ventas		
Nivel de servicio	Operaciones	Posiblemente haya que modificar la capacidad de producción Capacidad de las máquinas Número de turnos
		Posiblemente haya que ajustar la capacidad de almacenamiento Número de ubicaciones Número de personas
	Cadena de suministro Compras Operaciones	... ...
Vida útil	Cadena de suministro Compras Operaciones	
...	Cadena de suministro Compras	

Figura 10.1. Plantilla: análisis de las interdependencias entre departamentos (entradas).

Como habrás experimentado, que los conceptos sean relativamente fáciles de entender no facilita la gestión de toda una cadena de suministro. El hecho de que sean tan numerosos, de que establezcan tantas interdependencias, de que además deba tenerse en cuenta la dimensión interfuncional y de que, en un entorno cambiante, a menudo hay que valerse de la opinión antes que del juicio fundamentado en datos complican mucho todo el trabajo (figura 10.3).

EJERCICIO 10.2
Mapa de las interdependencias entre áreas funcionales y toma de decisiones

Analiza

Cuando hayas terminado, compendia todas las entradas en un gráfico similar al que elaboró el equipo SuperJuice (figura 10.2) y en el que se reflejan todas las funciones y las relaciones de interdependencia.

Decide

¿Qué harás con los conocimientos que acabas de adquirir?

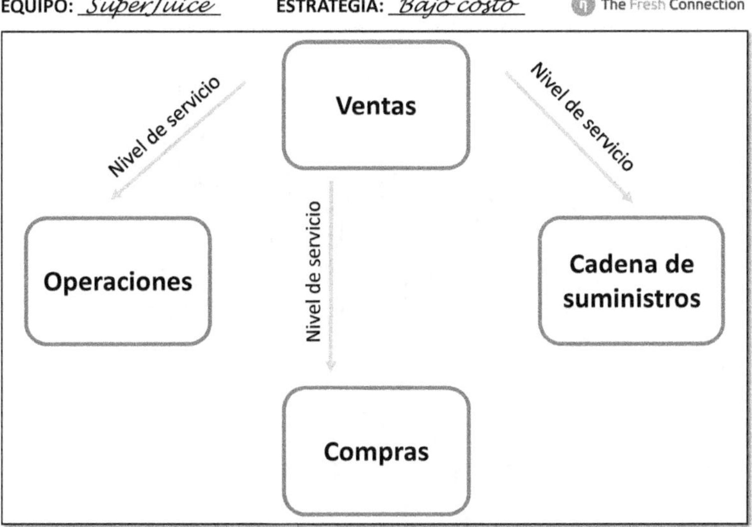

Figura 10.2. Plantilla: análisis de las interdependencias entre departamentos (visualización).

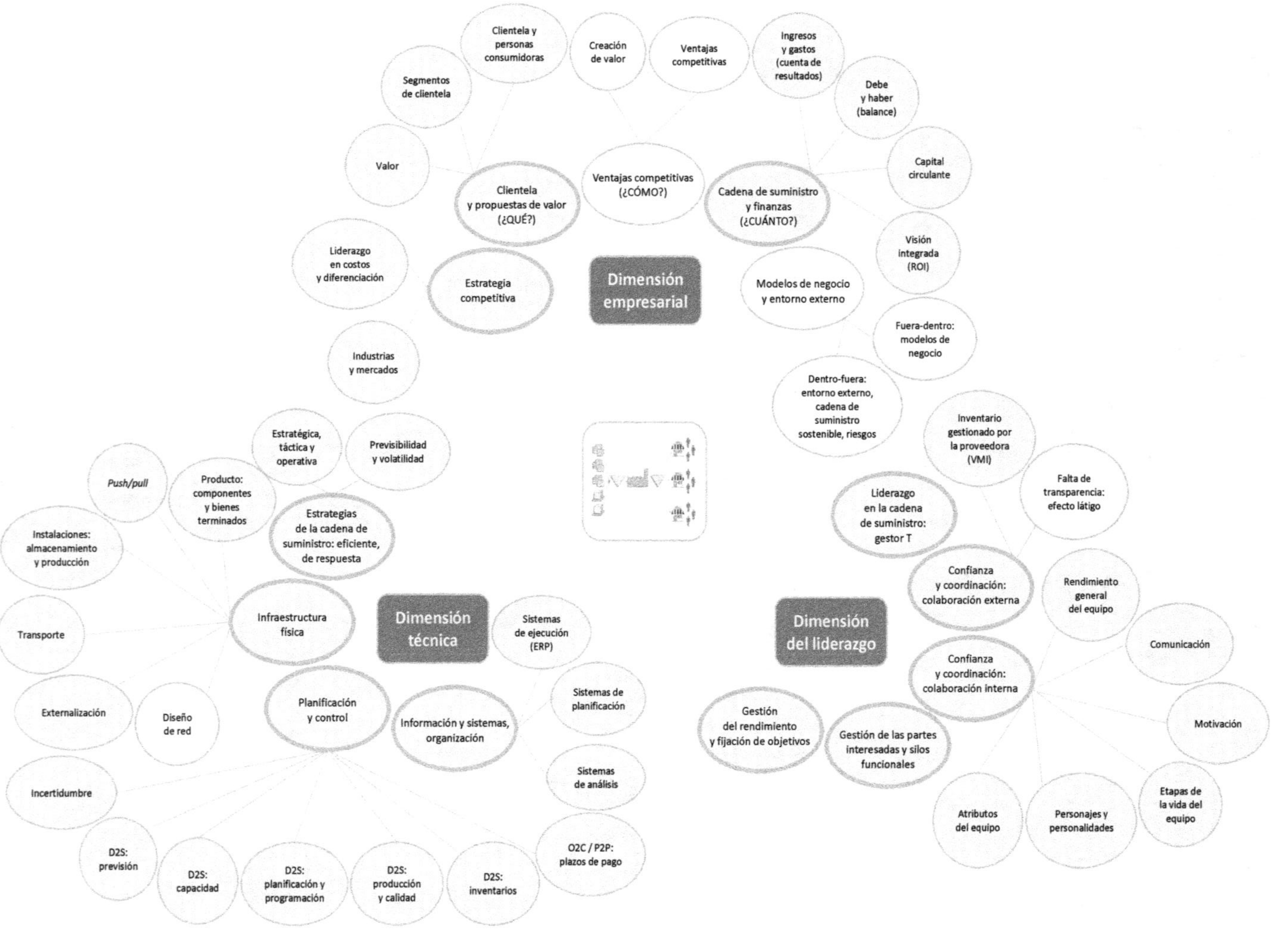

Figura 10.3. **Complejidad de las dimensiones empresarial, técnica y de liderazgo combinadas.**

Para tener una idea más clara de las numerosas interdependencias que existen entre las decisiones que deben tomarse en cada función, analicemos y visualicemos todos estos conceptos con más detalle.

Pros y contras: algunos casos tomados del mundo empresarial

Como habrás comprobado durante el juego, así como en el debate previo acerca de las interdependencias, casi todas las decisiones conllevan algún tipo de compensación, cuyos pros y contras también se han tratado en los capítulos anteriores. Sin embargo, al contemplar cualquier cambio, debemos evitar toda especulación. La intuición está bien como punto de partida, pero es preciso indagar de manera exhaustiva antes de tomar una decisión. En *The Fresh Connection,* habrás visto que el sistema proporciona mucha información al respecto. Aquí entran en escena los casos del mundo empresarial, conocidos como caso de negocio o *business case*, con los que, en la medida de lo posible, pueden ela-

---

EJERCICIO 10.3
Casos de negocio: toma de decisiones

Analiza

Utilizando la plantilla del equipo SuperJuice (figura 10.4), y tomando como ejemplo una serie de decisiones importantes, desarrolla varios casos. Aunque quizá no puedas cuantificarlo todo, procura que la imagen sea lo más completa posible. Ten en cuenta el cambio de empresa proveedora, la ejecución de proyectos de mejora, los ajustes en las condiciones contractuales con clientela o proveedoras, los cambios en la producción o en el tamaño de los lotes de compra, etc.

Como en la vida real, la persona encargada de la decisión deberá preparar el caso y, si se trabajase en equipo, llevar la iniciativa de la tarea en todo momento. El resultado de la actividad sería una propuesta de decisión bien preparada.

Decide

Una vez hayas propuesto lo que consideras más conveniente, deberás discutirlo con todo el equipo directivo y tomar una decisión final.

EQUIPO: *SuperJuice*   **ESTRATEGIA:** *Bajo costo*   The Fresh Connection

Caso de negocio para:
Cambio de empresa proveedora de naranja de Miami Orange (EEUU) a Arancia d'España (España)

Pros (cuantitativos):

Plazo de entrega de 30 a 10 días, la menor distancia permite realizar envíos más pequeños y rentables, es decir, lotes más pequeños → menos *stock* medio
... € de ahorro de espacio (supuesto: ...)
... € de ahorro de intereses (supuesto: ...)
Un plazo de entrega más corto permite una ventana de entrega más pequeña:
→ menos incertidumbre en la entrega → menos *stock* de seguridad
... € de ahorro de espacio (supuesto: ...)
... € de ahorro de intereses (supuesto: ...)

Contras (cuantitativos):

Índice de contrato estándar de 1.004 a 1.070:
6,6 % de aumento sobre el gasto actual de 409k:
... € de costo adicional de compra
....
....

Pros (cualitativos):

Un plazo de entrega más corto permite una mejor sincronización entre los intervalos de producción y el suministro de componentes...
....

Contras (cualitativos):

....
....
....

PROPUESTA DE DECISIÓN: ...

Figura 10.4. Plantilla: apoyo a la decisión mediante casos empresariales estructurados.

borarse los diferentes pros y contras de un determinado cambio para que los responsables puedan adoptar una decisión bien informada.

Alineamiento interfuncional: S&OP

Si el objetivo es que nuestra cadena de suministro funcione bien, teniendo en cuenta los muy diferentes puntos de vista de las dimensiones técnica, empresarial y de liderazgo, así como las numerosas interdependencias entre las decisiones funcionales individuales, ¿cómo podemos asegurarnos de que funcionará de la mejor manera posible? Como ya se ha mencionado en algunas ocasiones, la alineación interfuncional mediante la planificación de ventas y operaciones

---

EJERCICIO 10.4
Flujo de decisiones

Analiza

Al igual que el equipo SuperJuice, utiliza la plantilla de la figura 10.5. Contiene una columna por área funcional. El equipo, en su momento, decidió utilizar notas adhesivas para facilitar la actividad. La figura 10.5 muestra el aspecto que tenía el diagrama poco después de que comenzasen a usarlo.

Elabora una lista de todas las decisiones por área funcional que has visto hasta ahora en el juego. Puedes escribirlas en notas adhesivas (una por nota). A continuación, intégralas en un diagrama de flujo global en el que se muestren las relaciones que se establecen. Al hacerlo, debes tener en cuenta que el flujo no tiene por qué ser necesariamente unidireccional. Pueden producirse bucles de retroalimentación, ya que algunas decisiones tienen un carácter iterativo en lugar de lineal, y tampoco sería extraño que otras no tengan una relación clara y no sean causa ni efecto de ninguna.

Decide

Ha llegado el momento de ver cómo puedes aplicar las conclusiones del diagrama de flujo S&OP en la toma de decisiones del equipo para que el proceso sea más eficiente y más eficaz.

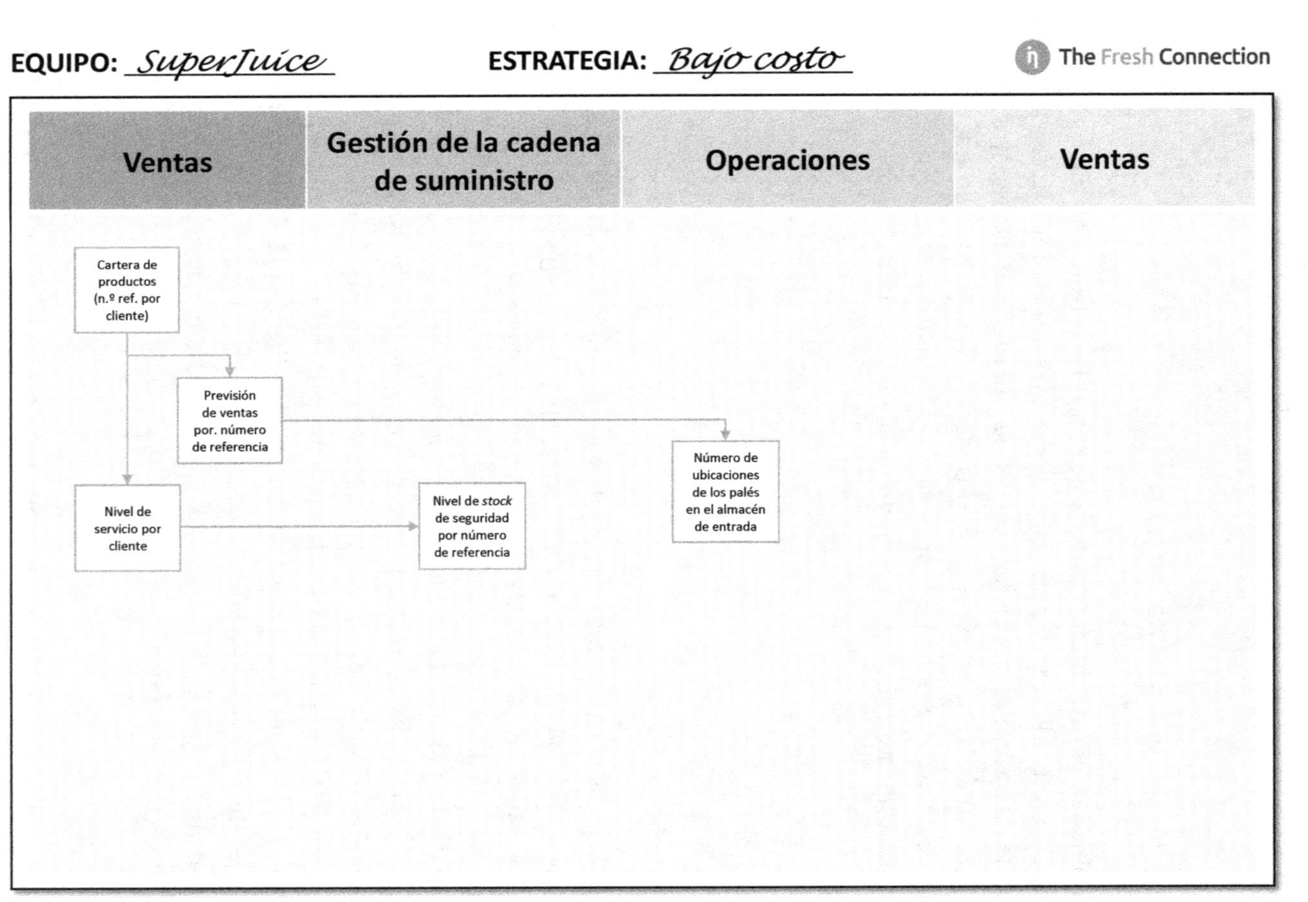

Figura 10.5. **Plantilla: diseño del proceso de toma de decisiones (lógica S&OP).**

(S&OP) es una de las principales claves para el éxito de la cadena de suministro. Así pues, desarrollaremos el proceso de S&OP en los siguientes pasos.

Las claves del éxito en la ejecución de la S&OP son similares a las de cualquier otro proceso empresarial. Sin embargo, dada la naturaleza interfuncional de este proceso, habrá que ponerlo a prueba de una forma mucho más intensa. Al hacerlo, deberás tener en cuenta los siguientes aspectos:

- El buen diseño del proceso.
- La claridad con que se determinan las funciones y las responsabilidades en relación con cada uno de los pasos del proceso.
- La sólida preparación de cada participante en todos los pasos del proceso. Este aspecto debe tenerse en cuenta sobre todo antes de las reuniones interfuncionales: hay que hacer los deberes a tiempo, con el nivel correcto de calidad y tener preparada la información que el grupo necesitará para avanzar.
- La disciplina en la ejecución del proceso.
- La necesidad de centrarse en los hechos, no en las opiniones.
- La necesidad de hacer explícitas las suposiciones que subyacen a las decisiones propuestas, ya que esto enriquecerá el debate.
- Una actitud constructiva orientada a las soluciones en las reuniones (interfuncionales): crítica pero positiva.
- La evaluación y la mejora continuas del propio proceso, siendo la prueba y el error parte de la ejecución.

Debes tener en cuenta, además, que no es fácil poner en práctica muchos de los factores mencionados, aunque se expresan y se entienden con facilidad. Junto con tu equipo, deberás esforzarte para que todo funcione bien, tal como lo hace cualquier empresa real.

Resumen

Hemos llegado al final de la segunda parte. Podemos dar por terminado el aprendizaje de todo cuanto necesitamos para dominar los fundamentos de la cadena de suministro. Como habrás comprobado a lo largo del juego, todas las dimensiones que se han tratado tienen una importancia crucial para conseguir un buen retorno de la inversión (ROI). Revisémoslas una vez más. Son las siguientes:

- *La dimensión empresarial,* que abarca la estrategia competitiva, la clientela, las propuestas de valor y los aspectos financieros.
- *La dimensión técnica,* que abarca las estrategias de la cadena de suministro, la infraestructura física, la planificación y el control, la información y los sistemas, y los aspectos organizativos.
- *La dimensión del liderazgo,* que abarca la gestión del rendimiento y la fijación de objetivos de los KPI, los silos funcionales, la colaboración interna y el rendimiento de los equipos, la colaboración externa y los informes de la alta dirección.

Al igual que en las empresas reales, es lógico que necesites un cierto tiempo para comprender plenamente las complejidades y aprender el modo de tratarlas de la mejor manera posible. Ve paso a paso, prepárate y analiza bien todo, reflexiona sobre las tareas que llevas a cabo, mantén los canales de comunicación abiertos y céntrate en la mejora continua. Es sencillo, pero no fácil.

En la siguiente parte del libro nos embarcaremos en otro viaje: valernos de la imaginación para ir más allá de esos fundamentos que hemos aprendido hasta ahora.

Más allá de los principios fundamentales

La primera parte nos ha permitido explorar, si bien de una manera muy general, los muchos y diversos aspectos de la gestión de la cadena de suministro. La segunda, en cambio, se ha centrado en la aplicación directa de muchos de esos conceptos al juego *The Fresh Connection,* sobre todo los referidos a diversos aspectos de la gestión de una cadena de suministro establecida y relativamente estable.

En esta tercera parte, miraremos más allá de ese entorno estable y desafiaremos el *statu quo* para ver con claridad los impactos que los cambios pueden tener en el diseño y la gestión de una cadena de suministro. Recurriremos una vez más a *The Fresh Connection,* aunque, en esta ocasión, en lugar de centrarnos en el juego propiamente, analizaremos la situación de la empresa como si de un caso de estudio se tratase, utilizando datos relevantes del sistema siempre que sea posible. De este modo, estaremos en condiciones de realizar un análisis más exhaustivo, si cabe, y tomar decisiones con plena seguridad. Los ejercicios, de muy diversa índole, nos ayudarán a adquirir la experiencia necesaria.

Como se recordará, las reflexiones y los ejercicios se introducen siempre con una palabra clave: en la primera parte, se habló de *explorar;* en la segunda, de *analizar y decidir.* Aunque deberemos seguir trabajando de ese modo, las reflexiones y los ejercicios de la tercera parte nos exigirán una tarea distinta: *imaginar,* ya que deberemos movernos en un futuro incierto, con muchos retos por delante.

Aunque la tercera parte parezca relativamente corta, no hay que dejarse engañar: los casos descritos requieren una tarea de análisis, reflexión y elaboración de soluciones alternativas considerable. En los capítulos 12, 13 y 14, respectivamente, se abordan varios retos relacionados que atañen tanto a la dimensión empresarial, como técnica y de liderazgo que integran la gestión de la cadena de suministro. Como se verá, además, se indican numerosas acciones, proyectos e iniciativas que pueden ser de gran interés para The Fresh Connection. En cada uno de estos capítulos, y tras definir los caminos que puede seguir la empresa, deberemos aparcarlos por un momento hasta recuperarlos en la conclusión que da fin al libro.

11

La cadena de suministro en un mundo VUCA

En este capítulo repasaremos las principales características del mundo que nos rodea para hacernos una idea muy detallada del modelo de negocio de The Fresh Connection. Solo de ese modo dispondremos de un punto de partida lo suficientemente sólido como para imaginar y prever el impacto de los numerosos retos que se presentarán en los capítulos siguientes.

Un mundo VUCA

El término *VUCA* fue supuestamente acuñado por el US Army War College cuando, a finales del siglo xx, la Guerra Fría se dio por concluida. Nacía así una nueva realidad. Hoy en día, el término goza de una considerable difusión tanto en el mundo empresarial como en el educativo y en algunos otros ámbitos. Las siglas corresponden a los conceptos siguientes:

- *Volátil (volatile).* Los cambios se dan con un ritmo creciente en todos los niveles (político, económico, social, tecnológico, ecológico, jurídico).
- *Incierto (uncertain).* El futuro es cada vez más imprevisible.
- *Complejo (complex).* El aumento del número de fuerzas y contendientes en liza conlleva una mayor complejidad.
- *Ambiguo (ambiguous).* En parte como consecuencia de lo anterior, tiende a reducirse la claridad con la que puede apreciarse lo que está ocurriendo, sus causas y sus efectos, y las relaciones que se establecen entre aquellas y estos.

La gestión de la cadena de suministro, en la medida en que constituye una parte integral de las empresas que existen en este mundo VUCA, deberá tener en cuenta también estos aspectos. The Fresh Connection y su cadena de suministro no son una excepción: esta, como empresa, tomará constantemente decisiones con las que abrirse paso en ese mundo VUCA y su cadena de suministro deberá ser capaz de seguirla o, en algunos casos, incluso de liderarla.

Aunque el juego de simulación cuenta con diversas configuraciones específicas que abordan algunas de estas características orientadas al futuro, en la mayoría de los entornos educativos dichas configuraciones no se utilizan muy a menudo, sobre todo porque el enfoque de muchos programas formativos suele centrarse en los fundamentos que rigen la gestión de la cadena de suministro. Esto no significa, sin embargo, que deba descartarse la situación en la que se encuentra The Fresh Connection. Al contrario: nos servirá como punto de partida para examinar con más detalle una serie de tendencias y desarrollos que, como se verá en los tres capítulos siguientes, poseen gran relevancia.

Muchos de los temas tratados en la primera parte se aplicaron a The Fresh Connection en la segunda. La mayoría se retomará de alguna manera en la tercera y, de paso, se tratarán ciertas cuestiones, vistas también en la primera parte, que, por razones prácticas, quedaron fuera de la segunda. De este modo, se completará el cuadro que se muestra en la figura 10.3 (pág. 254).

Como sugiere el título de la tercera parte, al trabajar con posibles escenarios futuros, habrá que emplear una buena dosis de *imaginación*. Cualquier consejo de administración de una empresa real que contemplara posibles hojas de ruta para el futuro se hallaría en la misma situación y haría lo mismo. No debe confundirse, sin embargo, la imaginación con la especulación. A partir de ideas imaginativas, pueden desarrollarse y evaluarse escenarios muy concretos. Y eso haremos precisamente en los próximos capítulos.

Visualización del *statu quo:* plantilla para el modelo de negocio

Para evaluar las posibles repercusiones que tendrían las tendencias y los desarrollos que se considerarán, necesitamos crear una visión clara de la situación existente, el *statu quo*. Basándonos en la experiencia obtenida con The Fresh Connection durante la segunda parte, supondremos que ya conocemos bien los entresijos de su cadena de suministro. No obstante, queda pendiente el modelo de negocio global de esa empresa. La plantilla para el modelo de negocio, que ya vimos en el capítulo 2, nos proporcionará una imagen más certera.

Básate en la situación que conoces del juego.

Ten en cuenta que, como si de un experimento se tratase, el equipo Super-Juice ha decidido tomarse la libertad de realizar algunas modificaciones en la plantilla.

- En primer lugar, se ha añadido una columna llamada *Consumidores* en el lado derecho para expresar claramente la distinción entre los clientes de pago de The Fresh Connection y las personas consumidoras de los zumos de frutas que comercializa. Aunque el mercado actual de The Fresh Connection es claramente B2B (de empresa a empresa), su cúpula considera que los consumidores no pueden quedar fuera del modelo de negocio porque, al fin y al cabo, la empresa produce productos de consumo. Para evitar confusiones entre la clientela y las propuestas de valor a las personas consumidoras, por ejemplo, se ha añadido esa columna extra.
- En segundo lugar, se ha incorporado también una columna en el lado izquierdo llamada *Proveedores* para expresar claramente la distinción entre los socios clave con los que se establecería una relación estratégica y las

---

EJERCICIO 11.1
El modelo de negocio de The Fresh Connection

Imagina

En el sitio www.strategyzer.com puedes descargarte una plantilla para representar el modelo de negocio (antes, sin embargo, repasa las condiciones de la licencia Creative Commons para asegurarte de lo que puedes y no puedes hacer). Tampoco está de más echar un vistazo a los demás recursos disponibles.

Crea un modelo de negocio para The Fresh Connection. Al igual que el equipo SuperJuice, ayúdate con notas adhesivas (figura 11.1). De este modo, te resultará más sencillo realizar los ajustes que consideres oportunos.

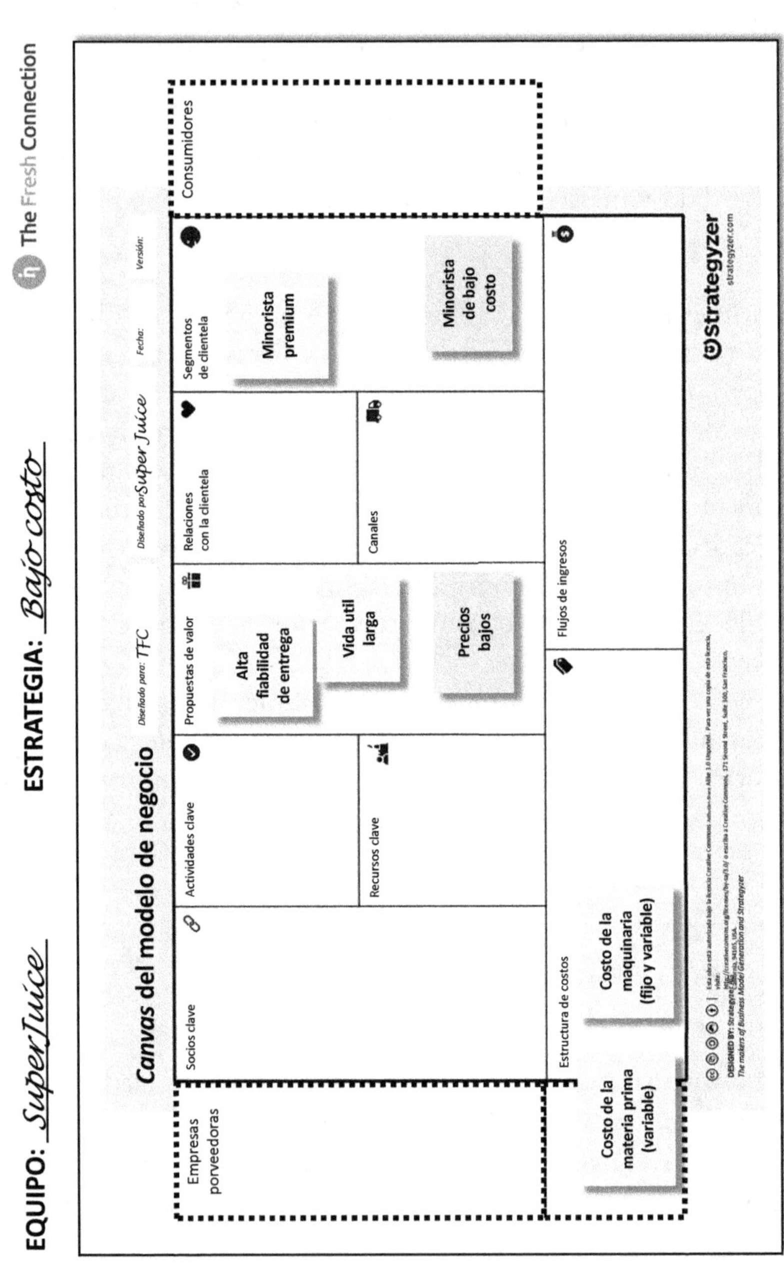

Figura 11.1. Plantilla: modelo de negocio elaborado por el equipo SuperJuice. *Fuente:* Osterwalder (2010), www.strategyzer.com, con las modificaciones del equipo SuperJuice.

empresas proveedoras «normales» en igualdad de condiciones, con las que habría una relación más estándar de compraventa. De este modo, podría incorporarse a las proveedoras de materias primas a las que The Fresh Connection podría adquirir materiales por una buena suma de dinero —con el consiguiente impacto en la estructura general de costos—, pero a las que no se considerarían socios clave, ya que las materias primas pueden comprarse prácticamente en cualquier parte. En consecuencia, el cuadro de la estructura de costos se ha ampliado para incluir también a las proveedoras en condiciones de igualdad.

- Si se desea, pueden probarse esos cambios que ha realizado el equipo SuperJuice y ver si se ajusta al propio modelo de empresa. Si no, basta con aplicar la plantilla original.

Conviene tener en cuenta que, al crear el modelo, hay que fijarse tanto en los aspectos operativos y de la cadena de suministro, como en todos los elementos de la empresa. Al elaborar el modelo, habrá que realizar las comprobaciones siguientes:

- Todos los elementos que figuran en el lado del *qué* (segmentos, propuestas de valor, canales, relaciones con los clientes), ¿están respaldados por uno o más elementos del lado del *cómo* (actividades clave, recursos clave, socios clave, proveedores)? Si la respuesta es negativa, hay dos opciones: o bien se ha pasado algo por alto o bien se ha descubierto una laguna en el modelo de negocio.
- ¿Son todos los elementos del *canvas* del modelo de negocio estrictamente necesarios? Si se quita un elemento específico, ¿se debilita realmente la coherencia del modelo de negocio? Si algo no fuese necesario, quizá se haya descubierto algo que es redundante. Podría eliminarse de la empresa sin perjudicar la solidez del modelo de negocio.

Ambas comprobaciones pueden hacerse de forma bastante mecánica. Basta con ir de nota adhesiva en nota adhesiva y comprobar una por una.

Aunque, en sentido estricto, forma parte de la dimensión empresarial de la cadena de suministro, habrá que analizar por un momento cuál podría ser el «secreto estratégico» de The Fresh Connection en términos de clientela y propuestas de valor, por un lado, y de ventajas competitivas, por otro.

EJERCICIO 11.2

Propuestas de valor y ventajas competitivas de The Fresh Connection

Imagina

Dado que la simulación no contiene información explícita sobre el panorama competitivo en el que opera The Fresh Connection, habrá que echar mano de la imaginación y pensar en las posibles respuestas a las siguientes preguntas. La experiencia en el juego también debería ser útil para responder al menos a algunas cuestiones, aunque, como puede verse, habrá que ir un poco más allá:

- ¿Qué promete The Fresh Connection a su clientela para que la elijan (clientes y propuestas de valor)?
- ¿En qué debe destacar The Fresh Connection para que cumpla esas promesas de manera continuada (ventajas competitivas)?

Resumen

En esta fase debería comprenderse muy bien el modelo de negocio global de The Fresh Connection, sus elementos clave y la diferencia competitiva que podría tener con otras empresas del mercado. De este modo se dispondría del punto de partida deseado para imaginar y evaluar las tendencias y los desarrollos futuros, así como sus impactos potenciales. En consecuencia, habrá que tener a mano siempre el esquema de negocio mientras se trabaja con los materiales de los próximos capítulos. En las páginas siguientes continuaremos imaginando. Veremos qué pasa cuando se cuestionan ciertos elementos de la dimensión empresarial de la cadena de suministro.

12

Imaginar los retos empresariales de la cadena de suministro

En este capítulo examinaremos diversos retos a los que se enfrentan las empresas y, para hacerlos más tangibles, los aplicaremos a The Fresh Connection. Así podremos analizar el impacto potencial que tendrían en la cadena de suministro. Abordaremos algunos de los elementos de la dimensión empresarial que hemos visto anteriormente y cubriremos los que aún están abiertos (los que se vieron en la primera parte pero no se aplicaron en la segunda). Nos centraremos, pues, en los retos relacionados con las presiones del mercado y la competencia, los cambios en el modelo de negocio, la tendencia a la responsabilidad social de las empresas, los cambios en el entorno externo y la evaluación de riesgos (figura 12.1).

¡Prepárate para el regreso de Bob McLaren! Ahora que dominas los fundamentos de la cadena de suministro de The Fresh Connection, McLaren puede preguntarte por cuestiones más detalladas. A lo largo de este capítulo te enviará varios mensajes de correo electrónico con el propósito de establecer una conversación. Y esperará tu respuesta.

Las fuerzas del mercado: los nuevos participantes y la dura competencia

Como habrás observado en la segunda parte, The Fresh Connection ha operado hasta ahora en unas condiciones de mercado relativamente estables. Había variabilidad en la demanda, pero la demanda total era bastante estable y los competidores no entrañaban un gran problema. Por supuesto, la situación

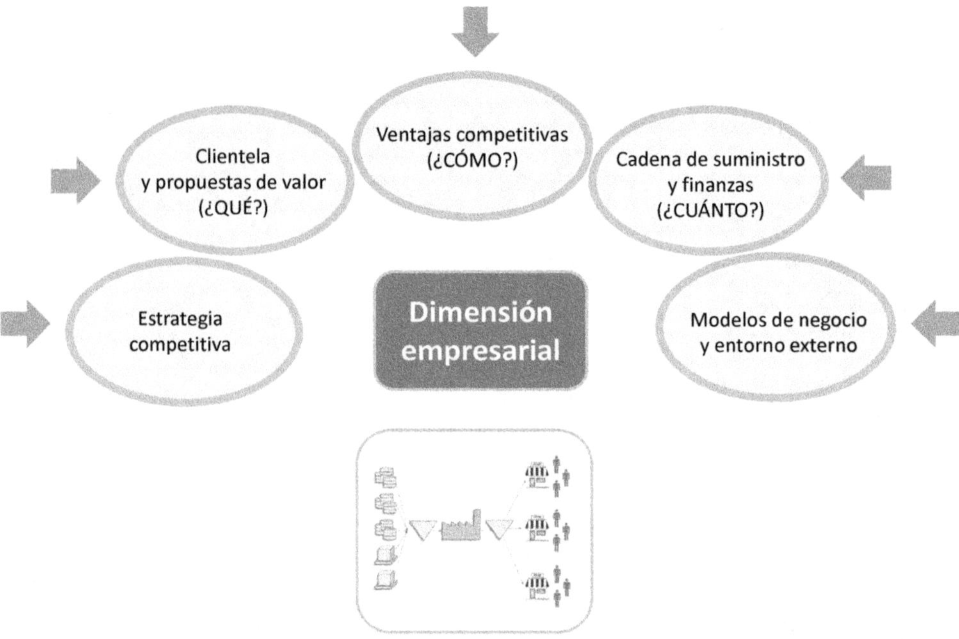

Figura 12.1. **Temas relacionados con la dimensión empresarial de la cadena de suministro.**

no durará para siempre. Las presiones competitivas están por todas partes, no solo porque se han incorporado agentes de otros territorios. Los contendientes conocidos pueden cambiar sus carteras, adquirir otras empresas y hacerse mucho más grandes y poderosos en el mercado. Las empresas como The Fresh Connection deben estar continuamente atentas a estas presiones y disponer de planes al respecto.

Primero, echemos un vistazo al *Market & Industry Flash* que Bob McLaren envía adjunto con el mensaje (Figura 12.3).

El equipo debe definir las líneas de actuación e informar a Bob McLaren en la próxima reunión. Para realizar el análisis, puedes utilizar la plantilla que ha preparado el equipo SuperJuice (figura 12.4).

En términos generales, ¿qué impactos podrían darse en una situación en la que una nueva empresa importante entra en el mercado? Piensa en el impacto que tendría sobre:

- El *sector* (por ejemplo, las estrategias competitivas de los contendientes y de los nuevos participantes).

EJERCICIO 12.1

Cambios en el panorama competitivo

Imagina

Recibes este mensaje de Bob McLaren (figura 12.2).

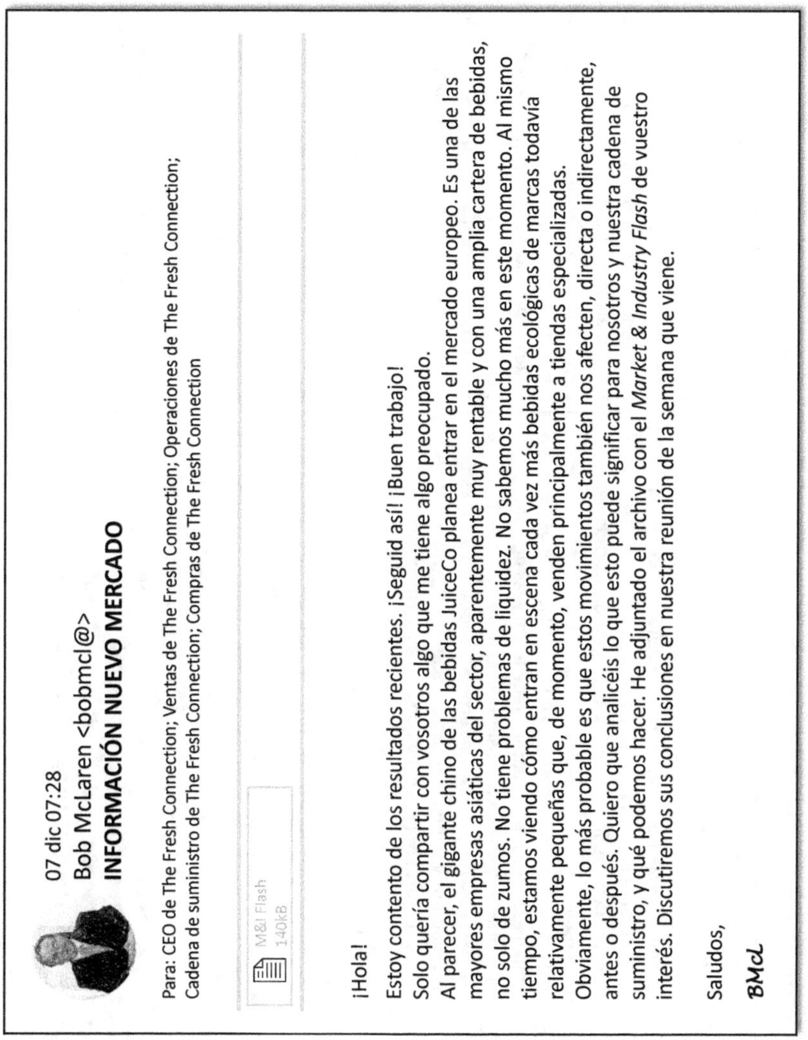

07 dic 07:28
Bob McLaren <bobmcl@>
INFORMACIÓN NUEVO MERCADO

Para: CEO de The Fresh Connection; Ventas de The Fresh Connection; Operaciones de The Fresh Connection; Cadena de suministro de The Fresh Connection; Compras de The Fresh Connection

M&I Flash
140kB

¡Hola!

Estoy contento de los resultados recientes. ¡Seguid así! ¡Buen trabajo!
Solo quería compartir con vosotros algo que me tiene algo preocupado.
Al parecer, el gigante chino de las bebidas JuiceCo planea entrar en el mercado europeo. Es una de las mayores empresas asiáticas del sector, aparentemente muy rentable y con una amplia cartera de bebidas, no solo de zumos. No tiene problemas de liquidez. No sabemos mucho más en este momento. Al mismo tiempo, estamos viendo cómo entran en escena cada vez más bebidas ecológicas de marcas todavía relativamente pequeñas que, de momento, venden principalmente a tiendas especializadas.
Obviamente, lo más probable es que estos movimientos también nos afecten, directa o indirectamente, antes o después. Quiero que analicéis lo que esto puede significar para nosotros y nuestra cadena de suministro, y qué podemos hacer. He adjuntado el archivo con el *Market & Industry Flash* de vuestro interés. Discutiremos sus conclusiones en nuestra reunión de la semana que viene.

Saludos,

BMcL

Figura 12.2. Correo electrónico de Bob McLaren sobre el nuevo competidor.

MARKET & INDUSTRY FLASH – SECTOR DEL ZUMO

Situación del mercado:

- Tasa de crecimiento anual compuesta (CAGR) global en el 1,3 % durante el período 2012-2017.
- El zumo 100 % de fruta es el que más aporta y es cada vez más popular.
- El néctar (25-99 % de contenido de fruta), las bebidas de zumo (hasta el 25 % de contenido de fruta) y las bebidas concentradas y en polvo constituyen el resto.
- Los mercados de zumos en las economías desarrolladas están muy maduros y tienen muy poco crecimiento. En los países en vías de desarrollo sigue habiendo un fuerte crecimiento.

Principales tendencias del mercado y de las personas consumidoras:

- Los zumos de fruta 100 % y los batidos son cada vez más populares, así como las bebidas energéticas y las aguas aromatizadas.
- Los refrescos están disminuyendo por el momento, a ver qué pasa si aparecen alternativas con menos contenido de azúcar.
- En algunos países, los gobiernos están impulsando activamente el consumo de bebidas bajas en azúcar.
- En algunos segmentos de bebidas, se aprecia una fuerte tendencia al etiquetado personalizado e individualizado.

* CAGR: *Compouned Annual Grownth Rate.*

Situación del sector y de la oferta:

- La mayoría de los mercados tradicionales son abastecidos por grandes agentes globales o por grandes agentes locales (nacionales).
- La gran distribución sigue siendo el principal canal de venta.

Principales tendencias en el sector:

- Consolidación por la parte superior. Las grandes empresas chinas buscan la expansión internacional, posiblemente a través de adquisiciones de grandes empresas locales. Suelen tener carteras amplias y buscan poder adquisitivo en los mercados de la fruta.
- Pequeñas empresas locales que se incorporan a la industria en la parte inferior y que se centran en las bebidas saludables.
- Creciente competencia de las bebidas frescas exprimidas *(smoothies).*
- Las condiciones meteorológicas más volátiles provocan cosechas más imprevisibles y, por tanto, una menor estabilidad de los precios en la compra de fruta.
- El auge de las megaciudades provoca una mayor importancia de las llamadas *nanotiendas.* Fransoo *et al.* (2018) indican que puede llegarse a 50 millones de estos comercios en todo el mundo.*

* *Fransoo* et al. *(2018). Reaching 50 Million Nanostores.*

Figura 12.3. *Market and Industry Flash* adjunto al mensaje de Bob McLaren. *Fuente:* Elaboración propia (la información es inventada pero verosímil).

EQUIPO: *SuperJuice*   **ESTRATEGIA:** *Bajo costo*   The Fresh Connection

Reto: Nuevos participantes en el mercado

Impacto en:

Sector — *Más actores grandes y nuevos pequeños participantes: aumento de la competencia. Posiblemente un posicionamiento más agresivo, desarrollo de nuevos productos, presión sobre los precios, etc.*

Clientela — *Más poder de negociación con los más pequeños, requisitos más estrictos, etc.*

Personas consumidores — ...

Suministro y proveedoras

Impacto en el modelo de negocio:

Implicaciónes para The Fresh Connection y la cadena de suministro:

El rendimiento del servicio es más crítico
Desarrollo de nuevos productos: ¿nuevas capacidades de fabricación?
...

Acciones propuestas:	**Ventas**	**Operaciones**	**Cadena de suministro**	**Compras**
	Analizar propuestas de valor	...	...	...
	...	...	...	...
	...	...	...	...

Figura 12.4. Plantilla: análisis de las presiones crecientes en el mercado.

- El *mercado* (por ejemplo, segmentos de clientela, propuestas de valor, comportamiento de las personas).
- Las *personas consumidoras* (por ejemplo, segmentos de público, propuestas de valor, comportamiento de las personas).
- Las *empresas proveedoras* (por ejemplo, el mercado de suministro, la disponibilidad de la oferta, el poder de esas empresas proveedoras).

Ahora relaciona tus observaciones sobre estos factores con el modelo de negocio que preparaste en el capítulo anterior. Toma la plantilla como punto de referencia y comprueba cómo afectarán los impactos previstos en cada una de las áreas.

De acuerdo con las observaciones y la evaluación realizadas, describe cómo afectará esta situación a The Fresh Connection en general y a su cadena de suministro en particular.

A continuación, define las propuestas para afrontar las presiones del mercado que has identificado en cada una de las áreas funcionales del equipo de gestión de The Fresh Connection (ventas, operaciones, cadena de suministro y compras).

Probablemente, el análisis haya dado pie a una serie de acciones. Dejémoslas aparte por un momento y analicemos otro reto empresarial.

La necesidad de los nuevos modelos de negocio

En la segunda parte, al hilo del juego, has visto cómo The Fresh Connection ha estado vendiendo una cartera de productos pequeña y estable de seis SKU. Pero debido a presiones competitivas como las analizadas en el apartado anterior, las empresas necesitan innovar constantemente en productos y servicios para mantener contentos a los clientes y consumidores en unos mercados en los que suele haber una oferta creciente. Al igual que otros, The Fresh Connection necesita pensar en nuevos productos, nuevos segmentos, nuevos canales, etc.

Al igual que ocurrió con los retos asociados a los nuevos participantes en el mercado, se ha definido una serie de acciones a partir de este análisis de la introducción de nuevos productos y nuevos canales (figura 12.6). Una vez más, las dejaremos aparte por el momento y analizaremos otro importante reto empresarial.

EJERCICIO 12.2
Introducción de nuevos productos

Imagina

Recibes otro mensaje de Bob McLaren como el que muestra la figura 12.5.

17 ene 09:49

Bob McLaren <bobmcl@>

INTRODUCCIÓN DE NUEVOS PRODUCTOS Y NUEVOS MODELOS DE NEGOCIO

Para: CEO de The Fresh Connection; Ventas de The Fresh Connection; Operaciones de The Fresh Connection;
Cadena de suministro de The Fresh Connection; Compras de The Fresh Connection

¡Hola!

Como ya sabréis, el equipo de I+D de nuestro Grupo está a punto de presentar un nuevo producto: las FressieCapsules. La idea se basa en un concepto bien conocido, el de las cápsulas de café individuales, que permitiría aprovechar la experiencia positiva que las personas consumidoras ya tienen con estos dispositivos. Nuestro propósito sería vender cápsulas a nuestras actuales minoristas tradicionales, además de las otras referencias que nos compran. Estamos estudiando la posibilidad de abrir un canal de venta directa a los consumidores a través de nuestro sitio web. El lanzamiento está previsto para el cuarto trimestre, inicialmente con un único número de referencia, que se ampliará a tres en el primer trimestre del próximo año. De acuerdo con las proyecciones estratégicas actuales, durante el próximo año esto debería representar aproximadamente el 30 % de nuestras ventas en volumen. El zumo en las cápsulas es el mismo que los demás zumos que estamos produciendo, aunque se espera que el zumo en cápsulas tenga la mitad de vida útil que el zumo en envases y cartones. Obviamente, tendríamos que instalar una línea de envasado específica para el nuevo producto.

Me gustaría que os organizaseis para el lanzamiento de este nuevo producto. Discutiremos vuestras propuestas en la reunión del mes que viene.

Cordialmente,

BMcL

Figura 12.5. **Correo electrónico de Bob McLaren sobre la introducción de un nuevo producto.**

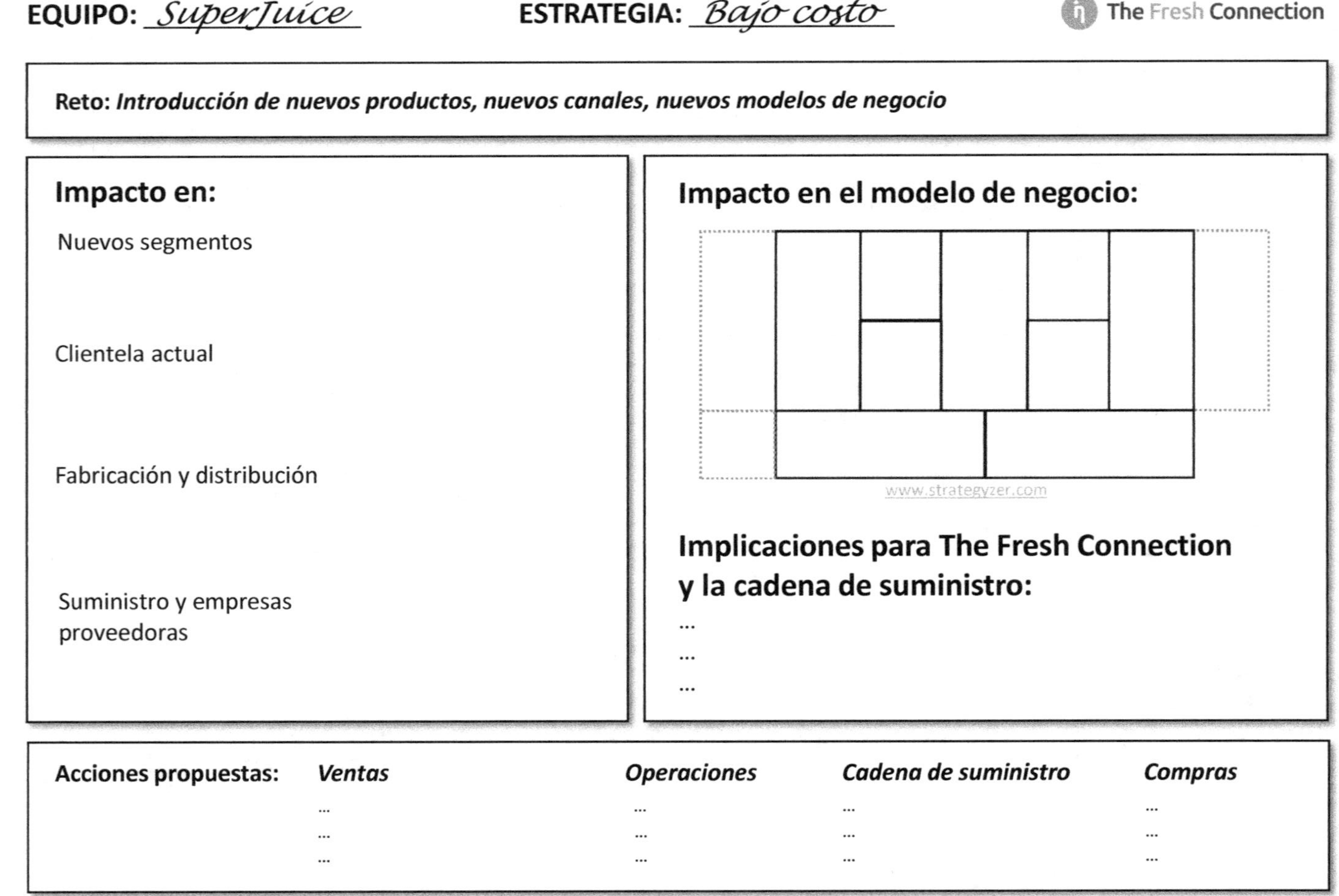

Figura 12.6. Plantilla: análisis de nuevos productos, canales y modelos de negocio.

Transformación en responsable y verde

En el juego de la segunda parte, los clientes de The Fresh Connection se centraron principalmente en obtener un buen servicio en términos de fiabilidad de entrega y vida útil de acuerdo con las promesas y acuerdos realizados. En numerosas industrias, su huella de carbono y los temas más amplios de sostenibilidad y responsabilidad social corporativa (RSC) están ganando atención. El negocio de The Fresh Connection no es una excepción.

Revisa todas las actividades que se llevan a cabo en la cadena de suministro de The Fresh Connection, comenzando por la distribución a los clientes, hasta llegar a las proveedoras, incluidos sus centros de producción. No estará de más que recuperes el diagrama de red que creaste en la segunda parte (figura 6.4, pág. 166). Sigue estas indicaciones:

- Para cada etapa, determina las fuentes potenciales de emisiones de carbono. Ten en cuenta que puede haber varias en cada una.
- Consulta algunas fuentes oficiales que resulten útiles a la hora de determinar las cantidades de emisiones en etapa de la cadena de suministro de The Fresh Connection.
- Busca la manera de medir las emisiones de carbono en cada etapa de la cadena de suministro de The Fresh Connection. ¿Quién dispondrá de esos datos o, en el caso de que no existan, cómo podrían recabarse?
- ¿Con qué acciones puede reducirse la huella de carbono en cada etapa? ¿Quién se encargaría de llevarlas a cabo?
- ¿Cómo pueden identificarse las actividades más contaminantes en la cadena de suministro de The Fresh Connection para establecer prioridades?
- ¿Qué acciones se le ocurren a cada miembro del equipo directivo de The Fresh Connection para que avance esta iniciativa?
- Puedes utilizar la figura 12.8 para resumir tus ideas e informar a Bob McLaren.

Tras estas primeras contribuciones, por parte de los directivos de The Fresh Connection, a las cuestiones relacionadas con la sostenibilidad y la huella de carbono, Bob McLaren plantea nuevas preguntas.

EJERCICIO 12.3

El impacto de la huella de carbono

Imagina

Recibes otro mensaje de Bob McLaren como el que muestra la figura 12.7.

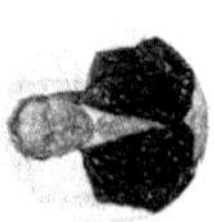

08 feb 09:56
Bob McLaren <bobmcl@>
HUELLA DE CARBONO

Para: CEO de The Fresh Connection; Ventas de The Fresh Connection; Operaciones de The Fresh Connection; Cadena de suministro de The Fresh Connection; Compras de The Fresh Connection

¡Hola!
Ayer conocí a uno de los altos directivos del mayor cliente de The Fresh Connection en un evento de *networking*. Me comentó que habían empezado a realizar un seguimiento de la huella de carbono de sus proveedoras. Esperaba que The Fresh Connection recibiera pronto el requerimiento para informar de la huella de carbono. Probablemente se nos pedirá también un informe de objetivos vinculado de alguna manera al sistema existente de bonificaciones y penalizaciones basadas en el servicio. Tenemos que revisar la cadena de suministro de principio a fin para detectar dónde se producen las emisiones de carbono y determinar la manera de medirlas. Tampoco nos iría mal que definiésemos aquellas áreas en las que podemos mejorar para reducir la huella de carbono.

Perdón por la urgencia, pero le dije que lo discutiría internamente y le enviaría nuestras impresiones a lo largo de la semana. Por favor, decidme algo al respecto y enviadme las aportaciones en los próximos días.

Cordialmente,

BMcL

Figura 12.7. Correo electrónico de Bob McLaren sobre la huella de carbono.

EQUIPO: _SuperJuice_   **ESTRATEGIA:** _Bajo costo_   The Fresh Connection

Reto: *Huella de carbono (medir y reducir kg de CO_2 por litro de zumo vendido)*

Fuentes de co_2:	**¿Cómo se mide?**	**¿Dónde obtener los datos?**	**¿Cómo reducir?**
Distribución a clientela			
Almacenamiento de salida			
Fabricación			
Almacenamiento de entrada			
Suministro y empresas proveedoras			

Acciones propuestas:	*Ventas*	*Operaciones*	*Cadena de suministro*	*Compras*
	...	...	...	...
	...	...	...	...
	...	...	...	...

Figura 12.8. **Plantilla: análisis de la huella de carbono.**

EJERCICIO 12.4

El impacto de la responsabilidad corporativa, la sostenibilidad y la triple cuenta de resultados

Imagina

Recibes otro mensaje de Bob McLaren como el que muestra la figura 12.9.

10 feb 16:14
Bob McLaren <bobmcl@>
RSC, SOSTENIBILIDAD, TRIPLE CUENTA DE RESULTADOS

Para: CEO de The Fresh Connection; Ventas de The Fresh Connection; Operaciones de The Fresh Connection;
Cadena de suministro de The Fresh Connection; Compras de The Fresh Connection

Hola de nuevo,

Parece que las sorpresas nunca vienen solas. Esta mañana, dos días después de mi correo electrónico sobre la huella de carbono, hemos tenido una reunión con nuestros accionistas y resulta que varios están cada vez más preocupados por cuestiones relacionadas con la responsabilidad social corporativa (RSC), la sostenibilidad y la economía circular. Obviamente, les hablé de nuestro estudio sobre la huella de carbono, pero no quisieron dejarlo ahí. Como me sugirieron, las lecturas recomendadas sobre estos temas son los libros de Elkington (*Cannibals with forks*), Braungart (*Cradle to cradle*) y Raworth (*Doughnut economy*), así como la página web de la Fundación Ellen MacArthur. Quiero que (1) comencéis a pensar sobre la triple cuenta de resultados y (2) la economía circular, a ver si podemos lanzar un proyecto piloto sobre la circularidad en el segundo o el tercer trimestre de este año. Tengo una reunión con el resto del accionariado en dos semanas, así que necesito vuestras aportaciones a la mayor brevedad.

Cordialmente,

BMcL

Figura 12.9. Correo electrónico de Bob McLaren sobre responsabilidad social corporativa, sostenibilidad y triple cuenta de resultados.

Paso 1: hacer operativa la triple cuenta de resultados (*triple bottom line*, TBL)

1. Por cada elemento de la TBL, define cuatro KPI relacionados con la cadena de suministro:

   a) *Personas:* piensa, por ejemplo, en quienes integran The Fresh Connection, en el personal de las empresas proveedoras, en la comunidad local de la que forma parte The Fresh Connection, en las personas consumidoras de los productos de The Fresh Connection, en todo el mundo en general, etc.

   b) *Planeta:* piensa, por ejemplo, en la contaminación atmosférica, acústica y de residuos, el consumo de energía, el uso de recursos naturales, la huella hídrica, etc.

   c) *Beneficio:* piensa en los costos relacionados con la cadena de suministro, los ingresos, las inversiones, etc.

2. Comprueba si son SMART (capítulo 4).
3. En el caso de que lo sean, crea una hoja informativa para cada KPI (figura 12.10), siguiendo el ejemplo del equipo SuperJuice. Para empezar, habrá que basarse en el trabajo realizado tras la pregunta sobre la huella de carbono que formuló Bob McLaren en el mensaje anterior.
4. Diseña ahora un cuadro de mando integral de la triple cuenta de resultados de la cadena de suministro con estos 12 KPI (figura 12.11).

Paso 2: definir acciones

- No es lo mismo tener la voluntad de convertir la empresa en una empresa socialmente responsable que adoptar las acciones necesarias para lograrlo. Observa la figura 12.12 y, para cada KPI, identifica las implicaciones estructurales que tendrá para The Fresh Connection el hecho de que sea «más sensible a la triple cuenta de resultados». ¿Qué áreas están relacionadas con el KPI de manera directa o indirecta? ¿Qué implicaciones tiene esto? En última instancia, ¿cómo podrían verse afectadas las actividades, los recursos y las asociaciones existentes? ¿Qué nuevas actividades, recursos y asociaciones habría que considerar?
- ¿Qué acciones definirías para avanzar y alcanzar los objetivos propuestos para cada uno de los KPI?

EQUIPO: *SuperJuice*   **ESTRATEGIA:** *Bajo costo*   The Fresh Connection

Reto: *Datos de los KPI de la triple cuenta de resultados*

Nombre del KPI: *Huella de carbono de The Fresh Connection*

Descripción: *Emisiones totales de CO_2 de principio a fin de la cadena de suministro y etapa por etapa, atribuibles a las decisiones de The Fresh Connection*

Fórmula: *Emisión total de CO_2 de principio a fin en kg*

Cantidad total de litros de zumo producidos

Fuentes de datos: *Proveedoras de transporte y transportistas, operaciones, proveedoras de componentes, proveedoras de energía*

Cómo se recogen: …

Frecuencia de publicación: …

Objetivo propuesto: …

Categoría
triple cuenta de resultados

Formato de informe propuesto:

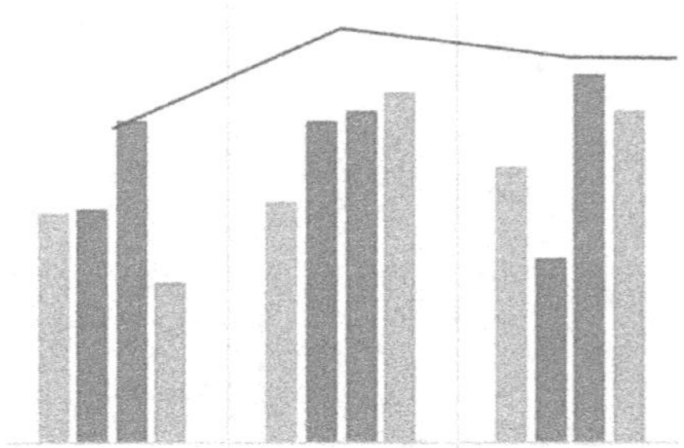

**Cada barra representa una etapa de la cadena de suministro. La línea representa el total de emisiones de CO_2 de extremo a extremo*

Figura 12.10. Plantilla: diseño de KPI para la triple cuenta de resultados.

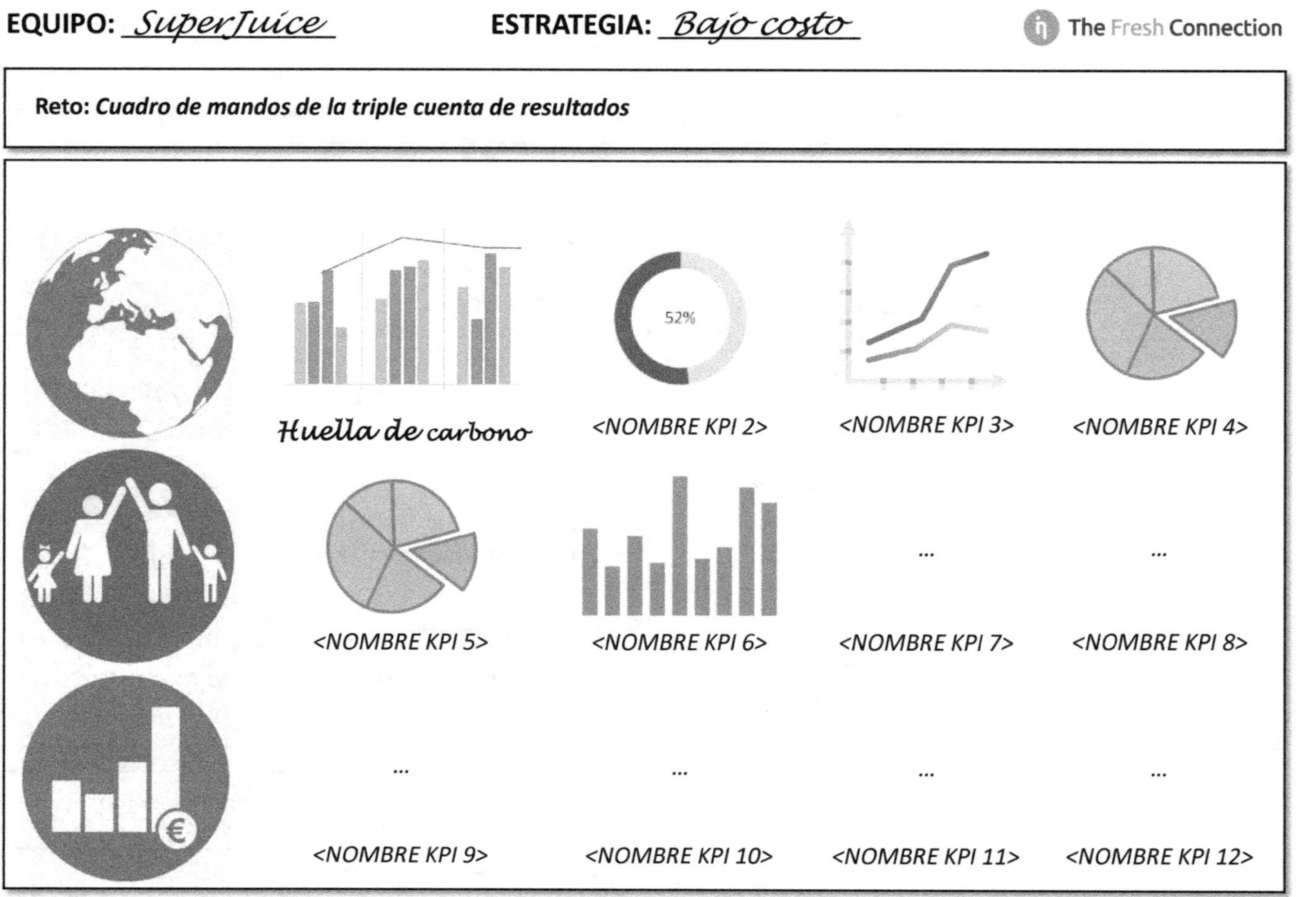

Figura 12.11. Plantilla: diseño del tablero de KPI para la triple cuenta de resultados.

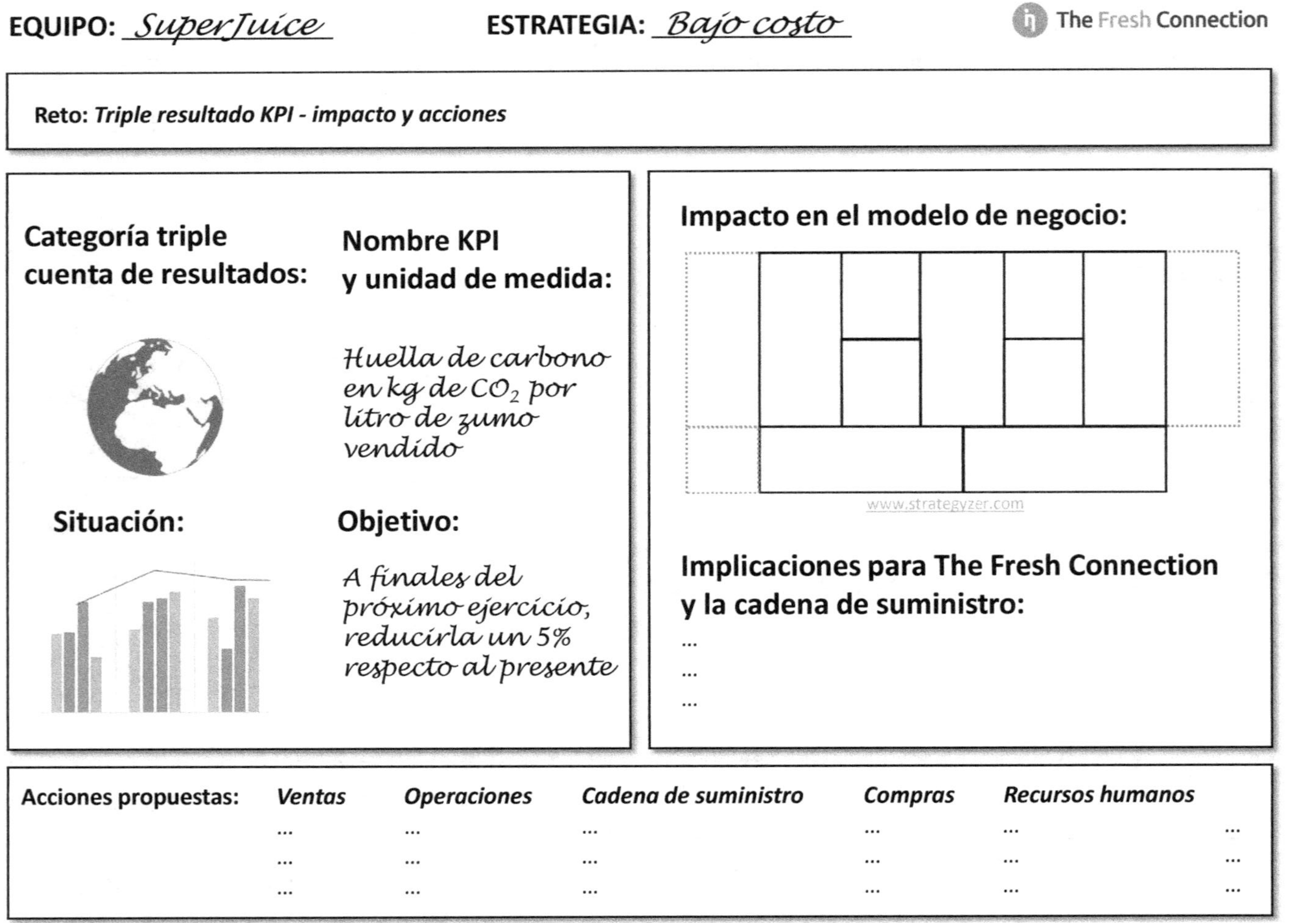

Figura 12.12. Plantilla: definición de acciones en la triple cuenta de resultados.

Paso 3: definir un proyecto piloto relacionado con la economía circular

- Bob McLaren también os pidió que presentaseis una propuesta de proyecto piloto relacionado con la economía circular. Observa de nuevo la figura 2.8 (pág. 76), que muestra el diagrama de mariposa de la economía circular, o consulta la versión original en la web de la Fundación Ellen MacArthur. A continuación, define un proyecto en torno a la economía circular que sea relevante para el The Fresh Connection. Puedes pensar, por ejemplo, en la devolución y el reciclaje de botellas o cartones usados, la creación de un consorcio de devolución de palés, la reutilización de residuos, etc.

- Puedes emplear la plantilla, así como el diagrama de la red de la cadena de suministro de The Fresh Connection, para analizar el impacto potencial que el proyecto propuesto tendrá en los flujos físicos, así como en el modelo empresarial global, ya que ambos son importantes desde un punto de vista estratégico. Describe el nuevo proceso y los cambios que implica con la ayuda de la plantilla que muestra la figura 12.13.

- A la hora de definir el enfoque del proyecto, piensa en lo que escribió Michael Hammer, una gran autoridad en los procesos de rediseño empresarial, al abordar la implementación de cambios: «Dos principios son fundamentales para el éxito [...]. El primero es "pensar en grande, empezar en pequeño, moverse rápido". [...] El segundo principio es "comunicar sin descanso"» (Hammer, 2001).

- Crea un caso empresarial convincente para el proyecto basado en los datos e hipótesis de The Fresh Connection. Puedes volver a la plantilla de la figura 10.4, que ya has utilizado anteriormente. Si es pertinente, asegúrate de incluir también los posibles costos únicos del proyecto o de la implementación o las inversiones únicas.

Como habrás visto en los ejercicios anteriores, el hecho de que una empresa sea más socialmente responsable puede tener muchas implicaciones de largo alcance que afectarán a la cadena de suministro. Seguramente habrás definido un gran número de acciones potenciales que la dirección y el personal de The Fresh Connection podrán llevar a cabo. Sin embargo, como ha ocurrido en ocasiones anteriores, conviene que las dejemos aparte por un momento y pasar a otro reto.

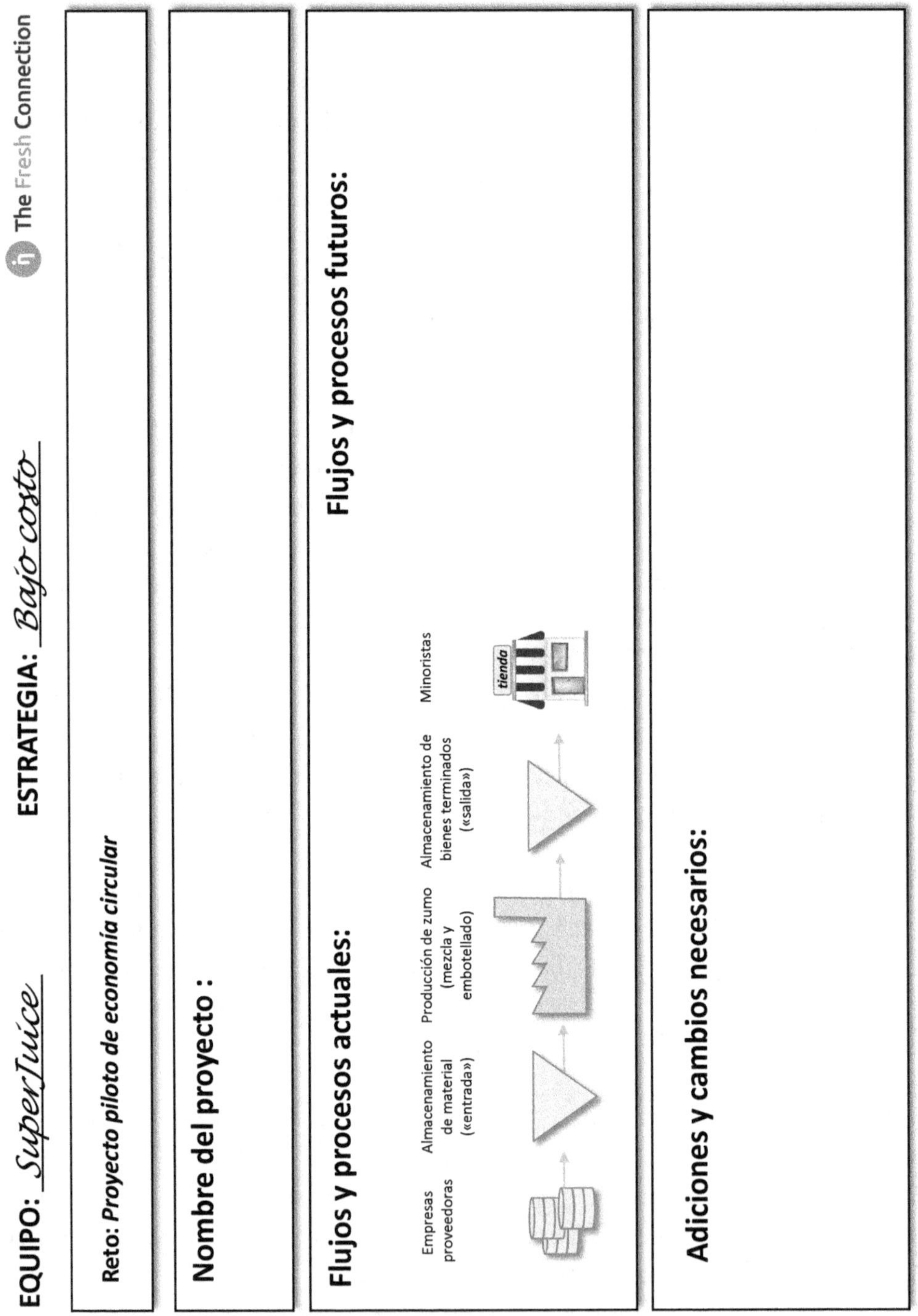

EQUIPO: _SuperJuice_   **ESTRATEGIA:** _Bajo costo_

Reto: Proyecto piloto de economía circular

Nombre del proyecto :

Flujos y procesos actuales: **Flujos y procesos futuros:**

Adiciones y cambios necesarios:

Figura 12.13. Plantilla: análisis del proyecto piloto de economía circular.

Cambios en el entorno externo: PESTEL

Durante el juego de la segunda parte, el equipo directivo de The Fresh Connection ha reorganizado la empresa para adecuarla a la nueva situación del mercado y recuperar la rentabilidad perdida. Obviamente, las empresas no viven aisladas de lo que ocurre en el mundo. Los sectores, los países, las tecnologías y las personas cambian con el tiempo. Como cualquier empresa, The Fresh Connection necesita tener una visión de los cambios que se están produciendo, evaluar cuáles pueden ser las implicaciones y decidir qué se debe hacer.

Paso 1: identificar tendencias y desarrollos

Ha llegado el momento de analizar diversas tendencias y desarrollos que podrían tener un impacto relevante en The Fresh Connection. A la hora de identificarlas, no estará de más empezar con una lluvia de ideas que, posteriormente, se complementará con una investigación documental exhaustiva (búsqueda de hechos) para apoyar en última instancia las propuestas de Bob McLaren. En el caso de que se detecten algunas lagunas, pueden marcarse o bien elaborar alguna conjetura consistente que oriente investigaciones futuras o consultas a expertos. Hay que saber lo que no se sabe.

Habrá que seguir el marco PESTEL, tal y como se mencionó brevemente en el capítulo 2. Puede utilizarse la plantilla del equipo SuperJuice (figura 12.15) para informar sobre sus conclusiones del paso 1, así como de los próximos pasos 2 y 3. Utiliza una página distinta para cada cuestión PESTEL:

- *Políticas:* zonas comerciales, regímenes políticos, seguridad y protección, estabilidad política, embargos o prohibiciones comerciales. Examina toda la red de la cadena de suministro de The Fresh Connection (orígenes de los flujos, pero también destinos y zonas de tránsito), etc.
- *Económicas:* tipos de cambio de divisas, subidas y bajadas de los mercados (mira los mercados de la oferta y de la demanda), auge de las economías emergentes, etc.
- *Sociales:* individualización, sensibilidad por el medio ambiente, así como por la demografía (crecimiento/disminución de la población, envejecimiento de la población, la generación del milenio), el aumento de las megaciudades, el incremento de los problemas de tráfico, la sensibilidad por

EJERCICIO 12.5
El impacto del entorno externo (macro)

Imagina

Recibes este mensaje de Bob McLaren (figura 12.14).

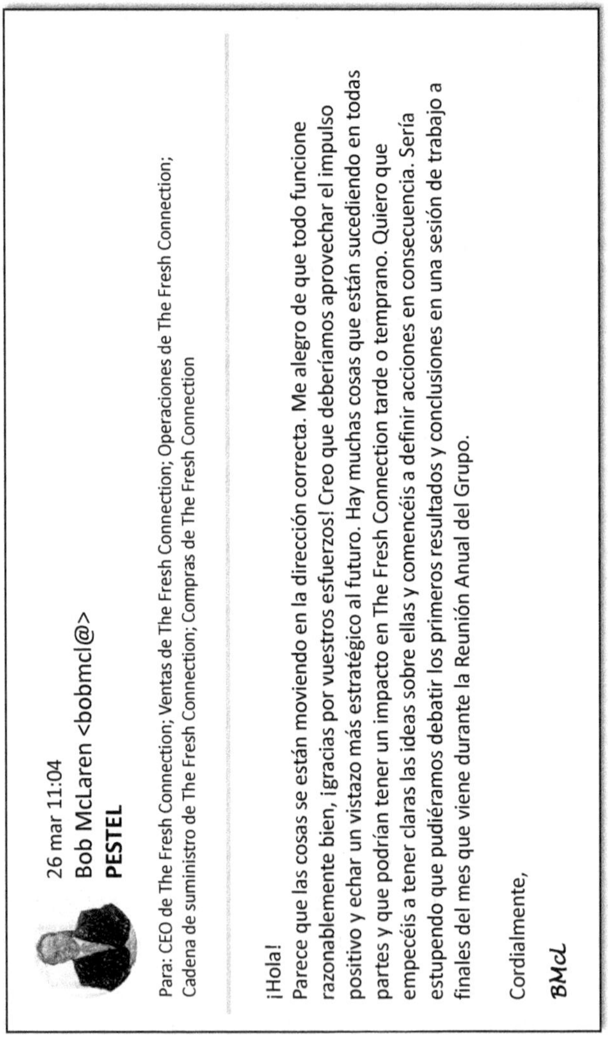
26 mar 11:04
Bob McLaren <bobmcl@>
PESTEL

Para: CEO de The Fresh Connection; Ventas de The Fresh Connection; Operaciones de The Fresh Connection; Cadena de suministro de The Fresh Connection; Compras de The Fresh Connection

¡Hola!
Parece que las cosas se están moviendo en la dirección correcta. Me alegro de que todo funcione razonablemente bien, ¡gracias por vuestros esfuerzos! Creo que deberíamos aprovechar el impulso positivo y echar un vistazo más estratégico al futuro. Hay muchas cosas que están sucediendo en todas partes y que podrían tener un impacto en The Fresh Connection tarde o temprano. Quiero que empecéis a tener claras las ideas sobre ellas y comencéis a definir acciones en consecuencia. Sería estupendo que pudiéramos debatir los primeros resultados y conclusiones en una sesión de trabajo a finales del mes que viene durante la Reunión Anual del Grupo.

Cordialmente,

BMcL

Figura 12.14. Correo electrónico de Bob McLaren sobre el análisis PESTEL.

EQUIPO: *SuperJuice*   **ESTRATEGIA:** *Bajo costo*   The Fresh Connection

Reto: *Análisis PESTEL*

Político:

Países proveedores

Francia: ....
España: ...
EE UU: ...
China: ...

Zonas de tránsito

Oriente Medio / África: ....
Atlántico: ...
Europa continental: ...

Países de fabricación

Países con demanda

Clima político mundial

Impacto en el modelo de negocio:

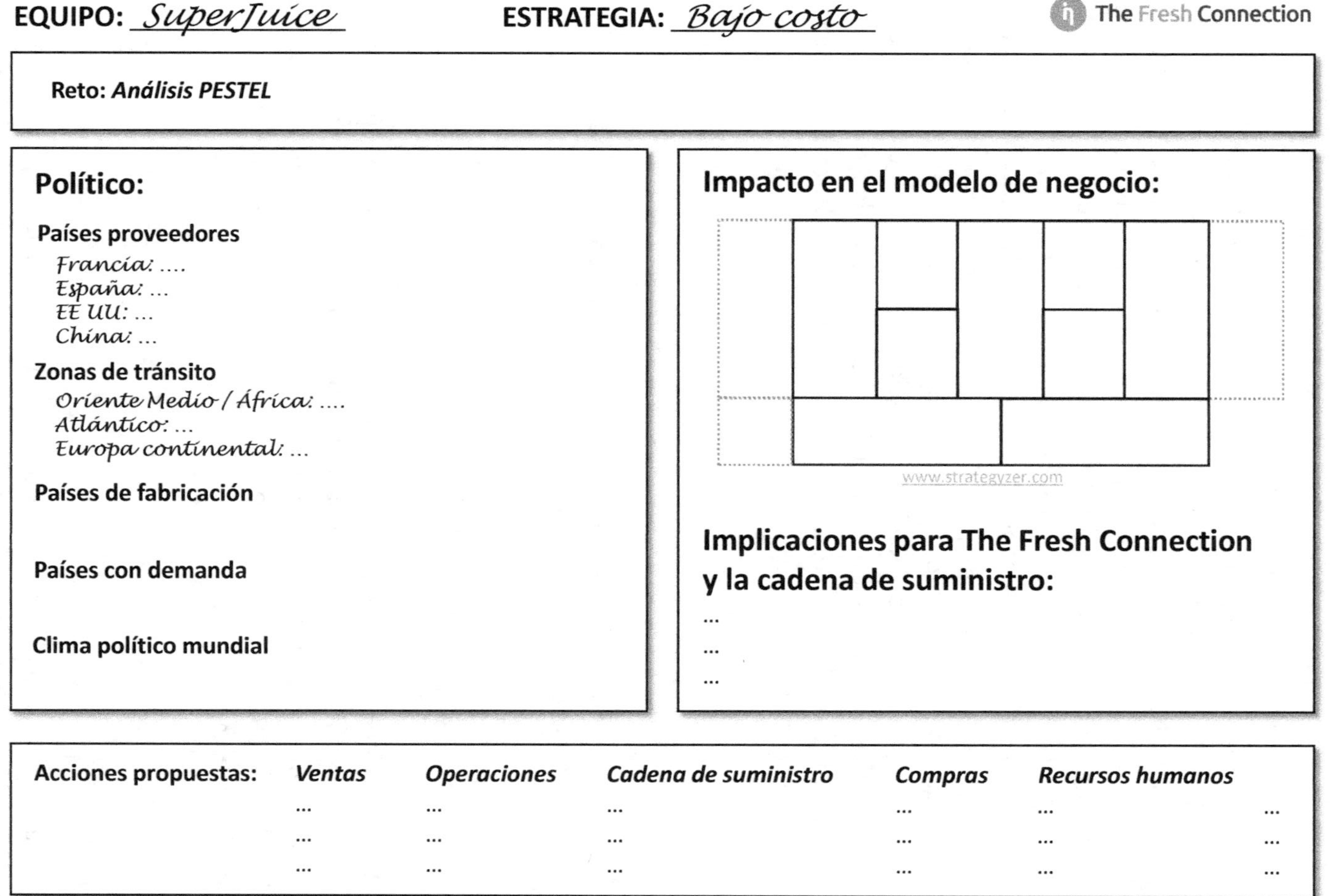

Implicaciones para The Fresh Connection y la cadena de suministro:

...

...

...

Acciones propuestas:	Ventas	Operaciones	Cadena de suministro	Compras	Recursos humanos	
	...	...	...	...	...	...
	...	...	...	...	...	...
	...	...	...	...	...	...

Figura 12.15. Plantilla: análisis PESTEL.

los aspectos humanos (relaciones laborales, sindicalización, explotación laboral en los países en desarrollo), etc.

- *Tecnológicas:* la inteligencia artificial, la robótica, los drones, la cadena de bloques, la internet de las cosas (IoT), la impresión en 3D, la realidad virtual (VR), la realidad aumentada (AR), las ciencias de los materiales (materiales inteligentes), las energías renovables, la nanotecnología, etc.
- *Ecológicas:* el cambio climático, los cambios de tiempo, la temperatura, los períodos húmedos y secos, la estabilidad meteorológica, las fuentes de energía fósiles y las renovables, la contaminación atmosférica, acústica y de residuos, la sopa de plástico en los océanos, la escasez de materias primas (metales preciosos, minerales, agua limpia), etc.
- *Legales:* las leyes de comercio internacional y las cuotas e impuestos de importación/exportación, las regulaciones aduaneras, la legislación de seguridad (alimentaria), los requisitos de la cadena de frío y refrigeración, los objetivos de reducción de emisiones, etc.

Paso 2: analizar posibles impactos

Puedes analizar con la plantilla el impacto que pueda tener en The Fresh Connection cada una de las tendencias relevantes que has identificado.

Paso 3: definir acciones

Define las acciones necesarias para avanzar. Hazlo de la manera más específica posible para que la dirección de la empresa reciba una propuesta concreta y convincente.

Una vez más, ya se han definido las acciones; en este caso, como consecuencia del análisis del entorno externo. Pero habrá que dejarlas por un momento y pasar al siguiente tema.

Una emergencia

Hasta ahora no has tenido que preocuparse por los problemas operativos en The Fresh Connection, pero no todo sale siempre según lo previsto. Bob McLaren tiene al cliente esperando. Es necesario controlar los daños. Analiza rápidamente lo que

EJERCICIO 12.6

La gestión de una emergencia

Imagina

Recibes este mensaje de Bob McLaren a las 6:11 (figura 12.16).

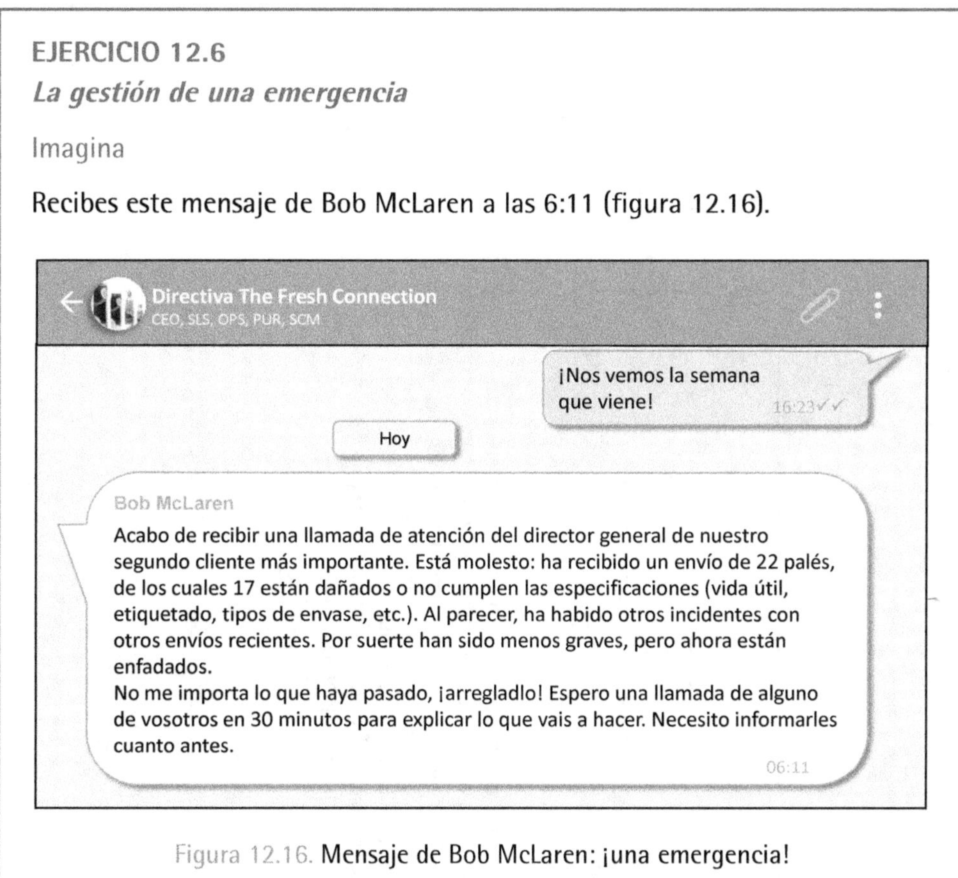

Figura 12.16. Mensaje de Bob McLaren: ¡una emergencia!

podría haber ocurrido en el caso de los 17 palés. Al mismo tiempo, piensa en la mejor manera de atender al cliente. Está muy descontento y tienes que proporcionar a Bob McLaren una información convincente para que pueda ponerse en contacto con el cliente y restañar la relación. Date prisa: no hay tiempo para plantillas.

Gestión de la incertidumbre: evaluación de riesgos

Imaginemos que el problema con el cliente se ha resuelto y que se ha vuelto a la normalidad. Sin embargo, el incidente ha demostrado que The Fresh Connection, como cualquier otra empresa, es vulnerable a ciertos imprevistos. Tal vez sea el momento de reforzar la gestión de riesgos.

EJERCICIO 12.7

Gestión de los riesgos de la cadena de suministro

Imagina

Recibes este mensaje de Bob McLaren (figura 12.17).

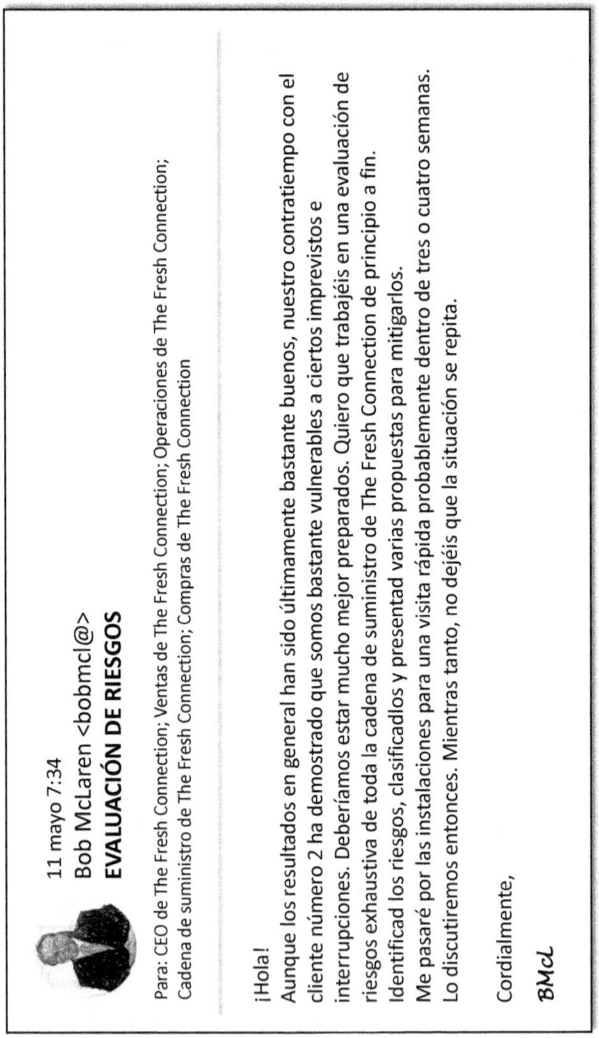

11 mayo 7:34
Bob McLaren <bobmcl@>
EVALUACIÓN DE RIESGOS

Para: CEO de The Fresh Connection; Ventas de The Fresh Connection; Operaciones de The Fresh Connection; Cadena de suministro de The Fresh Connection; Compras de The Fresh Connection

¡Hola!

Aunque los resultados en general han sido últimamente bastante buenos, nuestro contratiempo con el cliente número 2 ha demostrado que somos bastante vulnerables a ciertos imprevistos e interrupciones. Deberíamos estar mucho mejor preparados. Quiero que trabajéis en una evaluación de riesgos exhaustiva de toda la cadena de suministro de The Fresh Connection de principio a fin. Identificad los riesgos, clasificadlos y presentad varias propuestas para mitigarlos. Me pasaré por las instalaciones para una visita rápida probablemente dentro de tres o cuatro semanas. Lo discutiremos entonces. Mientras tanto, no dejéis que la situación se repita.

Cordialmente,

BMcL

Figura 12.17. Correo electrónico de Bob McLaren sobre la evaluación de riesgos.

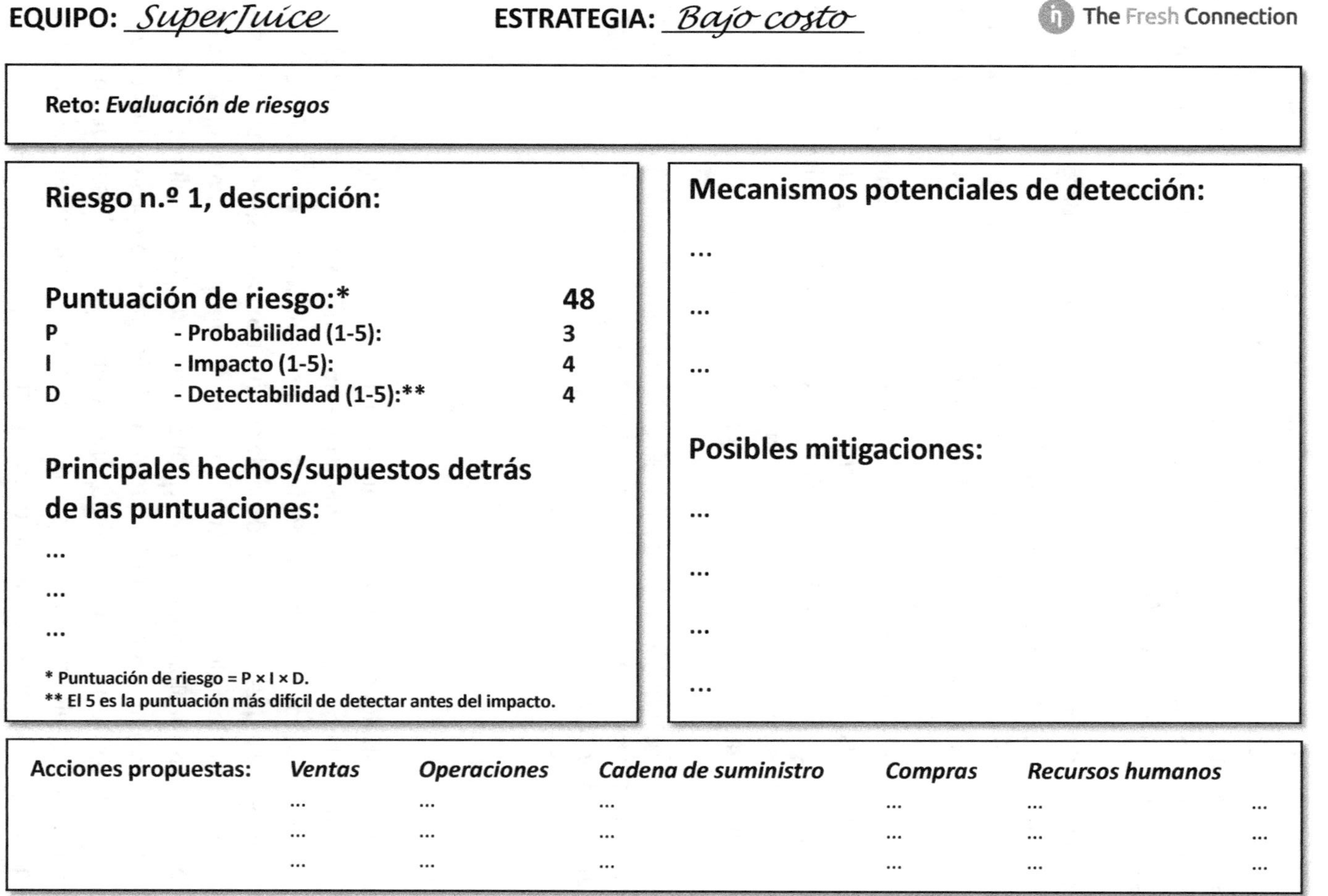

Figura 12.18. Plantilla: análisis de la evaluación de riesgos.

Recorre paso a paso todas las actividades de la cadena de suministro de The Fresh Connection. Comienza por la distribución a la clientela y avanza hacia las empresas proveedoras, incluidos sus centros de producción. Como punto de partida, puedes utilizar una versión vacía del diagrama de red que creaste en la segunda parte (figura 6.4, pág. 166):

- Para cada paso, determina los riesgos que pudieran aparecer. Consulta el capítulo 2 (figura 2.9, pág. 78) si lo consideras oportuno. Los ejercicios realizados en este capítulo también resultarán útiles para la evaluación.
- A continuación, clasifica los riesgos identificados en función de la probabilidad, el impacto y la detectabilidad. Elabora una lista de riesgos clasificados según su importancia. Asegúrate de documentar los hechos o supuestos en los que se basa la clasificación de los riesgos.
- Determina los cinco riesgos principales y define los mecanismos para detectarlos mejor, así como otros con los que reducir el impacto. Puedes utilizar la plantilla del equipo SuperJuice (figura 12.18).

Ya se han definido las acciones necesarias para avanzar en la gestión de riesgos en The Fresh Connection. Dejémoslas aparte por un momento. Las retomaremos más tarde.

Resumen

En este capítulo, con nuestra imaginación, hemos ido más allá de los fundamentos de la gestión de una cadena de suministro estable para abordar las posibles implicaciones de los desafíos al *statu quo* desde la perspectiva de la dimensión empresarial de la cadena de suministro: las presiones más intensas del mercado, los nuevos productos, los nuevos canales, los nuevos modelos de negocio, la transformación de la empresa para que sea socialmente responsable, la gestión de un entorno externo cada vez más complejo y, por último, el tema más amplio de la gestión del riesgo en la cadena de suministro. En el próximo capítulo, examinaremos varios desafíos al *statu quo* que afectan a la dimensión técnica de la cadena de suministro.

13

Retos técnicos para la cadena de suministro

En este capítulo analizaremos con más detalle qué ocurriría en la cadena de suministro si se cuestiona el *statu quo* de los elementos relacionados con la dimensión técnica. Dado que las soluciones de la cadena de suministro son, por defecto, de naturaleza integral, las cuestiones técnicas no se tratarán por separado (figura 13.1).

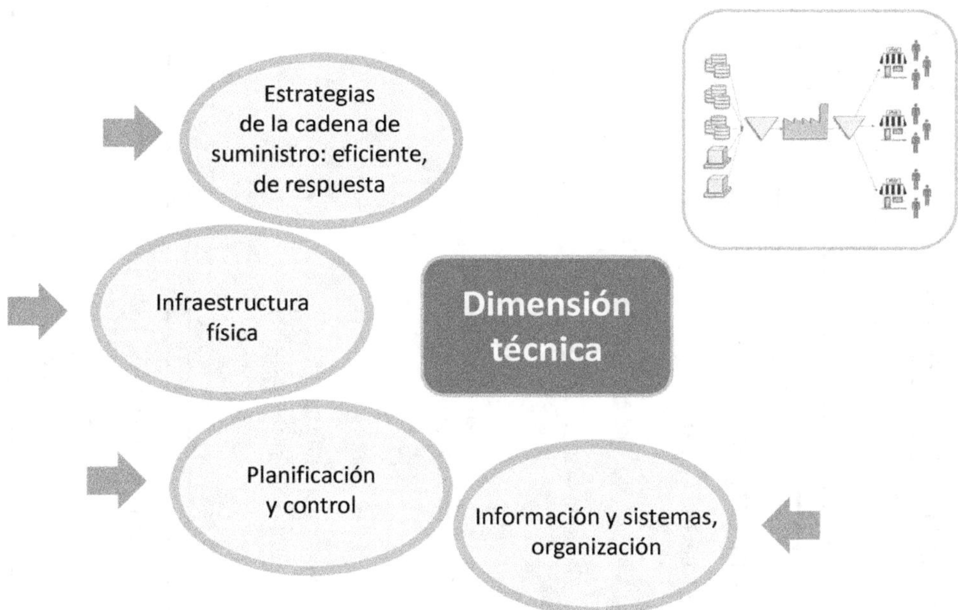

Figura 13.1. Cuestiones relacionadas con la dimensión técnica de la cadena de suministro.

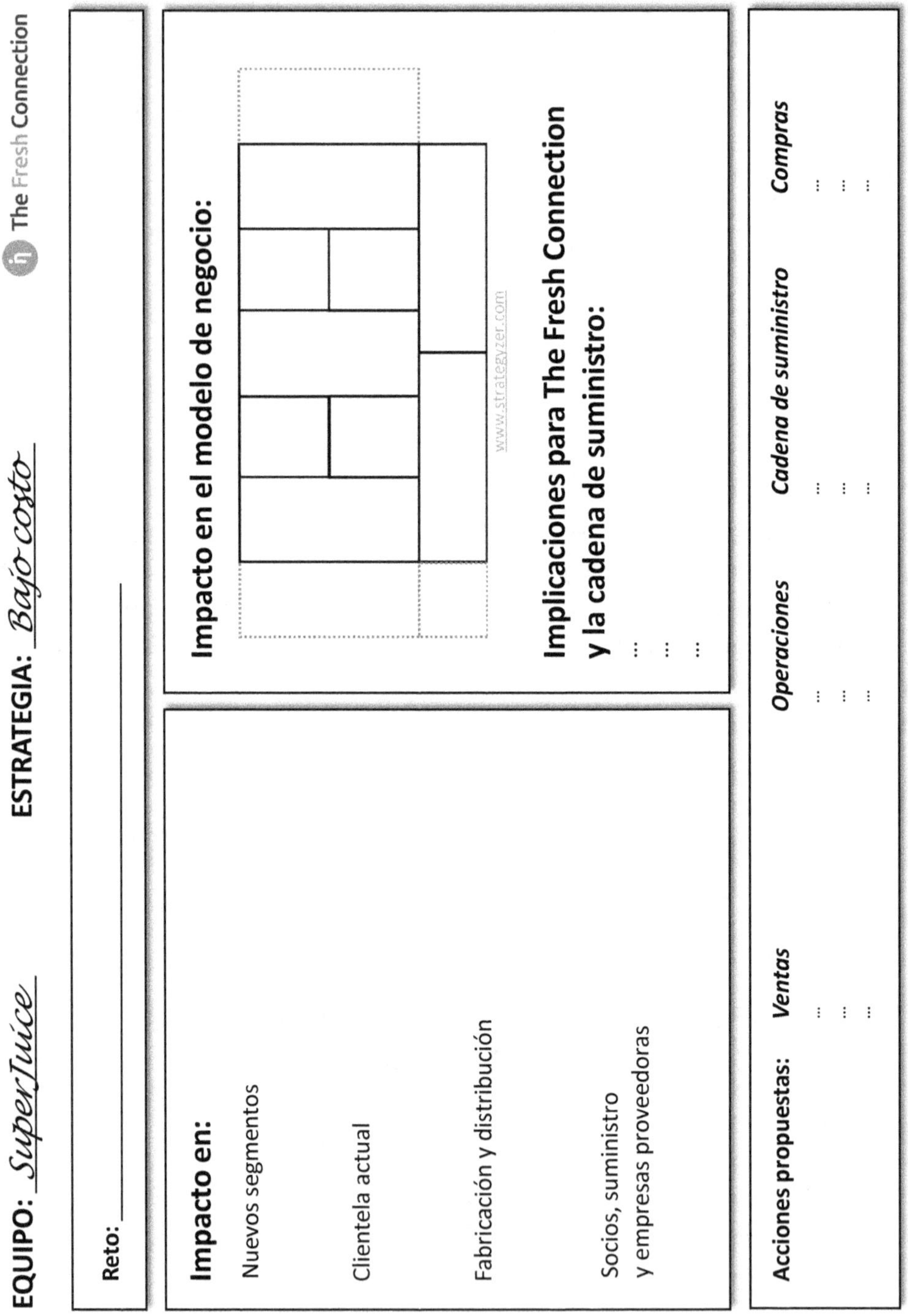
EQUIPO: SuperJuice
ESTRATEGIA: Bajo costo
The Fresh Connection
Reto:
Impacto en:
Nuevos segmentos
Clientela actual
Fabricación y distribución
Socios, suministro
y empresas proveedoras
Impacto en el modelo de negocio:
www.strategyzer.com
Implicaciones para The Fresh Connection
y la cadena de suministro:
Acciones propuestas:
Ventas
Operaciones
Cadena de suministro
Compras

Figura 13.2. Plantilla para el análisis de los retos.

Por tanto, en los minicasos que aparecen en este capítulo examinaremos la infraestructura física (instalaciones, transporte, subcontratación y colaboración), la planificación y el control, la información y los sistemas, así como las cuestiones organizativas y siempre desde un punto de vista holístico. Algunos de los minicasos quizá parezcan demasiado generales. No es casual: las cuestiones y los problemas de la vida real no siempre se dan con claridad. A veces, se requiere un poco de tiempo para que un hecho y sus implicaciones puedan captarse en toda su complejidad. Y eso no quiere decir, por supuesto, que ese hecho no sea relevante.

Algunos de los retos tratados en este capítulo, aunque no todos, corresponden a módulos más avanzados del juego *The Fresh Connection* que suelen utilizarse en situaciones específicas. Cuando se ha considerado oportuno, se han adaptado para ir más allá de la versión original.

Asimismo, conviene tener en cuenta que las soluciones que se dan no son únicas ni definitivas. Los retos o desafíos que aparecen en estas páginas se prestan a interpretaciones y soluciones muy diversas. Conviene sopesar varias opciones antes de decantarse por la más convincente en cuanto a resultados, realismo, probabilidad, etc. En todo caso, sea cual fuere la solución que se adopte, habrá que asegurarse de que se dispone de argumentos claros y convincentes con los que explicarla y defenderla. Las conjeturas, si fuesen necesarias, deberán ser siempre razonables y comprensibles. Para la mayoría de los retos, no estaría de más disponer de una plantilla basada en la que confeccionó el equipo SuperJuice y que se ha utilizado en el capítulo 12 (figura 13.2), así como un ejemplar en blanco del esquema del modelo de negocio de The Fresh Connection, así como otro esquema completamente vacío.

Desafiar la configuración *push/pull*

En el juego no se cuestionó la forma de producir los productos ni el punto de desacoplamiento que eligió The Fresh Connection. Básicamente, la producción se ha llevado a cabo de manera directa desde los componentes hasta los productos acabados sin interrupción, siempre de acuerdo con las previsiones y los ajustes de inventario correspondientes.

En tal caso, debería analizarse desde el punto de vista empresarial el impacto que tendría la personalización en el modelo de negocio. En primer lugar, deberías definir una serie de alternativas para configurar esa personalización y, a continuación, elaborar una plantilla basada en la que confeccionó el equipo SuperJuice (figura 13.2). Acto seguido, analiza el impacto potencial en las distintas áreas del modelo de negocio y reflexiona sobre las implicaciones que tendría. Aunque posiblemente lo hayas tenido en cuenta al elaborar la plantilla, asegúrate de abordar de una manera muy explícita las implicaciones de cada operación, así como de su planificación y el control. Ten en cuenta, además, las repercusiones a escala organizativa que puede tener un posible cambio en el punto de desacoplamiento.

Por ejemplo, piensa en las cuestiones siguientes:

- ¿Qué pasos adicionales serían necesarios en el proceso de diseño/desarrollo o producción? ¿Qué nuevas competencias habría que desarrollar o subcontratar? ¿Sería fácil o difícil? ¿Cuánto tiempo se tardaría?
- ¿Qué nuevos requisitos habría para las fuentes de los componentes, por ejemplo, el etiquetado personalizado?
- ¿Cuáles serían las implicaciones para las máquinas utilizadas y los posibles nuevos equipos necesarios?
- En el caso de las nuevas fases de producción, entraría en juego la decisión de «hacer o comprar». ¿Qué argumentos a favor o en contra de la externalización habría en este caso?

EJERCICIO 13.1
La configuración push/pull

Imagina

The Fresh Connecion ha dado un fuerte impulso a su estrategia de ventas para responder a una tendencia creciente en favor de la personalización. Se ha comenzado a pensar, por ejemplo, en botellas con nombres impresos en la etiqueta, en botellas personalizadas para eventos o campañas específicas, e incluso en botellas diseñadas con formas específicas. Tampoco cabe descartar la posibilidad de crear sabores o envases con formatos personalizados, y combinarlos con regalos o juguetes, etc. Si así fuera, debería reconsiderarse la desvinculación entre el cliente y el pedido que ya se trató en el capítulo 3.

- Debido a los posibles cambios en el punto de desacoplamiento, ¿cuáles serían las implicaciones para las previsiones? En consecuencia, ¿habría cambios en quién participaría en la previsión? ¿Y en las herramientas necesarias? ¿Y en la información necesaria?
- ¿Cuáles serían las implicaciones para la relación con el cliente, por ejemplo, la gestión de cuentas clave? ¿Cómo se verían afectadas las relaciones operativas con la clientela, en cuanto a los procesos de diseño de productos personalizados, la obtención de previsiones fiables en el caso de productos en continuo cambio, etc.?

En general, ¿qué acciones propondrías para hacer frente a este nuevo requisito? Anota esas acciones por el momento, y pasaremos a la siguiente cuestión: el desafío de la capacidad.

Desafíos a la capacidad

Al jugar a *The Fresh Connection,* no hay que preocuparse por las limitaciones de crecimiento o de capacidad. La demanda de litros de zumo está ahí y parece estable en términos de volumen global. Y en cuanto a la capacidad de producción o almacenamiento, aunque resulte más cara que la normal, siempre se da la situación de que, en cuanto un almacén está lleno, puede trasladarse el exceso a otro. Asimismo, cuando te quedas sin capacidad de fabricación, siempre hay una cantidad ilimitada de tiempo extra disponible para terminar

---

EJERCICIO 13.2

La capacidad en fases de expansión

Imagina

Bob McLaren, junto el resto de propietarios de la empresa, se empeña en crecer de forma agresiva: ha fijado un objetivo del 10 al 15 % interanual para los próximos 3 o 5 años. Para conseguirlo, habrá que adoptar un enfoque de venta más directo e innovador que la competencia. El crecimiento se basará en el ámbito geográfico y la cartera de productos disponibles en la actualidad.

la producción. Sin embargo, como veremos en apartados posteriores, se dan ciertas situaciones en las que el volumen de la demanda y la capacidad quedan en entredicho.

Reflexiona sobre las cuestiones siguientes:

- Teniendo en cuenta las soluciones a corto y largo plazo, ¿qué formas de ampliar la capacidad de producción y almacenamiento se te ocurren (personal fijo, mano de obra temporal, maquinaria y equipos, terceros, etc.)?
- Para cada una de las opciones que hayas identificado, enumera los pros y los contras en términos de inversiones a realizar. Haz otro tanto con la curva de aprendizaje de uso, la velocidad de implementación, la flexibilidad para aumentar o reducir la escala, la conveniencia de optar por una solución temporal frente a otra más permanente −fíjate en su grado de reversibilidad−, el riesgo que implica una previsión o la adopción de un objetivo de ventas erróneos, la facilidad o la dificultad para sustituir la capacidad existente, etc.
- Basándose en ese análisis, ¿hasta qué punto podría crecer la empresa de manera gradual? ¿Habría que dar pasos más amplios en algún momento (figura 13.3)? ¿Hasta qué punto conviene ampliar la capacidad para adecuarla al crecimiento previsto? ¿Se dispondría de la rapidez y la flexibilidad necesarias para crecer al mismo ritmo que las ventas?

Opciones de aumento de la capacidad: ¿gradual o a gran escala? ¿Anticipación o seguimiento del crecimiento? Algunos ejemplos:

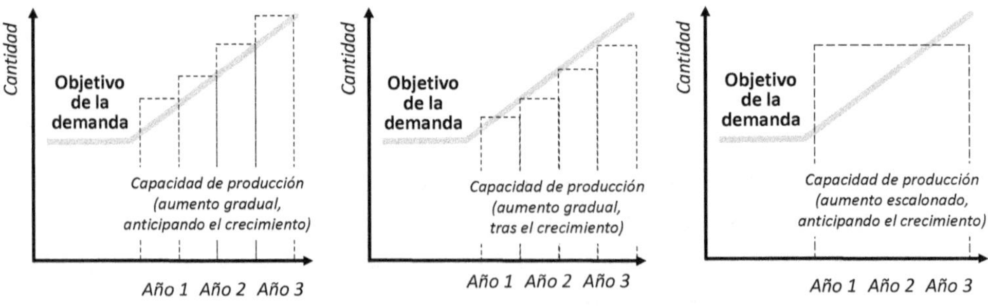

Figura 13.3. Desafíos a la capacidad (algunos ejemplos de estrategias de ampliación). *Fuente:* Adaptada de Slack *et al.* (2012) y de Heizer y Render (2013).

No obstante, dejaremos esas observaciones aparte.

De momento, solo hemos considerado que la capacidad de la empresa es flexible e ilimitada, como en el juego. En la vida real, es posible que a veces ocurra, pero es probable que alguien –la dirección financiera, por ejemplo– te diga que el exceso de trabajo o las horas extras están bien, pero que se dispone de una partida fija de dinero para asignar a esos menesteres. Del mismo modo, también puede darse la posibilidad de que los contratos colectivos de trabajo, como los que la dirección general y el departamento de recursos humanos negocian con las personas que representan a los sindicatos, solo permitan una determinada cantidad de horas extra al mes.

Reflexiona sobre las siguientes cuestiones:

- Como punto de partida, compara las cifras obtenidas en aquellas partidas en que has utilizado la capacidad de desbordamiento o las horas extraordinarias en la producción, en mayor o menor medida. ¿Qué implicaciones habría tenido en esos casos un tope máximo de capacidad disponible? ¿Qué decisiones te habrías visto obligado a tomar? ¿Cómo habrías tomado esas decisiones, en base a qué información y qué criterios?
- Introduce ahora los objetivos de crecimiento en la ecuación. ¿Qué aspecto tiene ahora? ¿Con qué problemas podrías encontrarte? ¿Cómo coordinarías todo para que funcione?

En general, ¿qué acciones propondrías para hacer frente a este nuevo requisito? Anótalas y, por el momento, déjalas aparte. Tenemos que pasar al tema siguiente.

EJERCICIO 13.3
Las restricciones de capacidad

Imagina

Imaginemos que, por razones presupuestarias o de eficiencia de costos, solo puede preverse un margen del ±10 % en torno a los volúmenes de producción previstos en términos de capacidad flexible de producción y almacenamiento.

Un nuevo desafío: la vida útil de la maquinaria

En el juego *The Fresh Connection* habrás tenido que lidiar con un cierto número de averías. Para evitarlas en buena parte, no hay nada como realizar un buen mantenimiento y contar con personal bien formado que solvente cualquier contratiempo con la mayor rapidez posible. Lejos de tratarse de algo excepcional, las averías son un fenómeno frecuente en los procesos de producción. Durante la partida, esa situación no ocasionó ningún problema grave. Cuando se daba la posibilidad de cambiar una o ambas máquinas por otras (más grandes o más pequeñas, más rápidas o más lentas), no era preciso preocuparse por ciertos aspectos ligados a la inversión, como el valor residual de esos bienes y la determinación del momento y el modo adecuados para conseguir la financia-

---

EJERCICIO 13.4
Vida útil de la maquinaria

Imagina

Las máquinas que se emplean para las labores de mezclado y embotellado se adquirieron hace unos 20 años, cuando se fundó la empresa. Se acerca el final de su vida útil (figura 13.4). Dejemos de lado los avances tecnológicos que se hayan producido durante ese tiempo y el hecho de que haya mejores máquinas en el mercado: ahora lo importante es que las nuestras comenzarán a tener cada vez más problemas.

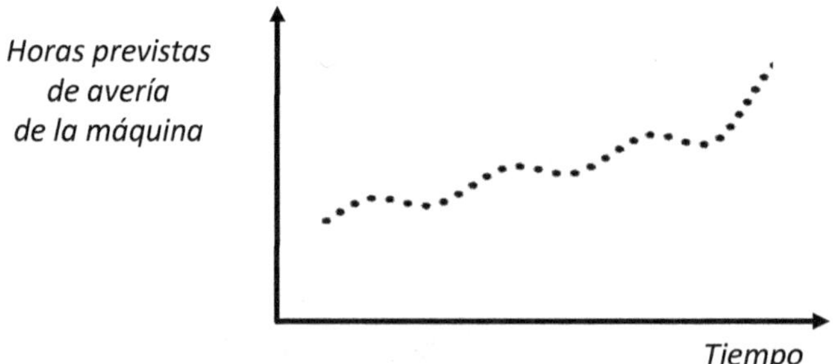

Figura 13.4. **Vida útil de la maquinaria.**

ción necesaria. Ha llegado el momento de barajar una nueva variable: la vida útil de las máquinas.

Reflexiona sobre las cuestiones siguientes:

- ¿Qué ocurriría si las máquinas mezcladoras y embotelladoras comenzasen a averiarse más a menudo? Revisa las cifras que obtuviste en el juego y trabaja con los porcentajes de averías que hayas visto. ¿Qué pasaría si estas cifras se duplicasen en uno o dos años? ¿Qué consecuencias tendrían? ¿Cómo podría mitigarse el impacto? ¿Cuánto tiempo y dinero se necesitaría para conseguirlo? ¿Cómo afectaría todo a los volúmenes globales de producción? ¿Cuál sería el impacto en el costo por litro de zumo?
- Si decidieses que ha llegado el momento de sustituir una máquina o incluso las dos para mezclar y embotellar, ¿cuáles serían los posibles escenarios y cómo se compararían? Considera, por ejemplo, la simple sustitución de una máquina por otra nueva. También podrías pensar en buscar un socio estratégico para la mezcla o el embotellado, o incluso empezar a comprar los servicios de mezcla o embotellado a una empresa de productos básicos. Utiliza la plantilla que ha confeccionado el equipo SuperJuice (figura 13.2) como base para analizar las distintas alternativas y examina las implicaciones que tiene en el modelo de negocio. ¿Cuáles son los pros y los contras de cada uno de los escenarios alternativos? Evalúa el impacto en términos estratégicos y comerciales, revisa el desarrollo de competencias necesario y las consecuencias que todo esto tendrá en el valor para el cliente, la velocidad, la flexibilidad, etc.

¿Qué acciones propondrías para hacer frente a este nuevo requisito? Anótalas antes de pasar al siguiente reto.

El diseño de la red

La red de la cadena de suministro de The Fresh Connection que has visto hasta ahora se ha mantenido estable y no ha cambiado durante el juego: el abastecimiento se hacía a escala mundial, mientras que el almacenamiento, la producción y la distribución eran asuntos locales. Veamos qué podría pasar si esa situación cambia.

Elabora dos escenarios distintos:

- Entrega desde el inventario de productos terminados en el país de origen de The Fresh Connection directamente a las instalaciones de almacenamiento de los clientes minoristas en los países de destino.
- Entrega desde el inventario de productos terminados en el país de origen de The Fresh Connection a los almacenes locales de la empresa situados en los países de destino y, desde estos, a los clientes minoristas.

Tomando como punto de partida la situación y las cifras que conoces del juego, y utilizando la plantilla de la figura 13.2 y haciendo suposiciones defendibles cuando sea necesario, evalúa las implicaciones para los siguientes elementos en cada escenario:

- Los productos y la cartera de productos (incluido el etiquetado, los tipos de envase, etc.).

EJERCICIO 13.5
Segmentos y canales (minicaso 1)

Imagina

The Fresh Connection, como parte de su estrategia de crecimiento, considera la posibilidad de expandirse geográficamente en Bélgica, Francia y Alemania (figura 13.5). Por el momento, se plantea un modelo de crecimiento orgánico, de su propia organización, sin fusiones ni adquisiciones.

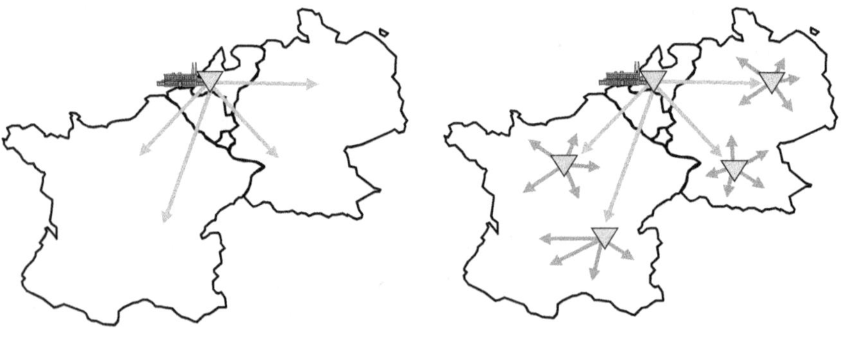

Figura 13.5. **Diseño de la red.**

- La demanda (volumen y variabilidad).
- La vida útil.
- La producción y la capacidad de producción (incluidas las opciones de aumento de escala).
- Las políticas de inventario *(stocks* de seguridad centrales/locales).
- El transporte (incluidos la externalización/subcontratación y los riesgos).
- La distribución final (incluidos la subcontratación y los riesgos).
- Posibles políticas de devolución.

¿Cómo se comparan los dos escenarios? ¿Cuál de los dos propondrías? ¿O cuál elegirías primero y cuál después?

¿Qué acciones sugieres? Anótalas antes de pasar al reto siguiente, relacionado con los cambios de segmentos y canales.

Ten en cuenta que, en el rediseño de la red de distribución, pueden hacerse muchos cálculos detallados, comparando los diferentes escenarios posibles. Sin embargo, la clave está en hacerlo de manera eficiente: empezar con comparaciones de alto nivel que puedan hacerse con relativa rapidez y solo calcular en detalle los pocos escenarios que resulten más prometedores. De este modo, en lugar de dedicar un tiempo considerable a sopesar todas las posibilidades, podrás centrarte solo en las más adecuadas.

Segmentos y canales

Durante el juego, básicamente habrás trabajado con un conjunto fijo de clientes que representan diferentes tipos de segmentos. Veamos qué podría pasar si esa situación, hasta el momento estable, cambia.

Tomando como punto de partida la situación y las cifras que conoces del juego, y haciendo suposiciones, siempre defendibles, cuando sea necesario, evalúa las posibles implicaciones que tendrán los elementos siguientes en cada uno de los dos nuevos segmentos:

- Los productos y la cartera de productos (incluido el etiquetado, los tipos de envase, etc.).
- Los equipos de apoyo y su posible mantenimiento.
- La demanda (volumen y variabilidad).
- La vida útil.

- La producción y la capacidad de producción (incluidas las opciones de ampliación).
- La gestión del inventario *(stocks* de seguridad centrales/locales).
- El transporte (incluidos la externalización/subcontratación y los riesgos).
- La distribución final (incluidos la subcontratación y los riesgos).
- Las posibles políticas de devolución.

EJERCICIO 13.6

Segmentos y canales (minicaso 1)

Imagina

El departamento de marketing de The Fresh Connection Group tiene interés en entrar en el segmento HoReCa (hoteles, restaurantes y cafeterías). En concreto, se dirigen a restaurantes y cafetería de tamaño variado (figura 13.6). En el caso de los operadores de menor tamaño, se parte de la base de que probablemente habría que introducir las botellas de vidrio como un nuevo tipo de envase. Para los operadores de mayor tamaño, se sopesa la opción de introducir dispensadores rellenables como los que ya utilizan muchas cadenas de distribución de alimentos.

EQUIPO: *SuperJuice*   **ESTRATEGIA:** *Bajo costo*   The Fresh Connection

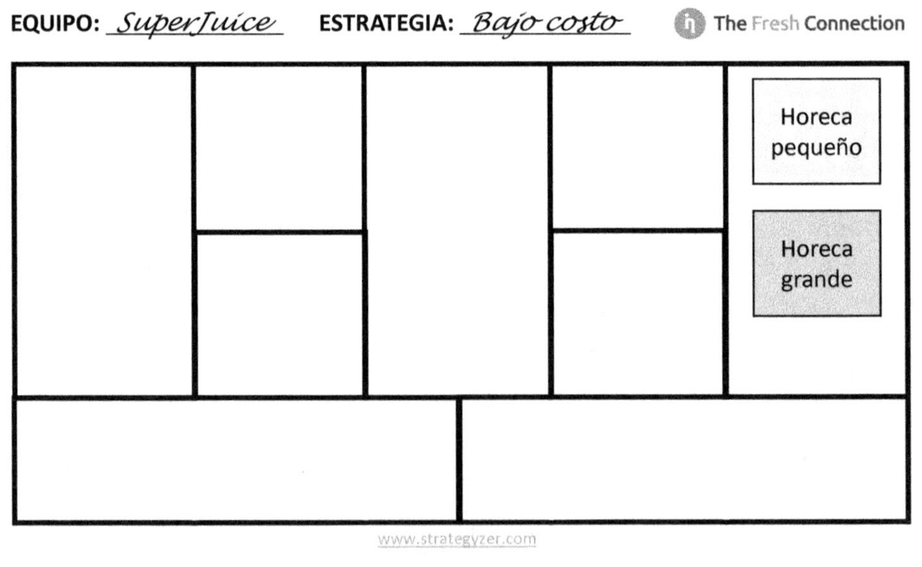

Figura 13.6. Segmentos y canales (minicaso 1).

Uno de los elementos disruptivos de este nuevo mercado O2O estriba en el hecho de que el minorista actúe como intermediario, sin ubicaciones físicas propias, pero utilizando puntos de recogida locales como las mencionadas tiendas de conveniencia, para las que esto supone una nueva fuente de ingresos.

Volviendo a la plantilla, observa el modelo de negocio y, tomando como punto de partida la situación y las cifras que conoces del juego, y haciendo suposiciones defendibles cuando sea necesario (por ejemplo, sobre el volumen

EJERCICIO 13.7
Segmentos y canales (minicaso 2)

Imagina

Se pone en contacto contigo un nuevo agente del mercado, centrado en el emergente mercado O2O (*online to offline;* figura 13.7). En algunos países, este segmento está creciendo muy rápidamente debido a la aparición de nuevas tiendas en línea que ofrecen una gran variedad de productos que pueden adquirirse y recogerse posteriormente, por ejemplo, en un establecimiento cercano.

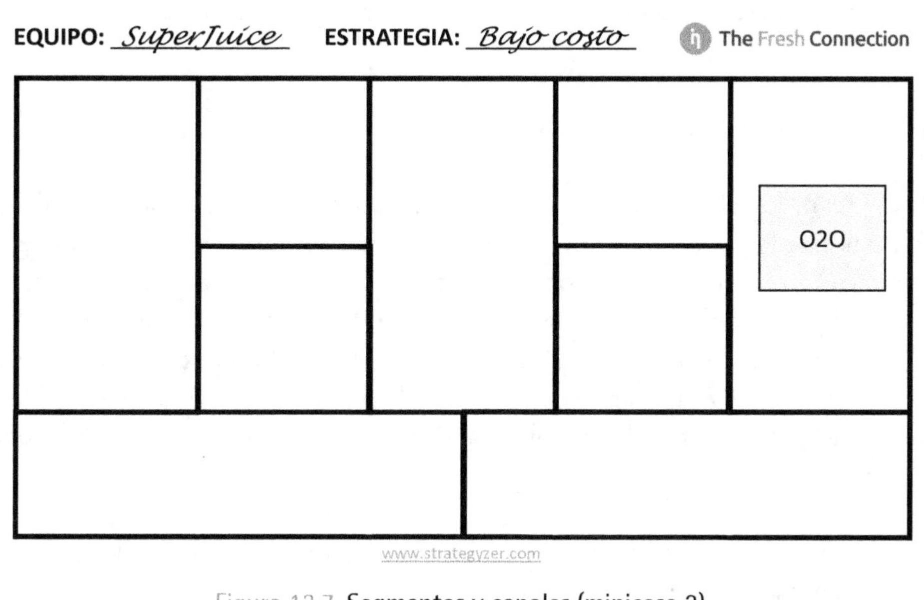

Figura 13.7. **Segmentos y canales (minicaso 2).**

de ventas potencial asociado a este nuevo mercado), evalúa las implicaciones para:

- El modelo de negocio de The Fresh Connection.
- Los productos y la cartera de productos.
- La demanda (volumen y variabilidad).
- La vida útil.
- La producción y la capacidad de producción (incluidas las opciones de ampliación).
- La gestión del inventario (*stocks* de seguridad centrales/locales).
- La distribución final (incluidos la externalización/subcontratación y los riesgos).
- Las posibles políticas de devolución.

Dadas la complejidad y la incertidumbre que se aprecian en este segundo minicaso, puedes centrarte en plantear las preguntas pertinentes y redactar algunos esbozos preliminares de las soluciones que pueden adoptarse en la cadena de suministro.

En general, ¿qué acciones propondrías para hacer frente a estos dos nuevos requisitos? Anótalas antes de pasar al reto siguiente, relacionado con la introducción de nuevas dimensiones en el negocio por parte de los clientes.

Desafiar el *statu quo* de la clientela

En el juego, los clientes se mantuvieron sin apenas cambios a lo largo de las distintas rondas. Sin embargo, como puedes imaginarte, cada cual sigue su propio camino y adopta sus propias visiones de futuro y sus propias estrategias.

Desarrolla una plantilla basada en que ha confeccionado el equipo SuperJuice (figura 13.8). A continuación, analiza el impacto potencial y reflexiona sobre las implicaciones que tiene. Tomando como punto de partida la situación y las cifras que conoces del juego, y especulando solo cuando sea necesario, evalúa las implicaciones que tiene para los elementos siguientes:

- Los productos y la cartera de productos (incluido el etiquetado, los tipos de envase, etc.).
- La demanda (volumen y variabilidad).

EQUIPO: *SuperJuice*   **ESTRATEGIA:** *Bajo costo*   The Fresh Connection

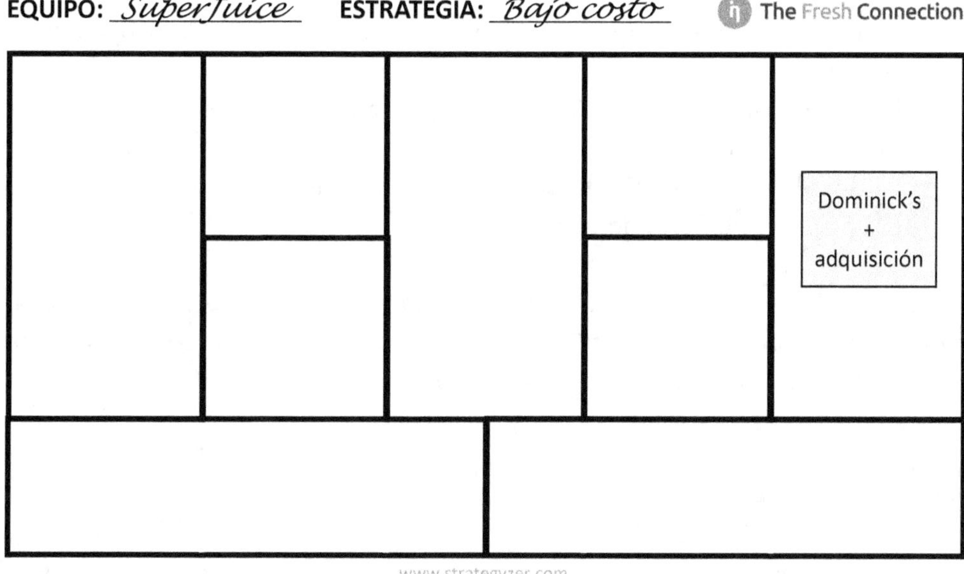

Figura 13.8. El *statu quo* de la clientela.

EJERCICIO 13.8

El *statu quo* de la clientela

Imagina

Te enteras de que uno de tus clientes, Dominick's, está a punto de adquirir una empresa con la que compites a escala nacional, una cadena minorista de tiendas de conveniencia. Según su planteamiento estratégico, la cadena minorista es experta en tiendas de conveniencia, muy similares a los establecimientos comerciales que Dominick's tiene en sus gasolineras. Al parecer, la cadena cuenta con el mismo número de tiendas que Dominick's, pero sin las gasolineras y situadas dentro de las ciudades. Se trata, pues, de comercios pequeños con un amplio catálogo de productos y *stocks* reducidos.

- La vida comercial.
- La producción y la capacidad de producción (incluidas las opciones de ampliación).
- La gestión del inventario (*stocks* de seguridad centrales/locales).
- El transporte (incluidos la externalización/subcontratación y los riesgos).
- La distribución final (incluidos la subcontratación y los riesgos).
- Las posibles políticas de devolución.

¿Qué acciones propondrías para hacer frente a este nuevo requisito? Anótalas antes de pasar al reto siguiente, relacionado con los nuevos requisitos de los clientes debidos a la evolución del mercado.

Propuestas de valor

Durante el juego has trabajado básicamente con un conjunto fijo de clientes que representan diferentes tipos de segmentos y a los que ofrecías una determinada propuesta de valor, definida por tu responsable de ventas en función de

---

EJERCICIO 13.9
Las propuestas de valor

Imagina

Parece que hay una nueva tendencia en el mercado en la que algunas minoristas evitan los almacenes de grandes dimensiones. En la práctica, surgen dos soluciones diferentes. La primera se basa en un sistema de reexpedición *(cross-docking)*: las empresas minoristas esperan envíos diarios de todas las proveedoras a plataformas de transporte en las que los envíos entrantes se reorganizan en envíos salientes, formados por una combinación de productos de diferentes proveedoras, rumbo a los puntos de venta. La segunda solución estriba en que las minoristas esperan que los envíos vayan directamente de la proveedora a sus puntos de venta. Imaginemos además que las minoristas, debido a su creciente poder adquisitivo, se inclinan por acuerdos que incluyen la introducción de devoluciones de productos no vendidos al final de su vida útil.

una serie de elementos predefinidos. Veamos qué puede pasar si «el mercado» empieza a requerir nuevos servicios.

Confecciona una plantilla basada en la que ha preparado el equipo Super-Juice (figura 13.9). Analiza el impacto potencial en el modelo de negocio y reflexiona sobre las implicaciones que tiene. A continuación, y tomando como punto de partida la situación y las cifras que conoces del juego, y haciendo suposiciones bien fundamentadas solo cuando sea necesario, evalúa las posibles implicaciones para cada una de las dos nuevas propuestas de valor en todo cuanto concierne a los aspectos siguientes:

- La demanda (volumen y variabilidad).
- La gestión del inventario.
- La distribución final (incluidos los tamaños y las frecuencias de los envíos).
- El almacenamiento (incluyendo la gestión y la preparación de pedidos y el embalaje, las devoluciones y la comercialización).

¿Qué acciones propondrías para hacer frente a estos nuevos requisitos? Anótalas y déjalas aparte. Las recuperaremos en el capítulo 15.

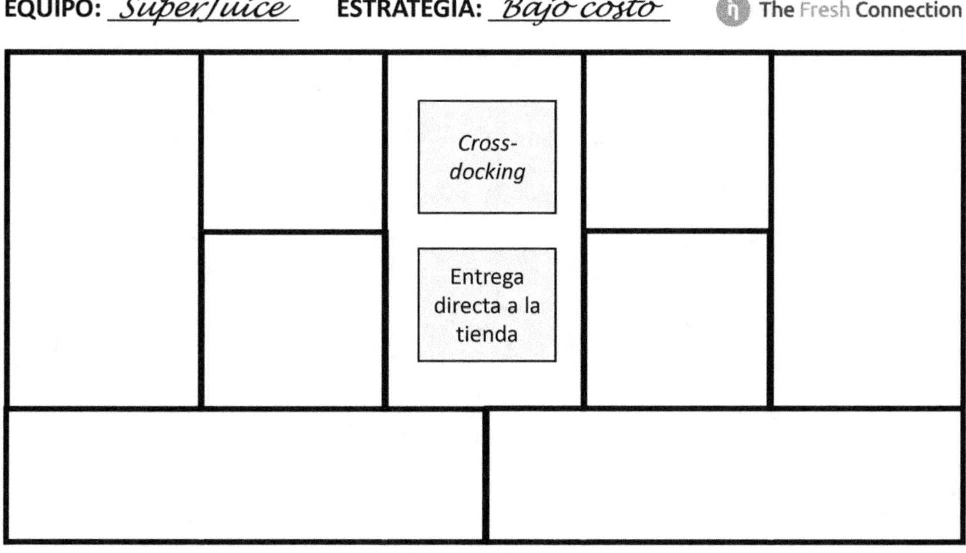

Figura 13.9. **Propuestas de valor.**

Resumen

En este capítulo hemos visto muchas cuestiones y desarrollos que podrían desafiar el *statu quo* «técnico» visto durante el juego. Estos retos, muy variados y con una complejidad y una urgencia distintas en cada caso, dan pie a una larga lista de acciones a considerar. En el siguiente capítulo, nos centraremos en otros cambios potenciales que afectarán al liderazgo y desafiarán una vez más el *statu quo* experimentado durante el juego.

14

La cadena de suministro y los retos de liderazgo

En este capítulo retomaremos la cuestión del liderazgo y su relación con la gestión de la cadena de suministro para centrarnos en algunos retos que no se trataron durante el juego.

En concreto, prestaremos mucha atención al papel de las partes interesadas, el liderazgo en el mundo VUCA y la colaboración externa y la transparencia (figura 14.1).

Las cuestiones relacionadas con el liderazgo que afectan a la cadena de suministro: gestor T (destacado), confianza y coordinación: colaboración externa (destacado), confianza y coordinación: colaboración interna, gestión de las partes interesadas y silos funcionales (destacado), y gestión del rendimiento y fijación de objetivos.

Cómo gestionar un número creciente de partes interesadas

En el juego, el trato con las partes interesadas se ha reducido al propio equipo, así como los proveedores, los clientes y Bob McLaren. Tus compañeros y compañeras vendrían a ser partes interesadas directas y los demás, partes interesadas virtuales. Ha llegado el momento de ampliar la lista un poco más. Para ello deberemos realizar un análisis más amplio de las partes interesadas que también se conoce como «análisis de campo de fuerzas», ya que traza un mapa de las distintas fuerzas en juego. Si bien se trata de una actividad habitual a la hora de planificar proyectos, dada la gran diversidad de puntos de contacto, también puede ser muy útil en el ámbito de la cadena de suministro.

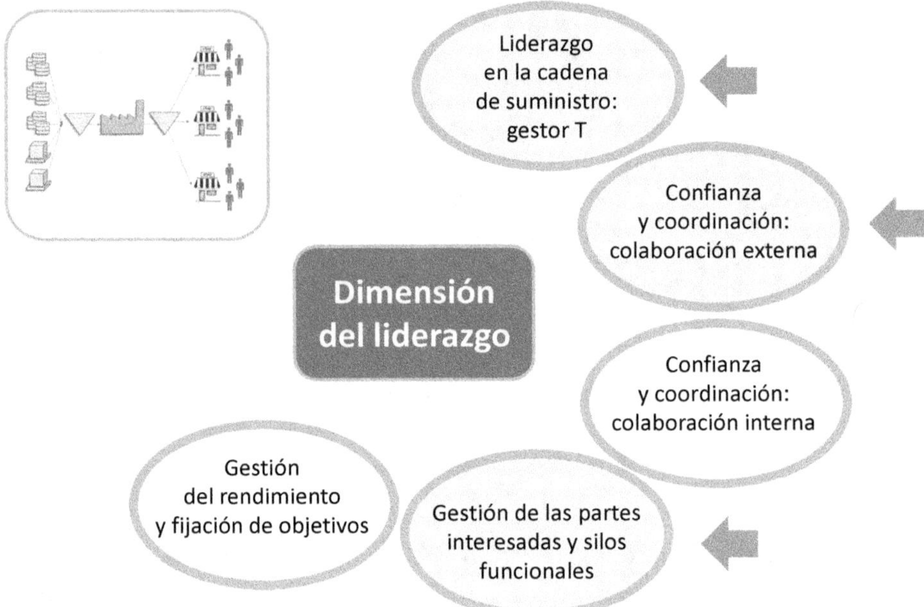

Figura 14.1. El liderazgo en la cadena de suministro.

Paso 1. Elabora una lista de las partes interesadas de The Fresh Connection. De momento, no te limites demasiado:

- *Partes interesadas internas* (por ejemplo, I+D, departamento jurídico, informática, finanzas, recursos humanos, personal, etc.);
- *Partes interesadas externas* (por ejemplo, autoridades nacionales y locales, comunidad local, oeneges, sindicatos, accionistas, clientes, proveedoras y otras empresas locales, etc.).

EJERCICIO 14.1
Mapeo de las partes interesadas

Imagina

Como parte de un análisis más amplio de las oportunidades y amenazas para la cadena de suministro, se te pide que realices un análisis completo de las partes interesadas para definir las acciones que afectan a cada una de estas.

EQUIPO: *SuperJuice*   **ESTRATEGIA:** *Bajo costo*   The Fresh Connection

Reto: *Gestión de las partes interesadas*		
Partes interesadas	**¿En qué áreas de la cadena de suministro se produce el impacto?**	**¿Importancia relativa para la cadena de suministro?**
Internas: I+D … …	*Características del producto, diseño del proceso (incluidos producción, transporte y almacenamiento)*	++
Externas:		

Figura 14.2. Plantilla: análisis de las partes interesadas.

Las partes interesadas podrían colocarse en una tabla, cada una en una fila. En la figura 14.2 puedes ver un ejemplo, tomado de la plantilla que elaboró el equipo SuperJuice.

Paso 2. Define los elementos siguientes para cada una de las partes interesadas que hayas identificado (cada uno de los puntos sería una columna en la tabla iniciada en el paso 1):

- ¿Interviene directa o indirectamente en la cadena de suministro?
- ¿En qué actividades o en qué decisiones de la cadena de suministro influye?
- ¿Qué importancia relativa tiene en la cadena de suministro? ¿Es positiva o negativa?

Paso 3. A partir del paso anterior, elabora una clasificación de las partes interesadas que has identificado de acuerdo con su orden de importancia. En el caso de aquellas que tengan una prioridad mayor, indica la manera más adecuada para gestionar la relación (figura 14.3):

EQUIPO: *SuperJuice*   **ESTRATEGIA:** *Bajo costo*   The Fresh Connection

Reto: *Gestión de las partes interesadas*			
Partes interesadas (prioridad máxima):	**Actividades sugeridas para establecer/mantener la relación**	**¿Frecuencia?**	**¿Quién se encarga?**
Internas: *I+D*	*Reunión inicial para preparar el terreno.* *Visitas periódicas/talleres sobre futuros desarrollos*	*1x* *6 meses*	....

Figura 14.3. Plantilla: plan de acción de las partes interesadas.

- ¿Qué tipo de actividades permiten establecer/mantener la relación?
- ¿Con qué frecuencia deben organizarse?
- ¿Quién debe encargarse?

Conviene tener en cuenta que, en algunos de los casos identificados, la relación con la cadena de suministro puede ser indirecta y las partes interesadas quizá no se sientan necesariamente vinculadas a esta, por lo que tal vez se necesite prestar más atención de la habitual.

Como se hizo en los capítulos 12 y 13, anota las acciones propuestas antes de pasar al siguiente asunto, relacionado con la colaboración interna.

El liderazgo y la cadena de suministro en el mundo VUCA

Durante el juego, no has tenido que preocuparte mucho por el personal de The Fresh Connection. Tan solo debías especificar el número de empleados por actividad en la cadena de suministro. Sin embargo, ahora podría ser útil y conveniente reflexionar por unos instantes sobre el papel que se asigna al personal de la cadena de suministro en un mundo VUCA y sus implicaciones para el liderazgo.

Recuerdo una entrevista realizada hace años a Michael Dell, fundador y director general de la empresa de ordenadores personales del mismo nombre. Hablaba sobre cómo afrontar una empresa que crece a un ritmo aproximado del 25 % anual. Además de los aspectos más obvios, centrados en los retos que implica afrontar las necesidades crecientes relacionadas con el abastecimiento, el ensamblaje, el almacenamiento y la distribución, Dell se detuvo en la gestión de una plantilla a la hora de expandirse a nuevos países, abrir nuevos centros de asistencia telefónica, ampliar los servicios de apoyo, etc. Básicamente, su argumento se basaba en que, cuando una empresa crece con tal rapidez, el cambio deja de ser una excepción para convertirse en la norma. Se necesita una plantilla que pueda hacer frente a las situaciones e incluso prospere en ese entorno. Y esas personas existen, por supuesto. Pero también debe tenerse en cuenta que mucha gente se resiste al cambio. No todo el mundo se muestra encantado al enterarse de que, cada ciertos meses, deberá vérselas con nuevos compañeros y compañeras, nuevos equipos directivos y nuevos procedimientos.

Siguiendo la lógica de VUCA, y observando el mundo que nos rodea en general y las cadenas de suministro en particular, todo indica que el cambio tiende a ser la norma. Ese cambio también afectará a la cadena de suministro, tal como demuestran los minicasos de los capítulos anteriores. La cadena de suministro es cualquier cosa menos estable.

EJERCICIO 14.2

Cómo afectan los cambios a las personas que trabajan
en las cadenas de suministro

Imagina

Los cambios en los mercados, los sectores industriales, los productos, las tecnologías, la sociedad, el clima, etc., que has identificado anteriormente en tu análisis PESTEL seguramente tendrán lugar en un futuro. ¿Cuál sería el impacto en las personas que trabajan en el área de la cadena de suministro? Piensa en las funciones de apoyo general, así como en el personal operativo, el personal de la planta de producción y la dirección.

- ¿Qué implicaciones tienen esos cambios en los perfiles laborales de quienes trabajan en la cadena de suministro? Piensa en su perfil técnico, así como en su personalidad, su comportamiento y sus actitudes.
- ¿Cómo afectarán esos cambios en la contratación, la formación y la educación en el futuro?
- ¿Cómo cambiará en el futuro el liderazgo aplicado a la cadena de suministro? Piensa también en los rasgos que posee el gestor T. ¿Qué habilidades serán necesarias, sobre todo para hacer frente a los problemas mencionados?

Pero pasemos a la última cuestión relacionada con el liderazgo que veremos en este capítulo: la colaboración externa.

Cómo gestionar la confianza y la colaboración

EJERCICIO 14.3
La gestión de la colaboración externa (minicaso 1)

Imagina

Tu mayor cliente es una gran multinacional minorista que mantiene relaciones de compraventa con pequeñas y medianas empresas proveedoras, como The Fresh Connection. Como no suele mostrar mucha atención a las empresas pequeñas, ha estandarizado al máximo los procesos de pedido –por ejemplo, mediante correos electrónicos generados automáticamente– y limitando al mínimo la comunicación posterior. De este modo dispone de más recursos para relacionarse con sus grandes proveedoras, buscando mejoras y sinergias a gran escala. Para esa multinacional, tu empresa y tú sois uno más: demasiado pequeños como para pedirles previsiones fiables o proponerles sistemas como el inventario gestionado por el proveedor (VMI). En la práctica, resulta muy difícil hablar con ellos. Pero son grandes, pagan precios razonables y, algo nada baladí, pagan a tiempo.

Un buen día, la persona responsable del almacén de productos acabados te informa de que los pedidos de ese cliente se han incrementado casi un 30 % en todas las referencias con respecto a los volúmenes habituales. No es raro que se haya dado cuenta, ya que junto con su equipo se encarga de preparar los pedidos para su envío. En este caso, como se trata del cliente más importante, los niveles de inventario se están reduciendo a gran velocidad a causa del aumento de la demanda.

Quizá se deba a un fenómeno puntual. Las dos primeras semanas, no le das mucha importancia. Pero, al ver que el ritmo se mantiene en la tercera, debes decidir si quieres hacer algo y, en caso afirmativo, qué. Tus opciones son las siguientes:

a) No hacer nada. Quizá sea algo temporal y la demanda baje más adelante.
b) Aumentar la capacidad de las máquinas para afrontar el aumento de la demanda.
c) Aumentar los niveles de inventario para afrontar el aumento de la demanda.
d) Pedir más a los proveedores para producir más y tener más existencias.
e) Optar por dos o más de estas soluciones (¿cuáles?).
f) Optar por otra solución que no aparece aquí (explícala).

Escribe una respuesta razonada. Pasemos a otro ejemplo.

EJERCICIO 14.4
La gestión de la colaboración externa (minicaso 2)

Imagina

Tu empresa compra naranjas a una empresa agrícola muy grande –diez veces más que la tuya en términos de ingresos– y la relación es distante, en el mejor de los casos. Aunque es una proveedora de confianza, no tienes una relación especial: su personal parece más atento a los otros clientes. De pronto, se corre la voz de que la temporada de cultivo en el principal país donde compras naranjas no parece muy prometedora. Las temperaturas no han sido buenas, ha habido demasiadas lluvias y muy poco sol. El clima se está volviendo realmente loco. Por muy grande que sea esa empresa, poco puede hacer con respecto al clima. Aunque la situación podría dar un vuelco, ya que todavía falta algún tiempo para la cosecha, casi todo tu sector compra a la misma empresa o a otras del mismo país. Y todo apunta a que parte de la competencia está preparándose para lo peor.

Ahora tienes que decidir si quieres hacer algo y, si es así, qué. Tus opciones son las siguientes:

a) No hacer nada. Quizá la situación no sea tan mala.
b) Comprar por adelantado todo lo que puedas a tu proveedora, por si acaso.

c) Aumentar los niveles de inventario para cubrir un suministro más incierto.

d) Buscar proveedoras alternativas (con la negociación y la homologación consiguientes para asegurarte de que cumplen con las normas de calidad de tu empresa).

e) Optar por dos o más de estas soluciones (¿cuáles?).

f) Optar por otra solución que no aparece aquí (explícala).

Escribe tu respuesta y el razonamiento en el que se basa tu decisión.

Volvamos al minicaso 1. Observa las decisiones que tomaste en virtud de lo que indica la lista y asume que las habrías cumplido a rajatabla. Ahora elabora cada uno de los siguientes escenarios:

1. Al terminar la sexta semana, se produce otro aumento. La media es ya, aproximadamente, un 45 % superior a la inicial.

2. Al terminar la quinta semana, la demanda vuelve a la normalidad. Al parecer, el incremento se debió a que alguna competidora de la multinacional tuvo graves problemas de suministro y provocó una mayor demanda. Pero ya ha pasado.

3. La demanda se mantiene un 30 % por encima de la media anterior. Aparentemente, han abierto algunas tiendas nuevas o han reducido las SKU de las tiendas de la competencia en sus estantes.

Para cada uno de los tres escenarios, y basándote en las acciones propuestas, describe el impacto que se dará en cada una de las actividades (cadena de suministro, operaciones, compras, ventas). Piensa también en cómo afectarán a tus socios comerciales, ya se trate de empresas proveedoras, transportistas, distribuidoras y almacenamiento externo, agencias de trabajo temporal, etc. (figura 14.4). Observa con atención los plazos: ¿cuánto tiempo pasaría antes de que tus decisiones se extendieran a otras empresas de la cadena?

Volvamos ahora al minicaso 2. Una vez más, toma las acciones propuestas que escribiste de las opciones de la lista y asume que habrías actuado en la dirección elegida. Ahora elabora cada uno de los siguientes escenarios, planteados a cuatro meses vista:

1. La cosecha es mala: solo se produce el 60 % de lo habitual.

2. La cosecha no es tan mala después de todo y se produce aproximadamente el mismo volumen que en condiciones normales.

EQUIPO: *SuperJuice*   ESTRATEGIA: *Bajo costo*   The Fresh Connection

Reto: *Fuerte aumento de los volúmenes del mayor cliente*

Acciones elegidas:

Impacto en:	Escenario 1:	Escenario 2:	Escenario 3:
Posibles resultados en función de las acciones:			

Figura 14.4. Plantilla: análisis del escenario (aumento de la demanda).

3. Tu proveedora te comunica que el aumento de la especulación en el mercado ha impulsado la demanda y que, en combinación con los menores volúmenes de cosecha previstos, el precio de la naranja aumentará cerca de un 30 %.

Para cada uno de los tres escenarios, y basándote en las acciones propuestas, intenta elaborar el impacto en cada una de tus propias actividades (cadena de suministro, operaciones, compras, ventas). Asimismo, ten en cuenta el impacto que cada situación pueda tener en tus socios comerciales, la clientela, las empresas de transporte y distribución, el almacenamiento externo, las agencias de trabajo temporal, etc. (figura 14.5). Además, intenta conocer bien los plazos. ¿Cuánto tiempo pasaría antes de que tus decisiones afectasen a otras empresas de la cadena?

Estos dos minicasos muestran una vez más la complejidad que entraña cualquier toma de decisiones, así como el bosquejo de situaciones en momentos de incertidumbre. Ya te habrás dado cuenta del impacto que la incertidumbre puede tener, sobre todo cuando las relaciones con el cliente o el proveedor no

EQUIPO: _SuperJuice_   ESTRATEGIA: _Bajo costo_   The Fresh Connection

Reto: *Problemas de cosecha previstos para las naranjas*

Acciones elegidas:

Impacto en:	Escenario 1:	Escenario 2:	Escenario 3:
Posibles resultados en función de las acciones:			

Figura 14.5. Plantilla: análisis del escenario (problemas de cosecha).

son demasiado estrechas y se limitan a la compra y la venta. Si el trato hubiese sido distinto, posiblemente se hubieran adoptado otras soluciones.

No está de más tener en cuenta las siguientes reflexiones:

1. ¿Cómo se habrían desarrollado los dos minicasos a partir de la visión general de los escenarios y las decisiones que has propuesto? ¿Qué habría ocurrido? Si hubieras analizado los escenarios antes de elegir entre todas las opciones posibles, ¿habrías elegido de manera distinta? ¿Qué te dice eso?
2. Dada la importancia que tienen el cliente y la empresa proveedora, y dadas las complejidades y los riesgos asociados a la posibilidad de cambiarlos por otros, ¿qué puedes hacer para establecer una cierta confianza entre ambas partes, mejorar la coordinación y lograr una relación transparente que vaya más allá de la mera compra y venta? ¿Qué acciones podrías llevar a cabo? ¿Quién debería participar? ¿Quién debería tomar la iniciativa?

Una última reflexión antes de terminar este capítulo. Los dos minicasos tratan de situaciones que, en la práctica, podrían provocar el efecto látigo, tal y como se explica en el capítulo 4 (¡y recuerda el ejemplo del papel higiénico que se da al principio del capítulo 1!). Un aumento de la demanda imprevisto puede llevar a que la empresa proveedora reaccione de manera exagerada, persuadida de que se ha iniciado una nueva tendencia al alza. Si así fuera, se requeriría un aumento de las existencias, la capacidad, etc., y ocasionar una reacción exagerada por parte de la proveedora. La falta de transparencia y la falta de confianza entre los actores de la cadena llevan a que estos especulen sobre lo que está ocurriendo en lugar de saber lo que está pasando. La práctica ha demostrado que, en tales situaciones, se produce un exceso de capacidad o de existencias que, al final, ocasiona ineficiencias y un posible mal servicio.

Resumen

Tras imaginar cómo afectaría al liderazgo el cuestionamiento del *statu quo*, casi hemos llegado al final de nuestro viaje más allá de los fundamentos de la cadena de suministro. En el próximo y último capítulo trataremos de reunir todo lo expuesto en el libro, extraer algunas conclusiones e identificar los puntos para un desarrollo futuro.

15

Conclusión. Sencillo, pero no fácil (4): complejidad y alineamiento

En este último capítulo, retomaremos las distintas líneas argumentales que se han abierto a lo largo del libro y cerraremos cada una con unas reflexiones finales y veremos cómo pueden desarrollarse en el futuro.

Las estrategias de la cadena de suministro, revisadas una vez más

La primera línea argumental atañe a las estrategias de la cadena de suministro. Como se recordará, en el capítulo 3 se trataron los diferentes tipos de estrategias para la cadena de suministro, aplicables en función de la estrategia general de la empresa, así como de las características de la oferta y la demanda. Se hizo varias referencias a autores de manuales en los que se presentaban diferentes marcos para dichas estrategias. Como se afirmó en el capítulo 3, en aras de la argumentación, así como para que la materia resulte más manejable, el libro se ha basado en dos elementos muy concretos: la cadena de suministro impulsada por los costos y la cadena de suministro con capacidad de respuesta. Ambas constituyen el fundamento del marco general en el que se encuadran los diversos tipos de estrategias y poseen una importancia crucial tanto para quienes trabajen en las cadenas de suministro como quienes estén formándose como futuros profesionales de este sector.

Espero que el juego *The Fresh Connection* y los ejercicios y reflexiones que aparecen en estas páginas contribuyan a comprender mejor los entresijos de la cadena de suministro y su utilidad a la hora de aplicar dichas estrategias. No hay que desdeñar, sin embargo, la propia experiencia ni tampoco los propios conocimientos: hay que formarse un criterio propio, ya que muchas de esas estrategias poseen una naturaleza híbrida por cuanto integran elementos de la cadena de suministro impulsada por los costos y la cadena de suministro con capacidad de respuesta.

Con independencia de las circunstancias en las que funcionen mejor o peor, a buen seguro tendrás una opinión sobre cómo sería una estrategia de la cadena de suministro de costo relativamente bajo y al mismo tiempo con cierta capacidad de respuesta, o cómo sería una estrategia mayoritariamente receptiva, pero con un menor costo de la capacidad de respuesta.

¿Qué significan estos *híbridos* cuando se tratan aspectos como la infraestructura física (producción, almacenamiento, transporte), la planificación y el control, los sistemas y los modelos organizativos? Con la información y la experiencia obtenidas hasta ahora, ¿qué complejidad tendría la aplicación de una estrategia verdaderamente híbrida? ¿Qué costo tendría y cuánto tiempo llevaría? ¿Cuáles son las implicaciones y en qué circunstancias estaría justificada dicha implantación?

Al mismo tiempo, aparte de examinar las estrategias híbridas como tales, podemos preguntarnos si una empresa puede tener solo una estrategia de la cadena de suministro a la vez, ya sea pura o híbrida, o si por el contrario conviene disponer de varias y aplicarlas al mismo tiempo. Volviendo a la brújula estratégica de la figura 3.3, sería razonable pensar que a veces vale la pena aplicar varias estrategias en la cadena de suministro. Al fin y al cabo, diferentes segmentos de clientes y diferentes productos pueden tener características muy distintas. La clave estriba en actuar con inteligencia, como suele hacerse en los casos de segmentación: habrá que segregar las estrategias siempre y cuando tenga sentido, y combinarlas siempre y cuando sea posible en un contexto de mercados y sectores dotados de un gran dinamismo.

Aunque los híbridos y las estrategias paralelas, analizados por extenso, están fuera del alcance y los objetivos de este libro, vale la pena explorarlos más a fondo.

The Fresh Connection: y ahora ¿qué?

La segunda línea argumental que debemos cerrar atañe a The Fresh Connection. En la segunda parte nos encontramos con una empresa con graves pérdidas. Junto con un equipo, se te dio la oportunidad de solucionar el entuerto y recuperar la antigua rentabilidad. Posteriormente, en la tercera parte, examinamos un gran número de retos y desafíos. En todo momento se te pidió que elaborases una lista de iniciativas y propuestas que pudieses llevar a cabo. Si estuvieras dirigiendo la empresa, habría un último ejercicio que presentar al jefe: dar sentido a esa larga lista y definir un plan de acción viable para los próximos dos o tres años. Recuerda que The Fresh Connection es una empresa de tamaño medio; el tiempo, el dinero y los recursos no son ilimitados. En otras palabras: habrá que tomar decisiones.

Paso 1. Vuelve a todas las acciones, propuestas e iniciativas que has preparado mientras trabajabas con los capítulos 12, 13 y 14. Asume que todos los retos que se plantean son reales y relevantes. ¿Los recuerdas? Son estos:

- Dimensión empresarial
  - Nuevos participantes en el mercado y competencia dura.
  - Necesidad de nuevos modelos de negocio.
  - Transformación hacia lo responsable y lo verde.
  - Cambios en el entorno externo (PESTEL).
  - Evaluación de riesgos.

- Dimensión técnica
  - La configuración *push/pull.*
  - Capacidad de almacenamiento y producción.
  - Vida útil de la maquinaria.
  - Diseño de la red.
  - Segmentos y canales.
  - Situación de los clientes.
  - Propuestas de valor.

EJERCICIO 15.1
Definición del plan estratégico

Imagina

Debes confeccionar una lista de prioridades estratégicas para los próximos dos o tres años. ¿Qué contendría?

- Dimensión del liderazgo
  - Partes interesadas.
  - Colaboración interna.
  - Colaboración externa.

Paso 2. Con la plantilla que elaboró el equipo SuperJuice y que se muestra en la figura 15.1, define las prioridades. Tómate tu tiempo y hazlo bien. Asegúrate de que puedes defender tus elecciones.

Paso 3. Define tus prioridades. ¿Cuántas acciones podrías incluir razonablemente en la lista de prioridades para los próximos dos o tres años (figura 15.2)? ¿Qué cantidad de recursos reales requeriría? Ten en cuenta que The Fresh Connection, al ser una empresa de tamaño medio, probablemente no disponga de un departamento dedicado en exclusiva a tales labores. Los proyectos correrán

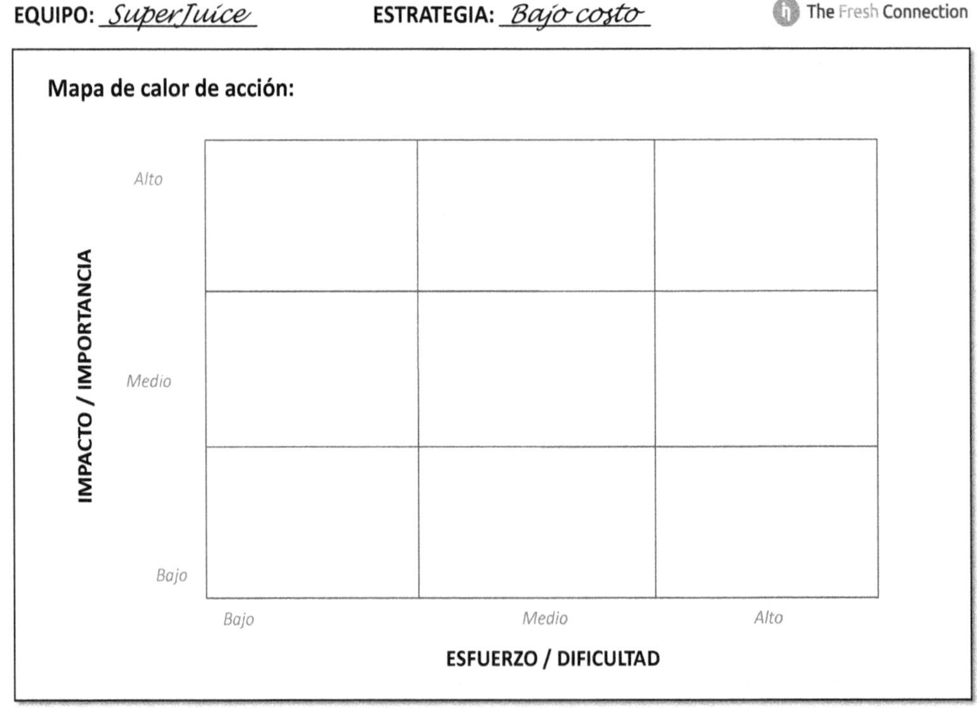

Figura 15.1. **Plantilla: mapa de calor del proyecto.**

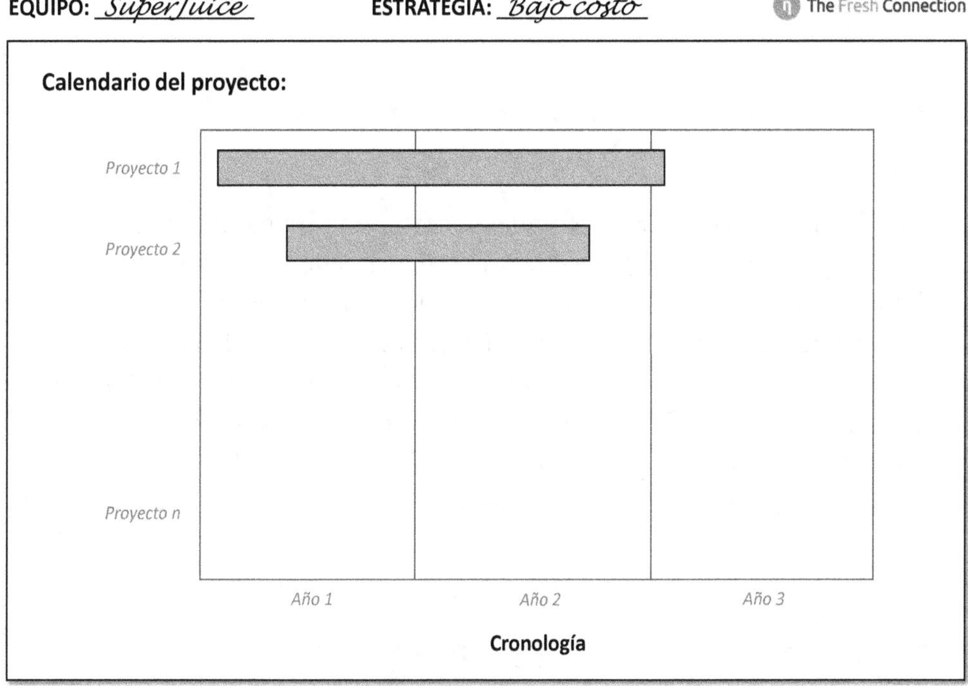

Figura 15.2. **Cronograma del proyecto.**

a cargo de personas que tienen una tarea a tiempo completo en paralelo o bien de personal externo que habría que encontrar y contratar, con la consiguiente inversión en tiempo y dinero.

Así pues, deberías tener una visión clara de lo que The Fresh Connection podría hacer en los próximos dos o tres años. ¡Pero vamos a ver al jefe una vez más!

Bob McLaren está de vuelta

Como te esperabas, Bob McLaren aparece una vez más antes que el libro llegue a su fin.

Enumera los puntos que componen tu propuesta de aprendizaje y las acciones para seguir aprendiendo. De ese modo, volvemos a integrarnos en el ciclo de aprendizaje basado en la experiencia.

EJERCICIO 15.2

Recapitulación de lo ocurrido hasta el momento y elaboración de un informe para el propietario de la empresa

Reflexiona

Bob McLaren parece estar más tranquilo. Esta vez no pregunta sobre el retorno de la inversión, los proyectos y la resolución de las emergencias. Todo lo contrario: se muestra más interesado por el futuro. Quiere saber qué has aprendido de la experiencia y qué harías para seguir aprendiendo a partir de ahora. Utiliza la plantilla de la figura 15.3 para enumerar tus conclusiones. Puede ser interesante y enriquecedor que primero lo hagas de manera individual y luego pongas en común tus aportaciones con las del resto del equipo para discutir los distintos puntos de vista.

Figura 15.3. Plantilla de puntos de aprendizaje y conclusiones.

Cerrando el círculo: el ciclo de aprendizaje basado en la experiencia

La tercera línea argumental para terminar este último capítulo corresponde al aprendizaje basado en la experiencia y al ciclo de aprendizaje. Recordando una frase del prefacio del libro, tenemos la esperanza de que el alumno «toque todas las bases» del aprendizaje al pasar por una experiencia, reflexionar sobre lo ocurrido, conceptualizar los hechos e incorporar los hallazgos al siguiente ciclo de experiencia. Como indica el subtítulo del libro, todo el contenido se ha elaborado de una manera que permita exponer los principales fundamentos de la cadena de suministro, la estrategia y el liderazgo, y aprehenderlos mediante el juego y la reflexión, imaginando aplicaciones en la vida real que vayan más allá del puro juego. Obviamente, aunque estas páginas lleguen a su fin, el aprendizaje no termina aquí. Incluso diría que es aquí donde el aprendizaje debería despegar realmente: ahora tienes la base y una visión de hacia dónde puedes ir. Depende de ti que des forma a esa visión y definas cómo continuarás el proceso de aprendizaje.

Observa detenidamente el concepto de gestor T de la figura 4.3 (pág. 141) e intenta evaluarte en cada uno de los elementos, por ejemplo en una escala del 1 al 5. Verás cómo la reflexión vale la pena. Estoy seguro de que, aunque lo hagas solo para ti, te servirá para saber en qué punto te encuentras. De hecho, la autoevaluación te permitirá definir algunas acciones específicas, cosas en las que trabajar durante los próximos meses. Intenta establecer objetivos y plazos muy concretos; recuerda los KPI SMART. Nunca está de más que consultes la tabla de vez en cuando para ver en qué aspectos has evolucionado y actualizar tus planes.

Como hemos dicho, el aprendizaje no se detiene aquí; simplemente ha comenzado. Ahora debes definir tu propio camino de aprendizaje continuo de la cadena de suministro y encontrar lo que mejor te funcione: estudio con libros, uso de recursos web como los sitios de organizaciones y asociaciones de expertos, suscripción a revistas y boletines, seguimiento de grupos de profesionales en redes sociales como LinkedIn, búsqueda de mentores, lectura de prensa económica y publicaciones específicas del sector, realización de prácticas en proyectos, etc. Hay una gran cantidad de posibilidades que puedes aprovechar.

Como se mencionó al destacar el decatlón diario del gestor de la cadena de suministro, «los gestores de la cadena de suministro tienen que ser personas versátiles, con múltiples habilidades; camaleónicas en cierto modo. Un poco como el atleta del decatlón, tienen que rendir bien en muchas disciplinas diferentes,

Figura 15.4. **Las tres dimensiones de la gestión de la cadena de suministro.**

no necesariamente los mejores en cada una, pero lo suficientemente buenos para tener una buena oportunidad de convertirse en el número 1 general del torneo» (Weenk, 2013b). Espero que, siguiendo el espíritu de la frase de Ken Robinson y Lou Aronica al principio de este libro, dispongas ahora de todo lo necesario para ponerte en marcha. Ojalá estas páginas hayan despertado tu curiosidad y te hayamos invitado a formular muchas preguntas. Ojalá hayas descubierto nuevas ideas y hayas experimentado las muchas y apasionantes dimensiones de la gestión de la cadena de suministro. Espero que este libro haya contribuido a su desarrollo del rico conjunto de habilidades que debe tener el gestor de la cadena de suministro y que te hayas preparado bien para gestionar las cadenas de suministro en el mundo VUCA.

Así pues, enhorabuena por haber realizado un viaje a través de las dimensiones empresarial, técnica y de liderazgo de la cadena de suministro (figura 15.4). Habrás comprendido sus fundamentos, los dominarás e incluso podrás ir más allá. Espero que tu esfuerzo haya merecido la pena y, sobre todo, que te inspire para avanzar en la gestión de la cadena de suministro. Los retos son numerosos y estoy convencido de que en el futuro se necesitará mucha capacidad intelectual. A lo largo del libro se han tratado muchos ejemplos de estos retos y muchos más aparecerán allá donde vayas. Pero con una sólida base de trabajo y una buena actitud, no te amilanarás ante nada. Recuerda que no se trata de saberlo todo, sino de hacerse las preguntas adecuadas.

Como ha visto en el libro, la cadena de suministro tiene muchas facetas, en su mayoría simples, aunque no fáciles. Es un área amplia, diversa y compleja. ¡Y eso es precisamente lo divertido!

Apéndice.
The Fresh Connection y el aprendizaje basado en la experiencia

La edad de la aceleración

Los avances en el mundo se producen con una rapidez mayor. El mundo es cada vez menos predecible. Como analogía para expresar esta creciente velocidad de desarrollo, Brynjolfsson y McAfee (2014) citan un libro de Kurzweil publicado en el año 2000, en el que alude a «la segunda mitad del tablero de ajedrez», basándose en una historia de la India, fechada en el siglo VI de nuestra era, protagonizada por el inventor de ese juego.

Como recompensa por su invento, el inventor no pidió a su emperador más que «colocar un solo grano de arroz en la primera casilla del tablero, dos en la segunda, cuatro en la tercera, y así sucesivamente». El emperador aceptó, convencido de que podría cumplir con la promesa, sin entender que la cantidad final de arroz en la casilla 64 del tablero «empequeñecería el monte Everest».

Brynjolfsson y McAfee continúan: «La gran intuición de Kurzweil es que, aunque los números son grandes en la primera mitad del tablero, todavía nos encontramos con ellos en el mundo real. En la segunda mitad del tablero, sin embargo, [...] perdemos todo el sentido. También perdemos el sentido de la rapidez con la que aparecen estos números a medida que el crecimiento exponencial continúa». Y añaden que el ritmo de cambio de nuestro mundo actual podría llegar pronto a la segunda mitad del tablero, y «al igual que el emperador, la mayoría de nosotros tendremos problemas para seguir el ritmo».

Competencias del siglo XXI

Los cambios se suceden a un ritmo frenético. Muchas personas se ven incapaces de seguirlo. En ese momento surge la pregunta: ¿cómo prepararnos ante esa incertidumbre? Tanto en las empresas como en la educación, cada vez se habla más de lo que se ha dado en llamar *habilidades del siglo XXI*. Una de las ideas que subyacen a esta lista de habilidades clave es precisamente que el mundo está cambiando y que, por lo tanto, también se requieren cambios en el conjunto de habilidades de las personas, con el fin de afrontar mejor esta nueva normalidad.

El Foro Económico Mundial publica con frecuencia un resumen de su opinión sobre las competencias del siglo XXI, basado en frecuentes encuestas entre diversas empresas. La lista de las diez principales competencias que elaboró para el año 2020 fueron (Foro Económico Mundial, 2016):

1. Resolución de problemas complejos.
2. Pensamiento crítico.
3. Creatividad.
4. Gestión de las personas.
5. Coordinación con los otros.
6. Inteligencia emocional.
7. Juicio y toma de decisiones.
8. Colaboración.
9. Negotiación.
10. Flexibilidad cognitiva.

No es de extrañar que un número importante de competencias esté relacionado con la complejidad y la forma de afrontarla, y otro número importante de competencias se centren en la interacción humana. Tendremos que trabajar cada vez más en equipo para hacer frente a la creciente complejidad del mundo.

Afortunadamente, no solo desde una perspectiva empresarial, sino también en el mundo de la educación puede encontrarse una visión similar. Por ejemplo, el experto en educación Sir Ken Robinson, en uno de sus recientes libros sobre el futuro de la educación (Robinson y Aronica, 2015), sugiere:

Ocho competencias básicas que las escuelas deberían facilitar si realmente van a ayudar a los estudiantes a tener éxito en sus vidas [...] Son:

CURIOSIDAD

La capacidad de hacer preguntas y explorar cómo funciona el mundo.

CREATIVIDAD

La capacidad de generar nuevas ideas y aplicarlas en la práctica.

SENTIDO CRÍTICO

La capacidad de analizar información e ideas y de formular argumentos y juicios razonados.

COMUNICACIÓN

La capacidad de expresar pensamientos y sentimientos con claridad y seguridad en una serie de medios y formas.

COLABORACIÓN

La capacidad de trabajar de forma constructiva con los demás.

COMPASIÓN

La capacidad de empatizar con los demás y de actuar en consecuencia.

COMPOSICIÓN

La capacidad de conectar con la vida interior del sentimiento y desarrollar un sentido de armonía y equilibrio personal.

CIUDADANÍA

La capacidad de comprometerse de forma constructiva con la sociedad y de participar en los procesos para mantenerla.

En otras palabras, la clave para resolver problemas y tomar decisiones ya no radica solo en lo que se sabe, sino en lo que se es capaz de hacer, sobre todo en situaciones de mayor incertidumbre. Los conocimientos fácticos duran cada vez menos, pero unas habilidades bien desarrolladas permitirán a una persona encontrar las aportaciones y respuestas más actualizadas siempre que las necesite. O como afirma John E. Kelly III, vicepresidente sénior de Investigación y Soluciones Cognitivas de IBM, citado en el libro de Thomas L. Friedman *Gracias por llegar tarde:* «En el siglo XXI, conocer todas las respuestas no distinguirá la inteligencia de alguien; más bien, la capacidad de hacer todas las preguntas correctas será la marca del verdadero genio» (Friedman, 2016).

De forma similar, tanto Satya Nadella, CEO de Microsoft, como Jeff Bezos, presidente ejecutivo de Amazon, han dicho en entrevistas que creen en los «aprendices» por encima de los «sabedores» (Bariso, 2017, 2018). De nuevo, las habilidades por encima de los conocimientos. Entonces, si en el siglo xxi las habilidades son cada vez más importantes para prosperar en un mundo que cambia cada vez más rápido, ¿cómo formamos estas habilidades? Si es necesario un cambio de atención en las habilidades, ¿cuál es la forma más adecuada de aprender?

El aprendizaje basado en la experiencia

En la misma web del Foro Económico Mundial, la lista de habilidades para el siglo xxi está vinculada a las implicaciones que tiene para la educación, hasta el punto de privilegiar el aprendizaje social y emocional, al que se considera un complemento necesario para el aprendizaje cognitivo más tradicional (Foro Económico Mundial, 2016). Pero tratemos de concretar un poco más.

Se ha escrito mucho sobre las diferentes formas de aprender de las personas, y existen diferentes escuelas de pensamiento. En lo que muchos coinciden, de un modo u otro, es en que la experiencia práctica es una parte fundamental del aprendizaje. Ken Robinson y Lou Aronica (2015) lo expresan así: «Muchos estudiantes aprenden mejor cuando hacen algo de manera activa y no solo estudiando ideas en abstracto: cuando se despierta su curiosidad, cuando están haciendo preguntas, descubriendo nuevas ideas y sintiendo por sí mismos la emoción de estas disciplinas».

Además, me gustaría referirme especialmente al trabajo de David Kolb (2015), cuyo libro *Experiential learning* es un clásico sobre el tema. Entre otras importantes contribuciones, como por ejemplo el concepto de estilos individuales de aprendizaje, Kolb es muy conocido por lo que se denomina el *ciclo de aprendizaje* (figura A.1).

La idea principal del ciclo de aprendizaje es:

El conocimiento es el resultado de la combinación de la experiencia de captación y de transformación. La experiencia de captación se refiere al proceso de asimilación de la información y la experiencia de transformación es la forma en que los individuos interpretan y actúan sobre esa información. El modelo de aprendizaje en el que se fundamenta la teoría del aprendizaje basado en la experiencia describe dos modos de captación de la experiencia relacionados dialécticamente, la experiencia concreta (CE) y la conceptualización abstracta (AC), y dos modos de transformación de la experiencia relacionados dialécticamente, la observación reflexiva (RO) y la experimentación activa (AE). El aprendizaje surge de la resolución de la tensión creativa entre estos cuatro modos de aprendizaje. Este proceso se representa como un ciclo o espiral de aprendizaje idealizado en el que el alumnado «toca todas las bases» (Kolb, 2015).

Aunque el concepto de ciclo de aprendizaje y la conexión con el aprendizaje basado en la experiencia se desarrollaron mucho antes que se iniciase el siglo XXI, su espíritu encaja muy bien con la formación y el desarrollo de las habilidades de este siglo.

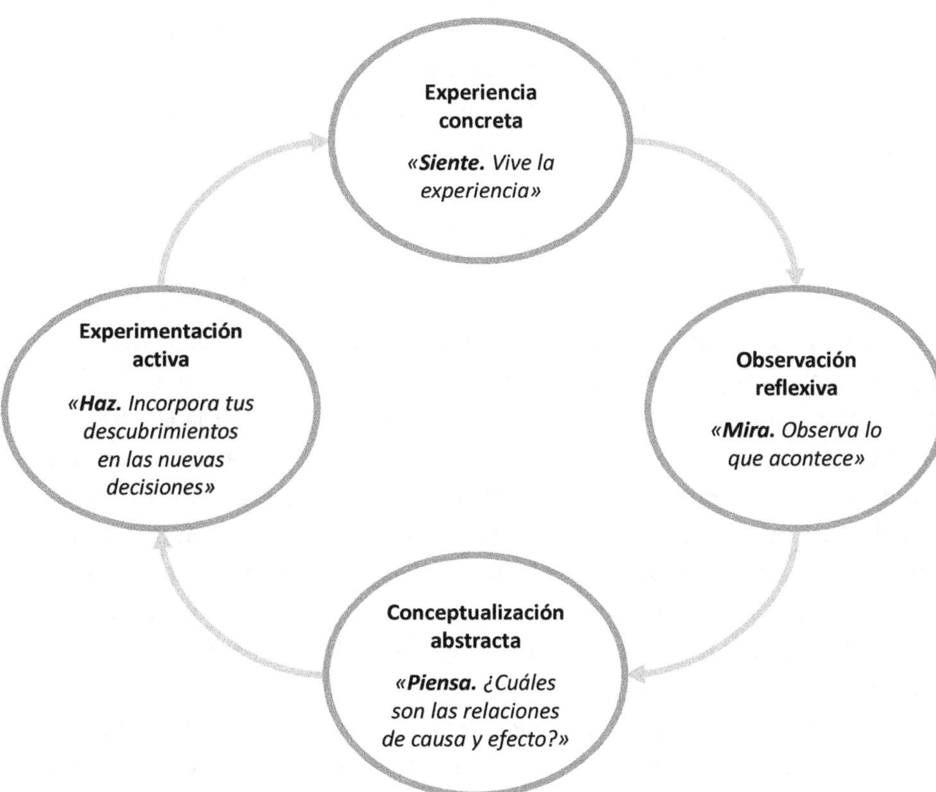

Figura A.1. El ciclo de aprendizaje. *Fuente:* McLeod (2017), basado en Kolb (2015).

En el aprendizaje basado en la experiencia, la atención se centra en pasar por una experiencia de primera mano, lo que permite reflexionar sobre lo que ha ocurrido y por qué. De este modo se forma una visión conceptual sobre la situación, potencialmente reforzada por las teorías o marcos existentes. Esta combinación será entonces la base de una visión mejorada de la situación, que podrá aplicarse en la siguiente experiencia, ya sea en un aula o en otro entorno de estudio, o directamente en una situación del mundo real.

El vínculo entre el aprendizaje experimental y las competencias del siglo XXI se hace aún más fuerte si las experiencias se basan en problemas o situaciones que el alumnado encontrará inicialmente «desestructuradas» o «nuevas», en las que necesita construir su propia comprensión de lo que está sucediendo. Algunos hablan de sacar al alumnado «de su zona de confort». Esto lleva a que Robinson y Aronica (2015) afirmen que «el aprendizaje efectivo en cualquier campo es a menudo un proceso de ensayo y error, de avances puntuados por intentos fallidos de encontrar una solución».

Algunas metodologías excelentes y bien conocidas para el aprendizaje experimental en el ámbito escolar son el método del caso, defendido por la Harvard Business School, los proyectos y el trabajo en equipo, y los juegos de simulación empresarial.

Cómo gestionar la cadena de suministro

El objetivo de este libro es propiciar que el «alumno toque todas las bases». El juego de simulación empresarial *The Fresh Connection* constituye el núcleo de esta experiencia de aprendizaje. Sirve de vehículo para captar la experiencia, así como para transformarla, mediante la simulación de rondas de juego complementadas con marcos conceptuales. El proceso estimula la reflexión activa por parte de cada persona que se adentra en una nueva ronda de simulación. De este modo, se crea una curva de aprendizaje cada vez más pronunciada basada en la experiencia de primera mano. El libro, además, aborda campos de aplicación directa que va más allá de la herramienta de simulación para ampliar aún más la perspectiva del aprendiz.

La segunda y la tercera parte del libro tienen una relación directa con el juego *The Fresh Connection*. La segunda parte («Getionar los fundamentos») se basa en las «configuraciones estándar» del juego. Los lectores pueden combinar el libro con el juego activo. En la tercera parte («Más allá de los principios fundamentales»), nos basamos en algunas configuraciones avanzadas que en la práctica se utilizan más en situaciones específicas de formación empresarial. The Fresh Connection sirve como un caso «de la vida real», repleto de datos realistas, que ayuda a pensar de forma creativa en los retos futuros, más allá de la gestión «estándar» de una cadena de suministro relativamente estable.

Bibliografía

Ashkenas, R. (2015): "Jack Welch's Approach to Breaking Down Silos Still Works", *Harvard Business Review*, 9 de septiembre. https://hbr.org/2015/09/jack-welchs-approach-to-breaking-down-silos-still-works [enlace comprobado el 10 de agosto de 2022].

Baker, P. (2018): "The Best Data Visualization Tools of 2018", PCMag.com, 3 de abril. https://www.pcmag.com/roundup/346417/the-best-data-visualization-tools [enlace comprobado el 10 de agosto de 2022].

Bariso, J. (2017): "Microsoft's CEO Just Gave Some Brilliant Career Advice. Here It Is In 1 Sentence", Inc.com, 27 de abril. https://www.inc.com/justin-bariso/microsofts-ceo-just-gave-some-brilliant-career-advice-here-it-is-in-one-sentence.html [enlace comprobado el 10 de agosto de 2022].

Bariso, J. (2018): "Jeff Bezos Just Shared His 3-Step Formula for Success – and It's Absolutely Brilliant", Inc.com, 31 de enero. https://www.inc.com/justin-bariso/amazon-jeff-bezos-healthcare-formula-success-1-sentence.html [enlace comprobado el 10 de agosto de 2022].

BBC (2018): "Chicken Chaos as KFC Closes Outlets", *BBC News*, 19 de febrero. http://www.bbc.com/news/business-43110910 [enlace comprobado el 10 de agosto de 2022].

Belbin, R. M. (2010): *Team Roles at Work*, Nueva York: Routledge (2.ª edición).

Braungart, M. y McDonough, W. (2002): *Cradle to Cradle: Remaking the way we make things*, Nueva York: North Point Press.

Brynjolfsson, E. y McAfee, A. (2014): *The Second Machine Age: Work, progress and prosperity in a time of brilliant technologies*, Nueva York: W. W. Norton & Company.

Campbell, D. H. (2011): "What Great Companies Know About Culture", *Harvard Business Review*, 14 de diciembre. https://hbr.org/2011/12/what-great-companies-know-abou [enlace comprobado el 10 de agosto de 2022].

Chopra, S. y Meindl, P. (2016): *Supply Chain Management: Strategy, planning, operation*, Harlow: Pearson Education, 6.ª edición.

Christopher, M. (2016): *Logistics and Supply Chain Management*, Harlow: Pearson Education, 5.ª edición.

Crawford, F. y Mathews, R. (2003): *The Myth of Excellence: Why great companies never try to be the best at everything*, Nueva York. Random House

de Boer, R., van Bergen, M. y Steeman, M. (2015): *Supply Chain Finance, Its Practical Relevance and Strategic Value*, Supply Chain Finance Community, 2.ª edición.

De Bono, E. (1999): *Six Thinking Hats*, Boston, Back Bay Books, edición revisada y aumentada.

DeSmet, B. (2018): *Supply Chain Strategy and Financial Metrics: The supply chain triangle of service, cost and cash*, Londres: Kogan Page.

Dougherty, J. y Gray, C. (2006): *Sales & Operations Planning: Best practices, lessons learned from worldwide companies*, Belmont: Partners for Excellence.

Elkington, J. (1997): *Cannibals with Forks: The triple bottom line of 21st century business*, Chichester: Capstone.

Ellen Macarthur Foundation: "Butterfly diagram". https://kumu.io/ellenmacarthurfoundation/educational-resources#circular-economy-general-resources-map/key-for-general-resources-map/butterfly-diagram [enlace comprobado el 10 de agosto de 2022].

Financial Times (2017): "Tesla hits bottleneck in drive to mass market", *Financial Times Weekend Edition*, 4 y 5 de noviembre.

Fine, C. (1998): *Clockspeed: Winning industry control in the age of temporary advantage*, Reading: Perseus Books.

Fisher, M. (1997): "What is the right supply chain for your product?", *Harvard Business Review*, marzo-abril.

Fransoo, J. C., Blanco, E. E. y Mejía-Argueta, C. (eds.) (2018): *Reaching 50 Million Nanostores: Retail distribution in emerging megacities*, CreateSpace Inc and Kindle Direct Publishing.

Friedman, T. L. (2016): *Thank You For Being Late: An optimist's guide to thriving in the age of accelerations*, Nueva York: Farrar, Strauss and Giroux.

Gattorna, J. (2015): *Dynamic Supply Chains: How to design, build and manage people-centric value networks*, Harlow: Pearson Education, 3.ª edición.

Guardian, The (2016): "Hanjin Shipping Bankruptcy Causes Turmoil in Global Sea Freight", *The Guardian*, 2 de septiembre. https://www.theguardian.com/business/2016/sep/02/hanjin-shipping-bankruptcy-causes-turmoil-in-global-sea-freight [enlace comprobado el 10 de agosto de 2022].

Guest, D. (1991): "The hunt is on for the Renaissance Man of computing", *The Independent*, 17 de septiembre.

Hammer, M. (2001): "The superefficient company", *Harvard Business Review*, septiembre.

Hansen, M. T. y von Oetinger, B. (2001): "Introducing T-shaped managers: Knowledge management's next generation", *Harvard Business Review*, marzo.

Heizer, J. y Render, B. (2013): *Operations Management, Global edition*, Harlow: Pearson, 11.ª edición

Hoekstra, S. J. y Romme, J. (1993): *Op weg naar integrale logistieke structuren* [*Hacia estructuras logísticas integrales*], Deventer: Kluwer.

Horton, C. (2018): "Toilet Paper Shortage Strikes Taiwan Amid Pricing Panic", *New York Times*, 27 de febrero. https://www.nytimes.com/2018/02/27/world/asia/taiwan-toilet-paper-shortage.html [enlace comprobado el 10 de agosto de 2022].

Isidore, C. (2018): "Tesla Has a Problem. Maybe a Big Problem", *CNN Money*, 28 de marzo. http://money.cnn.com/2018/03/28/news/companies/tesla-model-3-cash-crunch/index.html [enlace comprobado el 10 de agosto de 2022].

JWMI (Jack Welch Management Institute) (2015): "What Is the Role of a Leader?" https://www.youtube.com/watch?v=ojkOs8Gatsg [enlace comprobado el 10 de agosto de 2022].

Kaplan, R. S. y Norton, D. P. (1992): "The balanced scorecard – measures that drive performance", *Harvard Business Review*, enero-febrero.

Klabbers, J. H. G. (2009): *The Magic Circle: Principles of gaming and simulation*, Rotterdam-Taipéi: Sense Publishers, 3.ª edición.

Kolb, D. (2015): *Experiential Learning: Experience as the source of learning and development*, Upper Saddle River: Pearson, 2.ª edición.

Kotler, P. y Lane, K. (2015): *Marketing Management*, Harlow: Pearson Education.

Kraljic, P. (1983): "Purchasing must become supply management", *Harvard Business Review*, septiembre.

Kurzweil, R. (2000): *The Age of Spiritual Machines: When computers exceed human intelligence*, Nueva York: Penguin Books [trad. esp.: *La era de las máquinas espirituales*, Barcelona: Planeta, 1999].

Layall, A., Mercier, P. y Gstettner, S. (2018): "The death of supply chain management", *Harvard Business Review*, junio.

Lee, H. (2002): "Aligning supply chain strategies with product uncertainties", *California Management Review*, primavera.

Lee, H., Padmanabhan, V. y Whang, S. (1997): "The bullwhip effect in supply chains", *Sloan Management Review*, primavera.

McLeod, S. (2017): "Kolb's Learning Styles and Experiential Learning Cycle. https://www.simplypsychology.org/learning-kolb.html [enlace comprobado el 10 de agosto de 2022].

Osterwalder, A. y Pigneur, Y. (2010): *Business Model Generation: A handbook for visionaries, game changers, and challengers*, Hoboken: John Wiley & Sons.

Osterwalder, A. *et al.* (2014): *Value Proposition Design: How to create products and services customers want*, Hoboken: John Wiley & Sons.

Pérez, H. D. (2013): *Supply Chain Roadmap: Aligning supply chain with business strategy*, CreateSpace Independent Publishing Platform.

Phadnis, S. *et al.* (2013): "Educating Supply Chain Professionals to Work in Global Virtual Teams" (borrador), MIT. Publicado por primera vez en CSCMP Educators Conference Annual Educators Meeting, Denver, 20 de octubre].

Porter, M. (1980): *Competitive Advantage: Creating and sustaining superior performance*, Nueva York: The Free Press.

Porter, M. (1985): *Competitive Strategy: Techniques for analyzing industries and competitors*, Nueva York: The Free Press.

Raworth, K. (2017): *Doughnut Economics: Seven ways to think like a 21st-century economist*, Londres: Random House.

Robinson, K. y Aronica, L. (2015): *Creative Schools: Revolutionizing education from the ground up*, Londres: Penguin Random House.

Rushton, A., Croucher, P. y Baker, P. (2017): *Handbook of Logistics and Distribution Management: Understanding the supply chain*, Londres: Kogan Page, 6.ª edición.

Schippers, M., Rook, L. y Van de Velde, S. (2011): "Crisis performance predictability in supply chains" (borrador), Erasmus University/Rotterdam School of Management [resumen en línea] https://discovery.rsm.nl/articles/detail/47-crisis-performance-predictability-in-supply-chains/ [enlace comprobado el 10 de agosto de 2022].

Sharp, B. (2010): *How Brands Grow: What marketers don't know*, Victoria: Oxford University Press Australia.

Sheffi, Y. (2007): *The Resilient Enterprise: Overcoming vulnerability for competitive advantage*, Boston: MIT Press.

Sheffi, Y. (2015): *The Power of Resilience: How the best companies manage the unexpected*, Boston: MIT Press.Silver, E A, Pyke, D F and Peterson, R. (1998): *Inventory Management and Production Planning and Scheduling*, Hoboken: John Wiley & Sons, 3.ª edición.

Simchi-Levi, D. (2010): *Operations Rules: Delivering customer value through flexible operations*, Boston: MIT Press.

Simchi-Levi, D., Kaminsky, P. y Simchi-Levi, E. (2009): *Designing and Managing the Supply Chain: Concepts, strategies and case studies*, nueva York: McGraw-Hill, 3.ª edición.

Slack, N. *et al.* (2012): *Operations and Process Management: Principles and practice for strategic impact*, Harlow: Pearson, 3.ª edición.

Stahl, R. (2009): "Sales and Operations Planning, Simpler, Better and More Needed Than Eve"r, *Foresight*, n.º 14, verano. http://rastahl.fatcow.com/-Final%20Summer%20Column%20.pdf [enlace comprobado el 10 de agosto de 2022].

Stanton, D. (2017): *Supply Chain Management for Dummies*, Hoboken: John Wiley & Sons.

Tesla (2018): "Tesla Q1 2018 Vehicle Production and Deliveries", Tesla.com, 3 de abril. https://ir.tesla.com/press-release/tesla-q1-2018-vehicle-production-and-deliveries [enlace comprobado el 10 de agosto de 2022].

Thalbauer, H. (2016): "Is Chief Supply Chain Officer Most Important Role In Executive Suite?", Forbes.com, 25 de marzo. https://www.forbes.com/sites/sap/2016/03/25/is-chief-supply-chain-officer-most-important-role-in-executive-suite/ [enlace comprobado el 10 de agosto de 2022].

Treacy, M. y Wiersema, F. (1995): *Discipline of Market Leaders: Choose your customers, narrow your focus, dominate your market*, La Vergne: Ingram Publishers

Tuckman, B. (1965): "Developmental sequence in small groups", *Psychological Bulletin*, 63:6, pp. 384–399.

Visser, H. y van Goor, A. (2011): *Logistics: Principles and practice*, 's Gravendeel: Hessel Visser, 2.ª edición.

Wallace, T. (2009): "S&OP 101". http://www.rastahlcompany.com/10101.html [enlace comprobado el 10 de agosto de 2022].

Weenk, E. (2013a): *The Perfect Pass: What the manager can learn from the football trainer*, Barcelona: QuSL/Libros de Cabecera. [Trad. esp.: *El pase perfecto. Lo que el directivo puede aprender del entrenador de fútbol*, Barcelona: QuSL/Libros de Cabecera, 2013].

Weenk, E. (2013b): "The Supply Chain Manager's Daily Decathlon", SupplyChainMovement.com (seis entradas de blog publicadas entre marzo y junio). https://www.supplychainmovement.com/the-supply-chain-managers-daily-decathlon-part-1-of-6/ [Disponibles las entregas 2 a 6; enlace comprobado el 10 de agosto de 2022].

Weetman, C. (2017): *A Circular Economy Handbook for Business and Supply Chains: Repair, remake, redesign, rethink*, Londres: Kogan Page.

World Economic Forum (2016): "What Are the 21st-Century Skills Every Student Needs?", *World Economic Forum*, 10 de marzo. https://www.weforum.org/agenda/2016/03/21st-century-skills-future-jobs-students/ [enlace comprobado el 10 de agosto de 2022].

Lean Six Sigma. Sistema de gestión para liderar empresas

Luis Socconini, Carlo Reato

Lean Company. Más allá de la manufactura

Luis Socconini

Lean Six Sigma Green Belt, paso a paso

Luis Socconini, Eduardo Escobedo

Lean Energy 4.0. Guía de Implementación

Luis Socconini, Juan Pablo Martín

Lean Manufacturing. Paso a paso

Luis Socconini

Lean Services. Certification Manual

Luis Socconini

Lean Six Sigma Yellow Belt. Manual de certificación

Luis Socconini

Lean Six Sigma Green Belt. Manual de certificación

Luis Socconini

Lean Six Sigma Black Belt. Manual de certificación

Luis Socconini

Brutau, 160 – 08203 Sabadell (Barcelona) – Tel. +34-931 429 486 – marge@margebooks.com – www.margebooks.com

**Economía circular.
Un enfoque práctico para
transformar los modelos
empresariales**
Rozanne Henzen, Ed Weenk

**El proceso de las 5'S
en acción**
Luis Socconini, Marco Barrantes

**Productos y servicios
inteligentes y sostenibles**
Llorenç Guilera, Antoni Garrell

**Manual de estrategia
de operaciones**
Ángel Caja Corral

**Gestión de inventarios.
Métodos cuantitativos**
Marco Espejo González

**Manual del comercio
electrónico**
*Eva María Hernández Ramos,
Luis Carlos Hernández Barrueco*

**Indicadores económicos
en el comercio
internacional**
Òscar Mascarilla Miró

Competencias directivas
Llorenç Guilera

**La competitividad
y sus claves**
Antoni Garrell